竹简《五行》章句讲疏

淑人君子
其仪一也
能为一
然后能为君子

◎ 何益鑫 著

上海古籍出版社

图书在版编目(CIP)数据

竹简《五行》章句讲疏/何益鑫著.--上海:上
海古籍出版社,2024.1
ISBN 978-7-5732-0966-5

Ⅰ.①竹… Ⅱ.①何… Ⅲ.①五行-研究 Ⅳ.
①B2

中国国家版本馆 CIP 数据核字(2023)第 226296 号

竹简《五行》章句讲疏

何益鑫 著

上海古籍出版社 出版发行

(上海市闵行区号景路 159 弄 1-5 号 A 座 5F 邮政编码 201101)

(1) 网址:www.guji.com.cn
(2) E-mail:guji1@guji.com.cn
(3) 易文网网址:www.ewen.co

上海商务联西印刷有限公司印刷

开本 890×1240 1/32 印张 10.5 插页 2 字数 205,000
2024 年 1 月第 1 版 2024 年 1 月第 1 次印刷
ISBN 978-7-5732-0966-5

B·1364 定价:58.00 元

如有质量问题,请与承印公司联系

教育部后期资助项目最终成果（21JHQ032）

目　录

导论：德的生成

——子思《五行》篇的德行生成论及其思想史意义

　　子思《五行》篇的宗旨，是以"五行"为基础阐述心德的生成机制。仁、义、礼、智、圣五种德之行，是心德的基本构成要素。心德的生成，源于五行各自的生成及五行之间的生成关系，由于端始的不同而有不同的道路。第一条道路始于仁，由仁生智，反哺于仁，再生义、礼，不及圣谓之善，达到了圣谓之德。五行之中，尤以仁、智、圣三者最为重要。故子思立足于"思"的概念，详细论述了三者的生成过程。第二条道路始于聪、明、圣、智。此四者关乎道德上的识别和理解能力。由聪而圣，而生义；由明而智，而生仁、礼。两者结合可以达到五行之和。若仅由明、智而生仁、义、礼，达到四行之和，谓之善。这两条生成道路，前者由内在的道德心驱动，可说是由内而外的道路；后者从对贤人德或君子道的认知入手，可说是由外而内的道路。两者虽有不同，但无优劣之分，对应于学者不同的资质禀赋。子思《五行》篇的思想史意义有二：一者，两条道路涵盖了道德生成的两种可能方式，代表了原始儒家成德之学的完整理解，可以据此衡

2

定后世儒学的分化；二者，五行的德目结构，衍生出了孟子的四端说及汉代的五常说，对后世影响深远。

孔子之后，七十子后学试图从不同角度契入孔子思想的理解和诠释。而思想的诠释，往往意味着从新的立场或道路出发，对原有思想作系统的重构，结果是有意无意地推动了思想的演进。七十子后学在心性道德上的思想演变有两条基本的线索：一是顺着孔子的文教，追寻礼乐文章的性情基础，由此开出了"性情—心术论"的思想道路，代表性的人物是子游；[1] 一是从孔子的德教出发，探讨德行的培养或生成机制，由此开出德行生成论的思想，代表性的人物之一是子思。

从传世作品来看，[2] 子思最关心的是德行问题。如《表记》论仁，所谓"仁者，天下之表也"；《坊记》论礼，所谓"礼者，因人之情而为之节文，以为民坊者也"；《缁衣》表面谈君臣之道、君民之道，实际上以好恶为中心。[3] 三者分论仁、礼、好恶，皆与德行相关。《中庸》则有综合的性质，前半部分以"中—和"为格局，围绕德、道两个概

---

[1] 何益鑫：《儒家心性之学的转出——论子游的思想创造及其道统地位》，《复旦学报》2020 年第 4 期。

[2] 南朝沈约指出："《中庸》《表记》《坊记》《缁衣》，皆取《子思子》。"（《隋书·音乐志》）不过，刘瓛认为《缁衣》是公孙尼子作品（《经典释文》）。

[3] 竹简本首章云"好美如《缁衣》，恶恶如《巷伯》"，便是对好恶宗旨的提示；《礼记》本的改编反映了汉人的思想观念。参见王博：《中国儒学史·先秦卷》，北京：北京大学出版社，2011，第 221 页。

念展开论述；后半部分以一个"诚"字贯通德与道、天与人。郭店竹简和帛书《五行》经说，更加印证了子思的这一倾向。此篇以仁、义、礼、智、圣五行为基础，探讨德的生成。一来，五者自身有生成的过程；二来，五行之间又有生成的关系。五行之和即是德、即是天道，与《中庸》"诚"的境界相通。不同的是，《中庸》重在阐述德或诚的本质与境界，《五行》则致力于阐明德的生成过程。有德的生成，而后有德的境界。在此意义上，我们可以说，《五行》实是《中庸》的思想基础。两篇共同构成了子思德行思想的究极之论。

本文探讨子思《五行》篇的德行生成论思想。《五行》现有郭店竹简和马王堆帛书两个本子。其中，帛书除了《经》的部分之外，还有《说》的部分，后者是对前者的解说。陈来先生指出，唯有认定《经》为子思所作，《说》为孟子所作，才可以更好对应荀子"子思唱之，孟轲和之"（《荀子·非十二子》）的批评。[1] 笔者认为，这一推断是比较合理的。至于竹简与帛书《经》的差异，考虑到帛书《经》《说》的一致性，帛书《经》当为孟子或孟子后学依据自己的理解对原文作出改编的结果。相较而言，竹简《五行》更能代表子思作品的原貌。故我们探讨子思的思想，以竹简本为依据。[2]

---

1 陈来：《竹简〈五行〉篇讲稿》，北京：三联书店，2012，第116页。
2 竹简《五行》的分章问题，整理者、李零根据自带的墨钉分为28章。但从义理上看，有些地方明显是不合理的，故有不少学者以内容为依据重新分章。我们大体采用整理者和李零的意见，同时调整了部分章节的划分，包括：原第2章"德，（转下页）

4

一、《五行》的立言宗旨

子思德行论的问题意识，来自孔子。子曰："赐也，女以予为多学而识之者与？"对曰："然，非与？"曰："非也，予一以贯之。"(《论语·卫灵公》)时人多从博学的角度了解孔子，但孔子特意告诉子贡，他之为他不在于"多学而识"，而在于"一以贯之"。在这个地方，孔子强调的是博学背后的一贯统绪。又有一次：

> 子曰："参乎！吾道一以贯之。"曾子曰："唯。"子出。门人问曰："何谓也？"曾子曰："夫子之道，忠恕而已矣。"(《里仁》)

此处，孔子没有设问，而是直接告诉曾子"吾道一以贯之"。当时，曾子只是应下，他没有进一步追问，也没有向孔子求证自己的理解。孔子离开后，他直白地告诉门人：夫子所说的一以贯之的道，即是忠恕之道。此中疑点在于，忠恕是一以贯之，但一以贯之是否仅止于忠恕？若孔子真是这个意思，为何不直接说"吾道忠恕而已矣"，而要引人猜测？这不是孔子的风格。且从忠恕来讲，也

（接上页）天道也"及其之前的部分，与第1章合并；原第2章后一部分与原第3章"思不精不察"之前的部分合并，作为新的第2章；"思不精不察"及其之后的部分，独立为新的第3章；原第8章、第9章合并为新的第8章；原第10章变为新的第9章；原第11章"不聪不明"之前独立，作为新的第10章；"不聪不明"及此后的部分，作为新的第11章；其余不变，最终还是28章。下文的章号标识据此。

解释不了孔子对子贡的告诫。因此，曾子所谓"忠恕而已矣"，是对孔子"吾道一以贯之"下的一个转语，却不是它的等价解说。历史上有一种说法，认为"一以贯之"的"一"即是仁。这当然不能说错，但还是不够贴切。若果如此，孔子何以不直接说"吾道一仁而已"？其实，以仁解一是出于知解上的认定，但孔子告诉子贡和曾子的话，更像是孔子自我理解的反思之语，或者是对弟子的实践上的指点。

要之，孔子"一以贯之"的真实含义，在这个表述之内。它强调的是孔子其人其学的内在的一贯性、一致性、统一性和连续性。孔子的任何言行和思想，都与他内在的道德生命融为一体，是后者在具体时境中的当下表现（"时中"）。孔子其德是一，其道是一，其人是一。孔子的一，源出于具体的生命实践，也贯穿于具体的生命实践，乃是"有差异性的同一"。可以说，"吾道一以贯之"，实是夫子晚年终极教诲之一。[1]

孔子之后，如何了解孔子的德行生命，如何了解他的一以贯之，成了七十子后学面临的思想挑战。曾子作《大学》，旨在阐述"修己"与"安人"之间的连续过程；子游作《性自命出》，从性情发生学的思路重构了夫子的礼乐文章之教。但真正紧扣夫子"一以贯之"的教诲，从德行角度加以阐明的是子思。在《中庸》首章，

1　参见何益鑫:《"一以贯之":孔子仁道的开显与言说》,《云南大学学报》2016 年第 5 期。

子思确立了一个基本的思想架构:"喜怒哀乐之未发,谓之中;发而皆中节,谓之和。中也者,天下之大本也;和也者,天下之达道也。"未发,是蕴蓄于内的心德;已发,是表现于外的行为。内在的德,虽然不睹不闻,却是外在行为的决定者。故"中"与"和"的对举、"大本"与"达道"的对举,本质上是"德—行"的结构,蕴含着"摄行归德"的意图。《中庸》下半部分,通过提出诚的概念,把此义发挥到了极致。诚是德之为德的本质,它可以通天与人而言,可以通德与道而言,可以通工夫与境界而言。这个"诚"字,无疑是对孔子"吾道一以贯之"的最深切的发明。不过,从子思思想的完整性来说,《中庸》所论乃是思想的结论,它还没有交代诚与一的生成机制,后者则是《五行》的主题。

《五行》的宗旨,乃是以仁、义、礼、智、圣五行为基础,阐明内在心德的生成过程。故首章界定"五行"之后,即说:"德之行五和,谓之德。"五行若能和合为一,谓之德。这是对德之为德的一种生成论的解释。从源起上,它是出于五行的;最终,它又超越了五行的各自独立的形态,达到了五者和合若一的境界。这句话从五行的角度言德之生成,揭示了全篇的立言宗旨。

德即一,《五行》以此来了解君子之为君子。故第8章云:"'淑人君子,其仪一也。'能为一,然后能为君子,[君子]慎其独也。"诗出《曹风·鸤鸠》,原作:"淑人君子,其仪一兮。其仪一兮,心如结兮。"在《五行》的语境中,"为一"乃是君子之为君子

的本质，它不仅仅是外在威仪之一，更重要的是心德之一，故曰
"[君子]慎其独也"，君子应当关切自己内在的心德。君子之为君
子，在于有了内在心德的一之后，可以表现为外在威仪的一。故第
2章云："五行皆形于内而时行之，谓之君子。"五行皆形于内，即
内在心德的生成；时行之，即在外在时境中的表现。内在心德的生
成能表现为外在时中的行为，这也是摄行归德，与《中庸》一致。

何谓五行？开篇作了明确的交代。

> 仁形于内谓之德之行，不形于内谓之行。义形于内谓之德之
> 行，不形于内谓之行。礼形于内谓之德之行，不形于内谓之行。
> 智形于内谓之德之行，不形于内谓之行。圣形于内谓之德之行，
> 不形于内谓之德之行。（第1章）

这是关于"德之行"与"行"的概念界定。对此，学界有不同的理
解。一种较为常见的理解是，德之行与行都是行为层面，前者是
基于或发自内在的德的行为；后者不是发自内在，而只是纯粹的
行为。[1] 然而，若"德之行"落在行为层面来讲，则"德之行五和，

1　如陈来先生说："形于内，即发于内心；不形于内，即是纯粹的行为。"（陈来：《竹简
〈五行〉篇讲稿》，第20页）作为一种引申，梁涛先生认为，前者是内在道德律，后者
是外在道德律，《五行》主张双重道德律（参见梁涛：《郭店竹简与思孟学派》，北京：
中国人民大学出版社，2008，第187页）。

谓之德"一句说不通，后者无疑是指心德之生成。且根据此说，"形"是形显、表现义；但下文与之密切相关的"五行皆形于内而时行之""形则仁""形则智""形则圣"等说法，"形"字解作形成、生成义更为合理。

其实，所谓"德之行"，不是行为层面事，而是指内在的心行。《庄子·天下》提及宋钘、尹文时说："语心之容，命之曰心之行。"郭沫若指出："'心之行'其实就是'心术'，行与术都是道路的意思。《汉书·礼乐志》：'夫民有血气心知之性，而无哀乐喜怒之常，应感而动，然后心术形焉。'颜师古注：'术，道径也。心术，心之所由也。'可见'心术'二字的解释也不外乎是'心之行'。而《心术下篇》言'心之形'如何如何，《内业》则言'心之刑'，或言'心之情'，刑与形字通，情与形义近，故'心之刑''心之形''心之情'，其实也就是'心之容'了。"[1] 此说可以参考。心术与心行的确都是内心层面的东西。不过，严格来说，两者还是有所区分的。心术是心的活动的道路或轨迹，而心行是心的活动本身。反观《五行》，所谓"德之行"是内心层面的行，只是它不是一般的心之行，而是"心德之行"，即心德的存有与流行。子思的五行，实际上是指五种内在的心德。仁、义、礼、智、圣五者固结于心，必表现为心术层面的活动，故谓之"德之行"。与之相对的是外在

1　郭沫若：《郭沫若全集·历史编》第一卷《青铜时代》，北京：人民出版社，1982，第553页。

行为，谓之"行"。后者当然也不是一般的行为，它是道德的行为。一般而言，与行相对的是德。如《周礼》以"三德"与"三行"对举，《中论》以"六德"与"六行"对举，[1] 都是这个意思。《周礼》马融注所谓"德行，内外之称，在心为德，施之为行"是也。从内在心德的层面言"德之行"，这是子思的发明。[2]

从用意来讲，《五行》开篇区分"德之行"与"行"，是为了把讨论范围限定在心行的层面。故此下都是从"德之行"讲的，包括"善"的问题。"德之行五和，谓之德；四行和，谓之善。"从五行之和了解德，从四行之和了解善。以往很多学者认为，"四行"指"不形于内"的仁、义、礼、智。但这一解法，与下文关于四行或善的阐述完全不合，[3] 也把"善，人道也"过于拉低了。实

---

1 《周礼·地官司徒》："（师氏）以三德教国子：一曰至德，以为道本；二曰敏德，以为行本；三曰孝德，以知逆恶。教三行：一曰孝行，以亲父母；二曰友行，以尊贤良；三曰顺行，以事师长。"徐幹《中论》："故先王立教官，掌教国子，教以六德，曰智、仁、圣、义、中、和；教以六行，曰孝、友、睦、姻、任、恤。"

2 当然，以"五行"为名，可能是受了《洪范》"五行"的启发。《洪范》称"水火木金土"为"五行"，可能有两方面的原因：一者，五者为物质世界的基本的构成元素；二者，"水曰润下，火曰炎上"等活动特征，又决定了事物运动与变化的基本方式。借用亚里士多德的四因说，前者为质料因，后者为形式因或动力因。反观《五行》，子思以仁、义、礼、智、圣五者为基本的心德，故也有基本元素的意义；且心德必表达为心术层面的活动，故又有运行的意义。子思五行说与《洪范》五行说的这层关系，或许是荀子批评子思"案往旧造说"的一个原因。

3 如简文第18章对四行的解说与第17章对五行的解说是内在一致的，四行之善不可能仅仅指外在行为。

则，四行是四种德之行的简写。[1]《五行》之分德与善，不是从内外角度分的，而是为建立圣人与凡人在德行境界上的区分。圣人境界"不勉而中，不思而得"，与天道相通；凡人只有四行之和，不免出于有意、有为。但人道绝不只是纯粹的行为，本身也是内外兼修的。若能在人道的基础上进一步生成圣，便可以实现由善到德的跨越。

此外，《五行》的文本结构也值得注意。它有两个基本特征：其一，第 11—14 章与第 15—20 章之间存在解释关系。据此，陈来先生认为，《五行》存在经解结构，可划分为上下篇，上篇是经，下篇是解。[2] 但严格来说，这种关系只存在于第 11—20 章，它反映的是局部的特征，而不是全篇的结构。其二，关于五行生成的顺序，前后论述有所不同。比如，第 3 章从仁开始论述德的生成，"三思三形"的顺序与之一致；第 11 章则从聪明圣智开始论述德的生成，后续又有展开的论述。两者的差别是很明显的。邢文先生把它们视为"圣智"之论的两个阶段，[3] 是不贴切的。

1　李零先生说："从上下文看，这两句的结构是'德之行'有五种，其中五种全和叫'德'，只有四种和叫'善'。"（李零：《郭店楚简校读记》，北京：中国人民大学出版社，2007，第 104 页）杨儒宾先生说："'德'与'善'同样是指'德行于内'的状态，只是一个需勉强以赴，有明确的自觉意识；一个从容中道，行无所事。"（杨儒宾：《儒家身体观》，上海：上海古籍出版社，2019，第 302 页）

2　陈来：《竹简〈五行〉篇讲稿》，第 89 页。

3　邢文：《〈孟子·万章〉与楚简〈五行〉》，载《中国哲学》第二十辑，沈阳：辽宁教育出版社，1999，第 229—230 页。

实际上，文本之间的解释关系，是《五行》推进论述的一种行文方式；而前后生成顺序的差别，则反映了五行和合的不同道路。既然《五行》的宗旨是从五行之和阐述德的生成，那么，进一步就要追问五行之和的发生过程，亦即五行之间的生成关系。其中，最重要的是开端的问题。不同的开端，引导出不同的生成历程。在五行中，最基本的是仁和智。孔子往往以二者对举，如"仁者安仁，知者利仁"（《论语·里仁》），"知者乐水，仁者乐山；知者动，仁者静；知者乐，仁者寿"（《雍也》），"仁者不忧，知者不惑，勇者不惧"（《宪问》）等等。子贡又说："仁且智，夫子既圣矣！"（《孟子·公孙丑上》）从仁智来了解孔子之圣。可见，仁与智是早期儒家的基本德行。从《五行》文本看，子思最重视的是仁、智、圣三者。圣与智有亲缘关系，两者都是指向了"知"。于是，我们看到，《五行》就呈现了两种不同的生成逻辑：一条是始于仁，经由智、圣，和五行而成德；一条是始于圣智，经由仁，和五行而成德。

根据这一理解，《五行》全篇可以分为四个部分：第1章是第一部分，界定五行与德、善，它是总论；第2—10章是第二部分，阐述以仁为始的第一条生成道路；第11—26章是第三部分，阐述以聪明圣智为始的第二条生成道路；第27、28章是第四部分，通论天人之分及学者资质之别，它是余论。《五行》文本结构的了解，有助于对其思想的把握。

二、生成道路之一：始于仁

第一条生成道路，见于第 2 章首句的表述：

> 君子无中心之忧，则无中心之智，无中心之智，则无中心之
> 悦，无中心之悦则不安，不安则不乐，不乐则无德。（第 2 章）

这里的君子是求为君子者。若没有中心之忧，就不会有中心之
智；没有中心之智，就不会有中心之悦；没有中心之悦，就不会有
安、乐、德。此处，子思采用了"无 × 则无 ×"的表述方式。在
逻辑上，它是必要非充分条件，意味着后者以前者为条件，但有了
前者不一定就有后者。后面我们会看到，这一表述形式是有很深含
义的。

从儒学传统看，"中心之忧"是源于内心的道德之忧。故第 4
章说："不仁，思不能精……未见君子，忧心不能惙惙。"子思认
为，若无内在的仁心，则思虑不能精诚；不能精诚，便不会感受到
这种道德焦虑。进一步，若没有由衷的道德之忧，便不会有真正的
智。智作为德之行，在文中有特殊的含义，是指"见贤人而知其有
德"，即能够识别贤人，并理解贤人之为贤人的内在德行。若有能
力识别贤人、理解贤人，那么，内在仁心便可以获得一种寄托，便
会有发自内心的喜悦，它是焦虑和忧心的缓解。第 4 章又说："不

智，思不能长……既见君子，心不能悦。"若是内在没有知人之智，即便见到了君子或者贤人，也不会有由衷的喜悦，因为他看不出。在此，"中心之忧"源于仁，"中心之智"是智，"中心之悦"是以智为条件的仁心的实现。第2章论述的是一条"仁（忧）—智—仁（悦、安）—乐—德"的生成道路。不过，悦之后，子思作了简化的处理。

此句之后，帛书作："君子无中心之忧，则无中心之圣，无中心之圣，则无中心之悦，无中心之悦则不安，不安则不乐，不乐则无德。"将"中心之智"换作"中心之圣"，重新讲了一遍。许多学者认为，简本脱误，当从帛书本补。它的好处是，同时提到了仁、智、圣，看上去更为完整，且与下文"三思三形"呼应。但关键是，帛书所补的这句话在义理上是不能成立的。从前后文看，"中心之悦"只取决于"中心之忧"与"中心之智"，而"中心之圣"并不是它的必要条件；同样的，"中心之圣"也不是"安"的必要条件，从下文的论述看，"安"主要关乎仁。帛书之所以有这样的改编，应该是考虑到了后面仁、智、圣三者的并举关系。但其实，《五行》此处着重于阐明仁智之间的相生关系，并不是对五行和合的全过程的完整论述。若以后者为标准，此处缺少的不只是圣，还有义、礼。对此，子思是有充分自觉的，故有意采取了"无×则无×"的表述形式。帛书改编者则没有考虑到这一层。

第3章的论述与第2章首句相似：

> 思不精不察，思不长不形。不形不安，不安不乐，不乐无
> 德。（第3章）

上一章的结尾是"智弗思不德"，引入了"思"的概念。它也成为了此后几章的基础性概念。"精"原作"清"。《荀子·解蔽》"空石之中有人焉"一段在批评子思的时候，以"败其思""挫其精"对举，又说"思仁若是"。可见，在荀子看来，子思思仁工夫的要义是"精"。故此处宜读为"精"。"思不精不察"是说仁，"思不长不形"是说智。[1] 此章"仁—智—仁（安）—乐—德"生成逻辑，与第2章完全对应。换言之，此章是以思为基本概念，对此道路作了重新的表述。

严格来说，以上两种表述都不完整，主要聚焦仁与智的生成关系，而没有提及圣、义、礼三者，称不上是五行之和。这个问题的理解，还要结合后面的论述。

> 君子之为善也，有与始，有与终也。君子之为德也，有与
> 始，无与终也。金声而玉振之，有德者也。（第9章）

1　帛书《经》作："思不长不得，思不轻不形。"对照第2章，可知此处也是帛书的改编。"思不长不形"的"形"，相当于第6章"长则得"的"得"（详后）。简文此句只是说了智，而没有说圣。

金声，善也。玉音，圣也。善，人道也。德，天道也。唯有
德者，然后能金声而玉振之。（第 10 章）

子思指出，为善与为德不同，前者是与其始、与其终的，后者
是与其始、不与其终的。帛书《说》云："'无与终'者，言舍其体
而独其心也。"《说》认为，所谓与、不与，是指身心关系而言的。
成德之后，德气流行于体内（所谓"流体"），身心对立消失，一任
心德流行，便是"无与终"的境界。当然，这是帛书的解释。从子
思的角度说，有与、无与的区分，可能近于有意、无意，或有为、
无为。为善，终究是出于有意、有为的；为德，则可以达到无意、
无为的境界。如《中庸》云："诚者，不勉而中，不思而得，从容
中道，圣人也。诚之者，择善而固执之者也。"圣人的状态，便是
无与的；而凡人修为的过程，则是有为的。

这里用了"金声玉振"的比喻。古代乐的演奏，始于金声，而
终于玉振。[1] 故金声玉振，可以表示一个东西的终始过程。此处，
子思以金声喻善，玉音喻圣，金声而玉振之喻德。这意味着，从为
德的角度说，善与圣分别对应于它之初始阶段和终极阶段。换句话
说，为德始于为善，由善的实现而进一步成圣，即是德的生成。在
此，圣的生成与德的生成，就其终点而言是一致的。可见，第一条

1　朱子曰："故并奏八音，则于其未作，而先击镈钟以宣其声；俟其既阕，而后击特磬以
　　收其韵。"（朱熹：《四书章句集注》，北京：中华书局，1983，第 315 页）

生成道路的本质乃是"由善而德"。

当然，这里还是没有交代善的生成过程。为此，我们可以参考下文第 18 章的论述："见而知之，智也。知而安之，仁也。安而行之，义也。行而敬之，礼也。仁义礼所由生也，四行之所和也。和则同，同则善。"这里给出了"智—仁—义—礼"的生成过程，义与礼是接在仁之后的。反观第 2、3 章的论述，则义、礼也应接在安之后；至于圣，它是四行和合之后不可期必的下一个阶段，它的实现与乐、德的完成应是一致的。故《五行》第一条生成道路的完整逻辑，应该是：

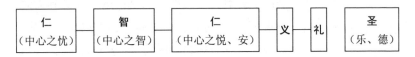

| 仁
（中心之忧） | | 智
（中心之智） | | 仁
（中心之悦、安） | | 义 | 礼 | 圣
（乐、德） |

此间有三点还需说明：其一，仁出现了两次，作为中心之忧的仁，是整个生成过程的动机来源，可以称之为仁之端；智之后作为安的仁，则可以称之为仁之德。其二，四行之和与圣之间并不具有决定性的关系，圣虽是善之后的阶段，却不是一个可以期必的阶段。其三，与第 18 章善的生成过程相比，除了有没有圣之外，开端也不同。此处是始于仁，第 18 章是始于智。

德的生成，除了五行之间的生成关系之外，还包括五行各自之内的生成过程。简文第 5—7 章以"思"为基础，着重呈现了仁、智、圣三者的生成过程。这三章也被称为"三思三形"，向称难解。

但若从子思一贯的思路去看，也并非不可解。

> 仁之思也精，精则察，察则安，安则温，温则悦，悦则戚，戚则亲，亲则爱，爱则玉色，玉色则形，形则仁。（第5章）
> 智之思也长，长则得，得则不忘，不忘则明，明则见贤人，见贤人则玉色，玉色则形，形则智。（第6章）
> 圣之思也轻，轻则形，形则不忘，不忘则聪，聪则闻君子道，闻君子道则玉音，玉音则形，形则圣。（第7章）

所谓"仁之思""智之思""圣之思"，指仁、智、圣在心术层面（或者说意识活动层面）的存在方式。心德必见于心术活动，见于心术活动的心德，谓之"某之思"。"仁之思也精，精则察"，仁之思是精诚纯一的，由于精诚纯一，故能察。这个察，陈来先生援引梁漱溟的说法，认为它是指"一种细微的体察对方的意识活动趋向"。[1] 当然，体察他人、关切他人，无疑是儒家的基本精神。但从《五行》"见而知之，智也；知而安之，仁也"之类的表述看，察应是对道德本身或道德人格的体察，它主要是道德上的明觉和明见，还不是仁爱的对象化的表达活动。"察则安"，体察道德而后能安于道德。"安则温"，安于道德而后颜色容貌温和。这个温是源于内在

1　陈来：《竹帛〈五行〉与简帛研究》，北京：三联书店，2009，第128页。

的，作为情绪或态度的底色而存在，如孔子"温良恭俭让"的温。温之后，都变成了对象化的心理活动。"温则悦"，温和而后喜悦，这个悦是乐与人交的心态。"悦则戚，戚则亲，亲则爱"，悦表达在兄弟身上，相互亲近，是戚；进一步，若能视兄弟为手足，是亲；亲情之极，是对父亲的爱。到了爱，情感的发展达到了顶峰，以此为基础，再向他人推扩爱意，是仁。仁爱的实现，会表现出如美玉般的润腆之色。[1] 玉色既是仁者的自然表现，也是内在仁德的外在表征。若学者有了玉色，表明内在的仁德已然形成，故曰："玉色则形，形则仁。"

"智之思也长"，智之思的特征是长。当然，长不是指智思的对象长，长是智之思本身的特征。一个人是否智，主要取决于思虑的长短。思虑短的人总是碍于眼前直观的东西。思虑深长，则可以步步引申推导，达到举一反三的效果。思虑深长，可以得物之条理，更容易理解事物，故曰"长则得"。得，宽泛讲是对事物的理解；在《五行》上下文中，主要指道德理解，如知贤人之德。"得则不忘"，不忘即记忆。理解是记忆的重要方式。理解性的记忆，所记忆的内容之间不是孤立的，它们之间构成了相互关联的系统。这种系统性，是记忆的长久性和准确性的保证。并且，它又是下一次理解活动的背景条件。内在的知识储备越是丰富、通透、有条理、成

---

1 《中庸》云："富润屋，德润身。"孟子曰："其生色也，睟然见于面，盎于背，施于四体，四体不言而喻。"（《孟子·尽心上》）都是这个意思。

系统，就越容易理解新的对象。这是《系辞》所谓"知以藏往"的真实含义。故曰："不忘则明，明则见贤人。"道德理解或道德知识的累积，让人拥有道德上的明见，有能力识别贤人、理解贤人。若能理解贤人，也能表现出玉色，是智德内在形成的表征，故曰"玉色则形，形则智"。

"圣之思也轻"，圣之思的本质特征是轻。帛书《说》云："思也者思天也，轻者尚矣。"此解当然是有依据的，如第17章说"圣人知天道也"。但从对象上说轻，是它的引申义。这里的轻，还应理解为圣之思本身的特征。庞朴先生指出：《礼记·中庸》所谓的'诚者，不勉而中，不思而得，从容中道，圣人也'及《荀子·不苟》'夫诚者，君子之所守也，而政事之本也。唯所居以其类至，操之则得之，舍之则失之。操而得之则轻，轻则独行；独行而不舍，则济矣'可作'圣之思也轻'之解。"[1] 其说得之。从智圣之间的连续性而言，不是说圣之思就不长，而是说圣之思几乎是不需要过程和时间的，它对事物的把握和理解近乎是一种直观。如果说智之思是有意的、有为，甚至是费力的活动；那么，圣之思则是无意的、无为的、轻易的活动，《中庸》所谓"不思而得"是也。"轻则形"，这个"形"相当于上一章的"得"，也是指向对道德的理解和把握。若说两者的不同，或许在于"得"有一种思虑之结果的味道，而"形"

---

1 庞朴：《竹帛〈五行〉篇校注及研究》，台北：万卷楼图书有限公司，2000，第37页。

字更能表现其直观的特征。"形则不忘"，与上一章"得则不忘"相似，只是境界上更为高明。"不忘则聪，聪则闻君子道"，圣思活动的积累，能够识别君子道、理解君子道之为君子道，或者可以知天道。能理解君子道，则可以发出如"玉音"般的有德之言。玉音，原指玉磬之音。"金声而玉振之"的玉振之音，就是玉音。魏启鹏先生指出："简文之玉音，犹德音也。"[1] 在这里可以理解为圣人的言语。圣人但有所言，必合天道与君子道，谓之玉音。到了这个境界，说明内在的圣德已然形成，故曰"玉音则形，形则圣"。

以上"三思三形"，论述了仁、智、圣三者的生成过程。值得注意的是，我们没有看到"义之思""礼之思"的说法。或许是因为，义与礼的发生，更多的是心态的形成，不宜用"思"来说。

综观《五行》第二部分，有一个总分总的结构。第 2 章总论始于仁的生成道路；第 3—7 章以"思"为基础论述五行之和，重点论述了仁、智、圣三者的生成过程；第 8—10 章强调对内在心德的关切，用金声玉振的比喻说明为善与为德的关系。

三、生成道路之二：始于圣、智

《五行》关于第二条生成道路的论述，见于第 11 章：

1　魏启鹏：《简帛〈五行〉笺释》，台北：万卷楼图书有限公司，2000，第 20 页。

> 不聪不明、不圣不智，不智不仁，不仁不安，不安不乐，不
> 乐无德。（第 11 章）

此句帛书有阙文和重文号。有学者认为简本脱误，补为："不
聪不明，[不明不圣，] 不圣不智。"但聪而圣、明而智，在文中
是两条独立的线索。简文之意，不聪明则不圣智，帛书《说》所
谓"圣智必由聪明"是也。常森先生认为，当作："不聪不明不圣
不智，不圣不智不仁。"[1] 前半句是对的，但后半句在义理上说不通。
从下文看，仁生于智，圣不是它的必要条件。

此章所论从聪明开始，由聪明而生圣智，由智而生仁，而后
安、乐、德。此处也是一个框架性的论述，没有交代五行和合的完
整过程。事实上，它的完整的生成逻辑比第一条道路更为复杂。主
要原因是，第一条道路只有一个出发点，无论是五行之和还是四行
之和都遵循相同的发生逻辑，差别只是最后有没有跃升到圣。第二
条道路却有圣、智两个出发点，一开始有没有圣也影响到了其他四
行的和合过程，导致五行之和与四行之和有不同的发生逻辑。于
是，我们在第 17、18 章看到了两种不同的生成关系。

1　常森:《简帛〈诗论〉〈五行〉疏证》，北京：北京大学出版社，2019，第 164 页。

闻君子道，聪也。闻而知之，圣也。圣人知天道也。知而行之，义也。行之而时，德也。见而知之，智也。知而安之，仁也。安而敬之，礼也。圣智，礼乐之所由生也，五行之所和也。（第 17 章）

见而知之，智也。知而安之，仁也。安而行之，义也。行而敬之，礼也。仁义礼所由生也，四行之所和也。和则同，同则善。（第 18 章）

第 17 章的逻辑分两条线索：一是由聪而圣，由圣而义；一是由明而智，由智而仁，由仁而礼。两条线并进相和，故曰"圣智，礼乐之所由生也，五行之所和也"。值得注意的是，德本应是五行之和的结果，这里却说"行之而时，德也"，似乎只要圣而义，便可以称德。我以为，这主要是就圣人知天道、时行天道而言的，动合天道故谓之德。当然，这个德与五行之和的德还是不一样的，否则没有必要继续论述其他三行了。此章五行的生成关系，如下图所示：

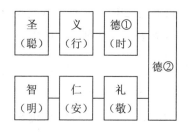

相对而言，第 18 章四行之和的生成关系比较简单，智而仁，仁而义，义而礼。其中，"仁义礼所由生也"一句，帛书《经》作"仁义礼智之所由生也"，《说》的写法又不同。根据《说》的解释，学者或读为"仁义，礼所由生也"，或读为"仁，义礼所由生也"，均未允当。其实，本章论述从智开始达到四行之和的过程，故开端一定是智，仁、义、礼皆从智来。简文的意思是，智：仁义礼之所由生也，四行之所和也。智字见于章首，故从前省略而已。

由于第二条生成道路始于聪明圣智，故《五行》第二部分对四者作了重点的阐述。所谓："未尝闻君子道，谓之不聪。未尝见贤人，谓之不明。闻君子道而不知其君子道也，谓之不圣。见贤人而不知其有德也，谓之不智。"这里采用的是反面的说法。正面来说，聪即闻君子道，明即见贤人，圣即闻君子道而知其君子道，智即见贤人而知其有德。聪与明，本来是指感官上的灵敏；在《五行》中，特指道德认知上的灵敏。所谓"见贤人"，不是指客观上有没有看到（一个人），它实际上是一种"看出"，即能在众人中识别出贤人。同样，所谓"闻君子道"，也不是指客观上有没有听到（一种学说），它实际上是一种"听出"，即能在各种思想学说中独独识别出君子道。所谓"见贤人而知其有德"，是说对贤人之所以为贤人有所理解，知道贤人之贤在于他内在的德。这也就是孔子所说的"知德"（《论语·卫灵公》）。所谓"闻君子道而知其君子道"，是说对君子道之所以为君子道有所理解，亦即对君子道与天道的内在一致有所契会。故帛书《说》云："闻之而遂知其天之道也。"[1] 聪明与圣智相比，前者可以说是道德之识别，后者可以说是道德之理解，从识别到理解有一个认知明确化的过程。而从根据来说，耳聪目明又是源于内在的圣智，是圣智在感官上的表达。故聪明与圣智之间有两层关系。[2]

第二部分"三思三形"只讲了仁、智、圣的生成过程，没有涉及义、礼。这一部分第 12—14 章、第 19—21 章专门论述了仁、义、礼的生成过程，前者用了"不×不×"的方式，后者则是对前者各个环节的具体解释。关于仁的生成，除开端之外，与第 5

1　子思对两者相通之处的了解，参看《中庸》的相关阐述，如："《诗》云：'维天之命，於穆不已！'盖曰天之所以为天也。'於乎不显！文王之德之纯！'盖曰文王之所以为文也，纯亦不已。"

2　在《五行》中，圣智与感官有一种对应的关系：圣对应于听觉，智对应于视觉；视觉对应于贤人，听觉对应于君子道。这是否意味着智只与视觉、贤人相关，圣只与听觉、君子道相关呢？这样说似乎过于胶柱鼓瑟了。其实，在为善的层面，贤人的识别或贤人之德的理解，固然与视觉关系密切，但也不排除听觉上的接受。唯有结合一个人的行为举止、思想言论，在全方位的接触中，才能真正了解这个人。同样的，在圣的层面，我们也很难说，圣对君子道的理解仅仅是通过听觉，而没有诸如文献阅读或人格观瞻的因素。在此意义上，我们可以说，圣、智与听觉、视觉之间的对应，并不具有严格的排他性。它不意味着智者没有听觉上的辨识能力，或者圣者的颖悟不能表达在视觉上；也不意味着智者对君子道，或者圣者对贤人德没有了解。既如此，《五行》为何还要有这样的对应关系呢？为此，我们可以作两方面的推测。一者，从德行源起或认知方式来说，圣与耳与聪更为相关，智与目与明更为相关；尤其涉及天道、天命，它们无形象可见，更依赖于听觉来通达。二者，从认知的难度来说，"见而知之"，无论是对贤人其德其道的理解，都以人与人之间的现实接触为基础；"闻而知之"，则没有这样的辅助，它完全依赖于超然的领会，无疑更为困难。

章的后半部分完全对应。但问题也在这个开端。"颜色容貌温，变
也"，意思是说颜色容貌变得温和，就是"变"。学者不太理解，这
里为何突然来一个"变"字，故有学者读为"恋"。[1] 其实，本章是
在阐明"知而安之，仁也"的过程。这个变，是说知之之后在道
德心理上的表现。故帛书《说》云："颜色容貌［温，变］也。变
者，勉勉也，逊逊也，能行变者也。"勉勉，劝乐之貌。逊逊，温
恭之貌。帛书用勉勉、逊逊来解释变的内在原因。意思是说，颜
色容貌的改变，源于内在心理的改变；而内在心理的改变，源于
认知的改变。可见，不同的叙述开端，对应着仁的不同的生成
方式。

我们再来看一下义、礼的生成过程。

不直不肆，不肆不果，不果不简，不简不行，不行不义。
（第 13 章）

不远不敬，不敬不严，不严不尊，不尊不恭，不恭无礼。
（第 14 章）

中心辩然而正行之，直也。直而遂之，肆也。肆而不畏强
御，果也。不以小道害大道，简也。有大罪而大诛之，行也。贵
贵其等尊贤，义也。（第 20 章）

以其外心与人交，远也。远而庄之，敬也。敬而不懈，严

1　庞朴：《竹帛〈五行〉篇校注及研究》，第 46 页。

也。严而畏之，尊也。尊而不骄，恭也。恭而博交，礼也。（第
21章）

义的生成，源于内心对义理的明辨和忠直。循此而为，谓之
肆。不因外在强力而改变，谓之果。不因小道理损害大道理，谓之
简。若犯了不赦之罪，就不能妇人之仁，而应予以重处，谓之行。
贵贵与尊贤一样，是两大原则。礼的生成，源于与他人的距离感。
所谓"外心"，即人我之别的区分意识。保持距离而能庄重，谓之
敬。持敬而不间断，则有严肃的气质。严肃而为他人敬畏，则有尊
严。自尊而不骄傲，则是恭顺。恭顺而广博交往，便是礼。从这些
论述看，义主要是一种明辨道义、忠直不挠的心理品质，礼主要是
一种庄敬恭顺的心理品质。它们是义的行为和礼的行为的内在的心
理基础。在此意义上，也都是德之行。

此间，"不以小道害大道，简也"一句，涉及了行为原则与行
为原则之间的关系问题。其实，诸善之间的抉择和平衡，本身是五
行之"和"的核心要义。于是，《五行》以刑狱领域中"简""匿"
两个原则为例，重点阐述了仁义之和的问题。在刑狱问题中，"简"
是指"有大罪而大诛之"，若有大罪则加以严惩诛杀；"匿"是指
"有小罪而赦之"，若只是小罪应当予以宽赦。前者是重大而罕见的
事件，后者是细微而常见的事件。子思认为，不同的情况应予以不
同的对待。若是这两个原则超出了各自的适用范围，犯了大罪而不

诛杀，则政令不行；只是小罪而予以严惩，则害于仁道。子思的刑狱主张，与孔子"德礼为主、政刑为辅"的思想是一致的。[1] 刑狱中的简与匿，本质上是义与仁在具体事为上的表达。故简匿两者的平衡，是仁义之和的一个例子。考虑到子思的时代仁义的冲突已然凸显，《五行》此处的阐述很有针对性。

第24章提出"君子集大成"，结构上与第二部分的"金声玉振"之说是一样的，都具有综论和小结的意义。[2] 所举的例子还是简匿的问题，可见前后文的相承关系。又着重提了尊贤的问题，统治者的尊贤是"知而举之"，把贤人放在该有的位置上发挥政治作用；士人的尊贤是"知而事之"，跟随贤人修为自己。后者实际上就是"见而知之"的修为道路。第25章强调了心的主宰意义，身心同一乃是善的要义。第26章论述了进知的不同方式："目而知之"是比较而知，"喻而知之"是晓谕而知，"譬而知之"是譬喻而知，这三者是智识层面通过思维可以达到的；"几而知之"指天道、天命之知，它超乎一般的意识活动之上，唯圣人能之。此说与圣智两个开端是对应的。

1　与之形成对比，法家从防微杜渐的角度，强调严刑峻法。如《管子·法法》："民毋重罪，过不大也；民毋大过，上毋赦也。上赦小过，则民多重罪，积之所生也。故曰：'赦出则民不敬，惠行则过日益。'惠赦加于民，而囹圄虽实，杀戮虽繁，奸不胜矣。故曰：'邪莫如蚤禁之。'赦过遗善，则民不励。有过不赦，有善不遗，励民之道，于此乎用之矣。"

2　孟子即以"金声玉振"释"集大成"（《孟子·万章下》）。

综观《五行》第三部分的结构，看上去很复杂，其实是比较清楚的。第 11 章论述第二条道路的核心过程，第 12—14 章论述仁、义、礼的生成过程，两者之间可以说是总分的关系。第 15—18 章是对第 11 章的解释，第 19—21 章是对第 12—14 章的解释。后续，第 22—26 章以简匿关系为例探讨了仁义之和的问题，又讨论了集大成、尊贤、从心、进知等问题，具有综论的性质。

第四部分是全篇的余论。第 27 章区分了生德的两种方式："天施诸其人，天也"，即天生而就的圣人；"其人施诸人，狎也"，即通过人道修学而成德的人。孟子曰："尧舜，性之也；汤武，身之也。"（《孟子·尽心上》）又曰："尧舜，性者也；汤武，反之也。"（《尽心下》）与此处是对应的。第 28 章是从"闻道"之后的不同表现，区别学者的资质。闻道而喜悦，说明他内在是好仁的人；闻道而敬畏，说明他内在是好义的人；闻道而恭顺，说明他内在是好礼的人；闻道而快乐，说明他内在是好德的人。这些是儒家教学的经验之谈。[1] 不同资质有不同的修为道路，这是孔子因材施教的精神。全篇最后回归到具体的人，这也是对儒家为学宗旨的回归。

值得注意的是，《五行》的论述可能是有原型的。第 17 章说："圣智，礼乐之所由生也，五行之所和也。和则乐，乐则有德，有德则邦家兴。文王之示也如此。'文王在上，於昭于天'，此之谓

1　如子曰："回也非助我者也，于吾言无所不说。"（《论语·先进》）颜回正是以好仁为特征的人。

也。"引诗出自《大雅·文王》。本章顺着五行生成的过程，说"圣智，礼乐之所由生也"。子思认为，由圣智出发，一方面可以生德，一方面可以生礼乐，于是国家兴盛，这是文王所示现的道路。事实确是如此，文王之圣，受天大命，在帝左右；文王之智，敬用贤人，敷行教化。文王由圣智而成德，以兴周邦，是所谓"有德则邦家兴"。复经武王、周公继述其文，制礼作乐而周文大成，是所谓"礼乐之所由生"。

若说《五行》始于圣智而成德的历程，取了文王为典范；则可以说，始于仁而成德的历程，是暗取了孔子为典范。《五行》第二部分对忧、悦、志的强调，与孔子一致。"仁之思也精"，也与孔子对"欲仁""好仁"的主张一致。更重要的是，孔子自身的为学经历，完美印证了这一进路的各个阶段。子曰："吾十有五而志于学，三十而立，四十而不惑，五十而知天命，六十而耳顺，七十而从心所欲，不逾矩。"(《论语·为政》)孔子十五岁立志为学，是学仁道；"三十而立"，是立于礼；"四十而不惑"，是智的生成；"五十而知天命"，是圣的开始；"六十而耳顺"，所谓"声入心通"，是圣聪的表现；"七十而从心所欲，不逾矩"，则已至"不勉而中，不思而得"的境界，乃是圣的完成。可见，孔子之为德，始于仁，经由智，终于圣，与《五行》第一条道路可谓若合符节。[1] 故有理由推

1　此处只是考虑仁、智、圣三者之关系，没有考虑义、礼。

测，子思在创作这一部分的时候，其实已经自觉或不自觉地把孔子当作了思想的原型。从典范性的生存经验出发提炼思想，这也是思想发生的一般道路。

四、子思《五行》的思想史意义

历史地看，子思《五行》的德行生成论，可能与七十子时期的性情论有一定的关系。性情论的探讨，表现为性情发生学的考察。其间，往往也会把某些德行心理考虑进来。如郭店竹简《语丛二》："情生于性，礼生于情，严生于礼，敬生于严，望生于敬，耻生于望，悫生于耻，廉生于悫。"描述了由性出发，经过情、礼、严、敬、望、耻、悫等环节，形成廉的过程。类似的，还描述了从性出发，经由不同的环节，分别形成党、忠、容、悲、贼、哀、望、从、断、北（或读背）的过程；以及从欲出发，形成慌、逃等的过程。这些心理历程的描述主要关乎性情方面的特征，但也包含了诸如礼、严、敬、亲、爱、智、悦等与德行密切相关的内容，后者也见于《五行》。并且，性情论的思路，也会涉及德行相生的关系。如郭店竹简《性自命出》第13章云："[顺]，义之方也。义，敬之方也。敬，物之节也。笃，仁之方也。仁，性之方也，性或生之。忠，信之方也。信，情之方也。情出于性。"方是表达、表现的意思。这里就包含了敬、义、顺之间，性、仁、笃之间，性、情、忠、信之间的生成关系。

七十子时期的性情论及其中夹杂的德行相生的讨论，可以视为德行生成论的早期形态。而子思的《五行》，既从心理发生学的角度描述了五行各自的生成过程，又在德的视域中阐述了五行之间的生成与和合关系，最终达到会诸德而为"一"的目的。可以说，子思是以德行论为立场，综合七十子的性情发生说，自觉构建了德行生成论。子思的五行说，代表了先秦儒家德行生成论思想的高峰。

子思的德行生成论在后世也有一定的继承。在马王堆帛书中，就有两篇文献与《五行》关系密切。一是帛书《德圣》，内容多与《五行》相关。如："四行成，善心起。四行形，圣气作。五行形，德心起。和谓之德，其要谓之一，其受谓之天，有之者谓之君子，五者一也。"这是对《五行》的核心概念作出了解释。但它又加入了《五行》所不具的"德气说"（圣气），夹杂了"玄同""至素至精"等道家概念，"表现了想把儒家和道家糅合起来的倾向"。[1] 二是帛书《五行说》，是对《五行》的解说。但无论是帛书《五行》的改本，还是帛书《说》的诠释，都明显带有孟子思想的特征。它代表着子思与孟子思想的过渡和衔接。

1　裘锡圭：《马王堆〈老子〉甲乙本卷前后佚书与"道法家"——兼论〈心术上〉〈白心〉为慎到田骈学派作品》，《中国出土古文献十讲》，上海：复旦大学出版社，2008，第340页。

荀子指出，在五行学说上，"子思唱之、孟轲和之"。这一表述突出了两者在思想上的继承性和一致性。但仔细看来，所谓"孟轲和之"，主要是指孟子为《五行》作《说》一事。就孟子思想本身（见于《孟子》者）而言，他虽然也提到了五行之说，[1]但更提倡的是仁义礼智四者的并举。实际上，孟子的问题意识与子思实有很大的不同。四端说和扩充说，虽与《五行》第一条道路相通，但孟子只是说，肯定四端之心，加以扩充，便可以达成四德。他既没有描述四德生成的内在过程，也不强调四者之间的生成与和合关系。[2]与子思追究德的生成机制不同，孟子的关切在于肯定人性中的善端，作为成德实践和政治实践的前提和基础。这种问题意识的差异，决定了孟子的思想不再是纯粹的"德行生成论"。[3]

子思《五行》篇的思想史意义，可以从两个方面来了解。其一，它明确区分了由内到外、由外而内两条生德的道路。前者从内在的道德本心（仁）开始，后者从外在的道德认知（聪明圣智）开

---

1 孟子曰："仁之于父子也，义之于君臣也，礼之于宾主也，智之于贤者也，圣人之于天道也，命也，有性焉，君子不谓命也。"（《孟子·尽心下》）

2 值得一提的是，孟子在"义内"的论证中，若能结合《五行》关于义的生成理论，无疑可以更清楚地区分作为德行的义和作为行为原则的义。奇怪的是，他没有这样做。

3 与五行生成论相比，德气论更像是孟子自身道德体认的表达方式。在帛书《说》中，孟子用"德气说"解释了仁、义、礼的生成机制。而在《孟子》中，我们看到了"养气说"（《公孙丑上》）、"夜气说"（《告子上》），以及这样一段关于德行境界的阶段性描述："可欲之谓善，有诸己之谓信，充实之谓美，充实而有光辉之谓大，大而化之之谓圣，圣而不可知之之谓神。"（《尽心下》）这一描述，似也与德气说相关。

始。这两条道路涵盖了道德生成的两种可能方式，代表了原始儒家关于成德之学的完整理解。[1] 此格局对于衡定后世儒学思想的分化具有准绳的意义。其二，它把仁义礼智圣并举，五行成了固定的德目结构。孟子的四端说，即以五行结构为基础。到了汉代，又发展为仁义礼智信并举的五常说，成了后世两千年儒学最稳定的德目架构。

2021 年 4 月 11 日

---

1 梁涛先生曾从双重道德律的角度，提出"回到子思去"的呼吁（梁涛：《儒家道统说新探》，上海：华东师范大学出版社，2013，第 98 页）。其实，从德行生成的两条道路来说，对子思思想的某种回归也是有意义的。

《五行》章句

孔子只言德行，而内外在焉。七十子后学以德摄行，必归诸心德而后已。子思子欲明先祖诸德相生相和为一之旨，乃唱五行之说。

五行者，谓仁义礼智圣也。以其结于中而行于心术，故谓之德之行，实皆心德也。五行之和，则乐而德。夫子"乐在其中"，颜子"不改其乐"是也。四行而不及圣，其和同则善。"德，天道也。"从心而无为，《中庸》所谓"不勉而中，不思而得，从容中道，圣人也"。"善，人道也。"人道不能无意，《中庸》所谓"择善而固执之者也"。德之行五，而仁智圣为要。始于仁，经由智圣可以和五行也；始于圣智，经由仁亦可以和五行也。故成德之途有二，及其成功一也。

本篇首立五行之说，以别德、善；继则分论成德二途；末言圣凡之别及学者资质之异。

1. 仁形于内谓之德之行，不形于内谓之行。

形，成也。仁成于中，谓之德之行。然则，仁之成必见于心术流行，故形字亦可兼流行义。见于内谓之德之行，见于外谓之行，内外之别也。或曰，德之行是由德而发，行是无德而为，非也。下皆放此。**义形于内谓之德之行，不形于内谓之行。礼形于内谓之德之行，不形于内谓之〔行。智形〕于内谓之德之行，不形于内谓之行。圣形于内谓之德之行，不形于内谓之德之行。**圣在内，必以德之行言，不与于行也，故与四者异。**德之行五和，谓之德。四行和，谓之善。**和，和合若一也。仁义礼智圣五行之和，谓之德。仁义礼智四行之和，谓之善。五、四，皆指德之行而言。**善，人道也。德，天道也。**人道也者，人之所由道也。必思而后得，勉而后中，不能无意也。天道也者，天行之常也。德成于己，弗为而美，发必时中，无与于其间也。○《中庸》曰："诚者，天之道也。诚之者，人之道也。诚者，不勉而中，不思而得，从容中道，圣人也。诚之者，择善而固执之者也。"善有为，而德无为也。

上第一章。总论德之行，及德、善之分，为此篇纲领。

2. 君子无中心之忧，中，内也。中心之忧，谓内心
道德之深忧也。○子曰："君子忧道不忧贫。"又曰："德之不修，
学之不讲，闻义不能徙，不善不能改，是吾忧也。"**则无中心
之智，无中心之智，则无中心［之悦］，无中心
［之悦则不］安，不安则不乐，不乐则无德。**帛书
此下有"君子无中心之忧，则无中心之圣，无中心之圣，则无中心
之悦，无中心之悦则不安，不安则不乐，不乐则无德"。然则，"无
中心之圣，则无中心之悦"，于义不合，当为后人所增。**五行皆
形于内而时行之，谓之君［子］。**形，成也。心德必见
于心术之流行。流行不已，德乃成也。时行，谓行必时中也。夫
然后谓之君子。○《中庸》曰："溥博渊泉，而时出之。"**士有志
于君子道，谓之志士。**志者，心之所之也。所志者不至，
则有中心之忧。志正言，忧反之。**善弗为无近，德弗志不
成，智弗思不得。**为，谓尽心力而为之，善必为而可近。德
有非人力可致者，故可志而不可期。智原于思，思而后得也。志，

原作之。之，往也、行也。或曰，德不往之之则不能成。亦通。

上第二章。本章下至第十章，言始于仁思，经智圣而成德之途也。中心之忧、中心之志，皆出于中心之仁。"不×不×"之句，言前为后之不可阙，非谓仁而智，后便是德也。不及义、礼者，五行之和以仁智为本，举要言之也。不及圣者，此兼善与德而言也。故末句云"善弗为无近，德弗志不成"，应之。或曰，本章言智，实兼圣、智，非也。据下第四章，圣或在安、乐之际。又"智弗思不得"启下。

3. 思不精不察，精，原作清，通精，下皆放此。精，精诚、纯一也。思不精诚，则不能体察贤人之德与君子之道。此言仁。**思不长不形。**形，犹得也。得物之条理，孟子所谓始条理、终条理者是也。此言智。帛书作"思不长不得，思不轻不形"，欲兼含智、圣而言。顺此，则"不形不安"，言必圣而后乃安，于义不通，善亦可言安也。故知帛书之非。**不形不安，不安不乐，不乐无德。**思若无得，则不能安；不能安，则不能乐；

不能乐，则德不成。乐，如孔颜之乐。

上第三章。本章接上章之意，而以思言之。

4. 不仁，思不能精。不智，思不能长。心不

仁，则思不能精诚。心不智，则思不能周长。**不仁不智，**不仁又且不智。**"未见君子"，忧心不能惙惙；"既见君子"，心不能悦。"亦既见之，亦既觏之，我心则 [悦]。"此之谓 [也]。**引《召南·草虫》之诗，而反用其义。不仁，则未见君子，不有惙惙之忧；不智，则既见君子，不有中心之悦。唯仁且智，乃能忧、悦也。**[不] 仁，思不能精。不圣，思不能轻。**轻，快也、易也。**不仁不圣，**不仁又且不圣。**"未见君子"，忧心不能忡忡；"既见君子"，心不能降。**忡忡，犹冲冲也。不仁，则未见君子，不有忡忡之忧；不圣，则既见君子，不能降其心意。唯仁且圣，乃能如此也。

上第四章。本章引《诗》，分言不仁不智与不仁不圣之状。先

6

言不仁不智则不忧不悦，义与第二章首句相应。复言不仁不圣则不忧不降，又进一层。降是心降，心降则安乐。故此义或在安、乐之际。此下三章，言仁之形、智之形、圣之形，三者相次焉。盖以仁为始、圣为终，至于圣而成德矣。

5. 仁之思也精，仁之思，谓仁之行于心术者。**精则察，察则安，安则温，温则悦，悦则戚，戚则亲，亲则爱，爱则玉色，玉色则形，形则仁。**精诚纯一，则可体察贤人之德与君子之道。体察德道，则能安。安，谓安于仁道。温，颜色容貌和顺之貌。和顺则与人交而悦，迁于兄弟而戚，戚而相信则亲，亲而厚之则爱。然后见于身，乃有玉色。玉色，仁者润腴之色也。形，成也。至于玉色，则仁德成矣，以其见者占其隐者也。○《中庸》曰："富润屋，德润身。"孟子曰："其生色也，睟然见于面，盎于背，施于四体，四体不言而喻。"

上第五章。言仁之思也，至于玉色而仁成。

666

6. 智之思也长，智之思，谓智之行于心术者。**长则得，得则不忘，不忘则明，明则见贤人，见贤人则玉色，玉色则形，形则智。**智思深长，则得物之条理，《大学》"虑而后能得"是也。既得之，则识而不忘，《系辞》"知以藏往"是也。不忘，则明见而洞察，能于众中识别贤人，且知其内在之德也。玉色，心悦诚服之色也。至于玉色，则智德成矣。

上第六章。言智之思也，至于玉色而智成。

7. 圣之思也轻，圣之思，谓圣之行于心术者。圣者，智之极。轻，快也、易也。言神思悠然、倏忽而至，犹"不思而得"也。轻非不长，以其流行之易，不假用力，若无为而然者也。〇《荀子·不苟》："操而得之则轻，轻则独行，独行而不舍，则济矣。"言操之熟乃轻耳。**轻则形，形则不忘，不忘则聪，聪则闻君子道，闻君子道则玉音，玉音则形，形则圣。**聪者，圣之藏于耳也。闻君子道，谓能于众中辨识之也。更知其所以为君子道，知其为天之道，则玉音。玉音，犹德音，有德者之言也。至于玉音，则圣德成矣。

上第七章。言圣之思也，至于玉音而圣成。

8."淑人君子，其仪一也。"能为一，然后能为君子，［君子］慎其独也。 诗出《曹风·鸤鸠》。原作："淑人君子，其仪一兮。其仪一兮，心如结兮。""其仪一兮"，言威仪之有常；"心如结兮"，言心德之强固，外内应也。一者，和合若一，谓五行之和也。言五行和于中而心德结于内，乃为君子。"慎其独"者，言慎治其心也。慎，犹诚也。独之为言，心也。独知、独见、不与人共，专其意而五体不能尚，故谓之独。**"［瞻望弗及，］泣涕如雨。"能"差池其羽"，然后能至哀，君子慎其［独也］。** 诗出《邶风·燕燕》，卫庄姜送归妾而作，郑曰："庄姜无子，陈女戴妫生子名完，庄姜以为己子。庄公薨，完立，而州吁杀之。戴妫于是大归，庄姜远送之于野，作诗见己志。"原作："燕燕于飞，差池其羽。之子于归，远送于野。瞻望弗及，泣涕如雨。""差池其羽"，毛羽凌乱之状，言戴妫之无心于丧服也。必得如是，而后见其为至哀也。言至哀者深在于内，不与人共。君子知此，当慎治其至内之心也。

上第八章。言"为一"之旨与"慎独"之义。孔子谕以慎言、慎行，言行固所当慎也。心则言行之主，明德所存，尤当慎治，故诸儒屡称慎独也。

9.[君]子之为善也，有与始，有与终也。君子之为善，必"择善而固执之"，不能无意也，故谓之"有与"。君子之为德也，[有与]始，无[与]终也。君子之为德，始于为善而终于无为，故曰"无与终"。〇帛书《说》云："'无与终者'，言舍其体而独其心也。"舍其体，谓小体不困于心。独其心，谓独任心德流行，"弗为而美者也"。子曰："七十而从心所欲，不逾矩。"从心则无为，此之谓也。金声而玉振之，有德者也。

上第九章。言为善与为德之别，以"金声玉振"喻之。

10. 金声，善也。玉音，圣也。善者，四行之和。
进于圣，则五行之和也。圣成则德完矣。**善，人道也。德，**
天［道也。唯］有德者，然后能金声而玉振之。
古之乐，始于金声而终于玉振。言唯有德者，始乎为善，终于成
德，终始完俱也。孟子"金声玉振"之说，始于智而终于圣，以终
始之条理为言，与此稍异。

上第十章。释上章"金声玉振"之说，结第二章以下之义。

11. 不聪不明、不圣不智，言不聪明，则不圣智也。
聪与圣对，明与智对。或于"不聪不明"下补"不明不圣"，于义
非也。**不智不仁，**据下文"见而知之，智也；知而安之，仁
也"，仁生于智也。**不仁不安，不安不乐，不乐无德。**

上第十一章。此章至第二十六章，言始于聪明圣智，经仁而成
德之途也。此章为总论。详后第十五至十八章。

12. 不变不悦，不悦不戚，不戚不亲，不亲不爱，不爱不仁。

上第十二章。言仁之形，详第十九章。以其始于智，故与第五章别。

13. 不直不肆，不肆不果，不果不简，不简不行，不行不义。

上第十三章。言义之形，详第二十章。

14. 不远不敬，不敬不严，不严不尊，不尊不恭，不恭无礼。

上第十四章。言礼之形，详第二十一章。

15. 未尝闻君子道，谓之不聪。闻君子道，非听闻之而已，能于众中辨识之也。聪者，聪辨也。未尝见贤人，谓之不明。见贤人，非目见之而已，能于众中辨识之也。闻君子道而不知其君子道也，谓之不圣。知君子道之为

君子道之故，知其为天之道也，谓之圣。圣者，聪之体。聪者，圣之用，圣之藏于耳者也。**见贤人而不知其有德也，谓之不智。**知贤人之所以为贤人之故，即知其有德也，谓之智。智者，明之体。明者，智之用，智之在于目者也。

上第十五章。释不聪不明不圣不智之义。

16. 见而知之，智也。闻而知之，圣也。明明，智也。赫赫，圣也。"明明在下，赫赫在上"，此之谓也。诗出《大雅·大明》，言文王之明德与显命也。此处引之，以言智、圣之象。帛书《说》云："圣始天，智始人。圣为崇，智为广。"

上第十六章。再释圣、智。

17. 闻君子道，聪也。闻而知之，圣也。闻而有辨，聪也。辨而有知，圣也。**圣人知天道也。**唯圣人能知天道也。"知天道也"者，非谓知星辰日月之行也。约有二义：若

文王之知天命，一也；闻君子道而知其为君子道，知其为天之道，二也。后者若《中庸》所言者是也。**知而行之，义也。**知天命、天道而行之，义也。**行之而时，德也。**行必时中，唯有德者能之。**见而知之，智也。知而安之，仁也。安而敬之，礼也。**见贤人而知其有德，智也。知之明则心下而安，仁也。安之而又敬之，礼也。**圣智，礼乐之所由生也，五〔行之所和〕也。和则乐，乐则有德，有德则邦家兴。文王之示也如此。"文〔王在上，於昭〕于天"，此之谓也。**诗出《大雅·文王》。此言文王之示也。文王之圣，则受天大命，在帝左右；文王之智，则敬用贤人，敷行教化。文王由圣智而成德，以兴周邦。及武王、周公继述其文，制礼作乐而周文成，故曰"圣智，礼乐之所由生也"。○见于《中庸》，子曰："无忧者其惟文王乎！以王季为父，以武王为子，父作之，子述之。"又曰："武王、周公，其达孝矣乎！夫孝者：善继人之志，善述人之事者也。春秋修其祖庙，陈其宗器，设其裳衣，荐其时食。宗庙之礼，所以序昭穆也；序爵，所以辨贵贱也；序事，所以辨贤也；旅酬下为上，所以逮贱也；燕毛，所以序齿也。践其位，行其礼，奏其乐，敬其所尊，爱其所亲，事死如事生，事亡如事存，孝之至也。郊社之礼，所以事上帝也；宗庙之礼，所以祀乎其先也。明乎郊社之礼、禘尝之义，治国其如示诸掌乎！"此之谓也。

上第十七章。言始以圣智而至于五行之和、礼乐之生也，是文王所示者。

18. **见而知之，智也。知而安之，仁也。安而行之，义也。行而敬之，礼也。** 前之字，谓贤人。后三之字，谓贤人之德与道也。故可安之、行之、敬之。**仁义礼所由生也，四行之所和也。** 先之以智，则仁义礼从而生，四行从而和也。智字从前而省。**和则同，同则善。** 和同若一，一则善也。

上第十八章。言始以智而至于四行之和也。以上四章，皆明第十一章之旨。

19. 颜色容貌温，变也。温者，知之而后改于颜色也。○帛书《说》云："变也者，勉勉也，逊逊也，能行变者也。"勉勉，劝乐之貌。逊逊，温恭之貌。**以其中心与人交，悦也。中心悦㫊，迁于兄弟，戚也**。㫊，语助，犹之也。迁，犹及也。《大雅·思齐》"至于兄弟"，同之。**戚而信之，亲[也]**。信之者，诚以兄弟为手足也。**亲而笃之，爱也**。笃，厚也。**爱父，其继爱人，仁也**。继，次也。爱父最隆。爱杀推于人，则仁也。

上第十九章。释第十二章。

20. 中心辩然而正行之，直也。辩然，分明貌。正行，正义而行。**直而遂之，肆也**。遂，成也。**肆而不畏强御，果也**。强御，谓强暴也。**不以小道害大道，简也**。简者，大而不烦之谓。**有大罪而大诛之，行也**。罪大不赦，乃能令行禁止。**贵贵其等尊贤，义也**。等，犹同也。言贵贵与尊贤，皆为义之大者。

上第二十章。释第十三章。

21. 以其外心与人交，远也。人我有间，故外之。远，疏也。**远而庄之，敬也。**持之以庄重，则敬也。**敬而不懈，严也。**谓在己严肃也。**严而畏之，尊也。**人畏忌之，则己尊也。**尊而不骄，恭也。**己尊而不骄慢，则恭也。**恭而博交，礼也。**博交，谓所交接者广也。

上第二十一章。释第十四章。

22. 不简不行。不匿，不辩于道。匿，隐也。辩，犹明也。道者，君子所行道也，此尤指仁道。刑狱之事，曰简与匿。不简则义不能行，不匿则仁道不明。**有大罪而大诛之，简也。有小罪而赦之，匿也。有大罪而弗大诛也，不［行］也。有小罪而弗赦也，不辩于道也。**罪有大小而简匿各适其用，则仁义兼得。直躬之类，可谓简而不辩于道矣。

上第二十二章。

23. 简之为言，犹练也，大而晏者也。练读为
谏。谏，正也，诛杀之谓。晏，帛书作罕。大罪为罕见也。**匽之
为言也，犹匽匽也，小而轸者也。**前匽，隐也。后匽，
读昵，近也。《左传》襄公二十五年"匽其昵"杜预注"匽亲也"。
轸，多也。小罪为繁多也。**简，义之方也。匽，仁之方
也。**方，犹术也。**强，义之方也。柔，仁之方也。
"不强不絿，不刚不柔"，此之谓也。**诗出《商颂·长
发》，原作"不竞不絿，不刚不柔"，言汤之德也。

上第二十三章。以上两章借言刑狱简匽之道，申论仁义之和也。

24. 君子集大成。《箫韶》九成，为大成。集大成，喻
君子所造之大也。**能进之，为君子。不能进也，各止
于其里。**进，谓进德。里，所居止，此言资禀之所有也。**大**

而晏者，能有取焉。小而轸者，能有取焉。 承上
章，言简匿皆取然后仁义两全也。○《中庸》曰："万物并育而不
相害，道并行而不相悖，小德川流，大德敦化，此天地之所以为
大也。" **胥儃儃达诸君子道，谓之贤。** 胥儃儃，盛大显
明貌。**君子知而举之，谓之尊贤。知而事之，谓之
尊贤者也。后，士之尊贤者也。** 知之而举用之，是王
公之尊贤也。知之而师事之，是士人之尊贤也。帛书多"前，王公
之尊贤者也"，当为衍文。

　　上第二十四章。言君子当进德修业以达诸君子道，尤当师事贤
者。以下两章述"进之"之旨。

　　**25. 耳目鼻口手足六者，心之役也。心曰唯，
莫敢不唯。诺，莫敢不诺。** 唯恭于诺。**进，莫敢不
进。后，莫敢不后。深，莫敢不深。浅，莫敢不
浅。** 唯深诺浅之类也。**和则同，同则善。**

　　上第二十五章。心役六体，可以为善。有与也，故未及德。

26. 目而知之，谓之进之。喻而知之，谓之进之。譬而知之，谓之进之。几而知之，天也。"上帝临汝，无贰尔心"，此之谓也。目，比较。喻，晓谕。譬，比方。几，微也。"上天之载，无声无臭"，必几而后可知也。《系辞》云："知几其神乎？"诗出《大雅·大明》。举牧誓之言，言武王之知几也。

上第二十六章。致其知而后可以进乎德也。

27. 天施诸其人，天也。言天生圣人以德，不假人为。其人施诸人，狎也。言圣人设教于人也。狎，习也。○孟子曰："尧舜，性之也；汤武，身之也。"又曰："尧舜，性者也；汤武，反之也。"义同。

上第二十七章。或生而德，或习而德，及其有德则一也。

28. 闻道而悦者，好仁者也。若闻道而悦，则是中心好仁者也。下同。**闻道而畏者，好义者也。闻道而恭者，好礼者也。闻道而乐者，好德者也。**

上第二十八章。好恶者，人之性也。学者有中心之好，乃为德之始也。成德之途，亦由是分。好仁，以仁始；好义礼，以智始；好德，共也。故末二章言人资质之异，结全文。

2016 年 1 月 26 日初稿于海淀路寓所
2017 年 10 月 30 日再改于海淀路十方寓
2021 年 3 月 28 日再改于新江湾尚景园

《五行》讲疏

传统上有一个"思孟五行说"的问题。这个问题源于荀子的批评：

> 略法先王而不知其统，犹然而材剧志大，闻见杂博。案往旧造说，谓之"五行"，甚僻违而无类，幽隐而无说，闭约而无解。案饰其辞，而祗敬之，曰：此真先君子之言也。子思唱之，孟轲和之。世俗之沟犹瞀儒，嚾嚾然不知其所非也，遂受而传之，以为仲尼、子游为兹厚于后世：是则子思、孟轲之罪也。（《荀子·非十二子》）

荀子是大才，他对先秦诸家的批评，大体都能切中其核心问题。在批评子思、孟子的时候，他特别选取了"五行说"。由此可以推定，"五行说"是子思、孟子一系思想传承中具有代表性的、乃至核心的思想。但是，在传世的子思文献（《中庸》等）与《孟子》中，我们似乎又找不到所谓的"五行说"。那么，"思孟五行说"到底指什么？何以在荀子看来，它是思孟一系的代表学说？这些问题就成了学术的悬案。

关于"五行"的所指，历史上就有多种说法。概括一下，大约有以下几种：[1]

其一，即五常。《荀子》杨倞注："五行，五常，仁义礼智信也。"[2] 是说本于郑玄。《乐记》"道五常之行"郑玄注："五常，五行也。"[3] 又《中庸》"天命之谓性"郑注："木神则仁，金神则义，火神则礼，水神则信，土神则智。"[4] 章太炎认为，思孟五行还不简单是"五常"，更有"以水火土比父母于子"的"五伦"含义，承《洪范》九畴举五行傅人事"的未彰之义，下启"燕齐怪迁之士"的神奇之说。梁启超认为，思孟五行或者是指五伦，或者是指五常，不可能是后世的五行说。[5]

其二，即后世五行说。刘节、顾颉刚根本上否定五行与思孟的关系，认为宣传五行说的是邹衍，把邹衍的五行当作思孟的学说来批评，这是历史性的大误会。[6] 范文澜认为，《孟子》有气运终始观

---

1 参见庞朴：《马王堆帛书解开了思孟五行说之谜》，《文物》1977 年第 10 期。

2 王先谦：《荀子集解》，北京：中华书局，1988，第 94 页。

3 孔颖达：《礼记正义》，上海：上海古籍出版社，2008，第 1502 页。

4 同上书，第 1987 页。

5 梁启超：《阴阳五行说之来历》，《饮冰室文集》（第十三册），北京：中华书局，2015，第 54 页。

6 刘节：《洪范疏证》；顾颉刚：《五德终始说下的政治和历史》，均载《古史辨》第五册。

的痕迹，"原始的五行说，经孟子推阐，已是栩栩欲活；接着邹衍大鼓吹起来，成了正式的神化五行"。[1]

其三，指仁义礼智诚。郭沫若引《孟子·尽心下》"仁之于父子也，义之于君臣也，礼之于宾主也，智之于贤者也，圣人之于天道也"，指出："'天道'是什么呢？就是'诚'。"[2]

以上三种说法，第二种显然不合情理。荀子在稷下学宫三为祭酒，对于各家学说可谓了如指掌。说荀子将邹衍的五行说误会为思孟的学说，不太可能。

第一种也有问题。以"仁义礼智信"为"五常"乃是汉人的观念，不是先秦的学说。庞朴先生指出，先秦文献中仁义礼智圣五者连举，仅见于《庄子·庚桑楚》："至礼有不人，至义不物，至知不谋，至仁无亲，至信辟金。"且次第混乱，应是偶然的列举。直到董仲舒，才明确以"仁义礼智信"并称"五常"。又到了《白虎通义》，五常与五行的匹配关系才最终稳定下来，"五常说"也才被普遍接受。既然"仁义礼智信"的五常说立于汉代，则不可能是思孟五行的所指。[3] 更何况，从思想本身来看，《孟子》虽然也谈到了信，但在德目系统中总是居于次要的地位，其重要性尚不能与仁义礼智相比。孟子曰："大人者，言不必信，行不必果，惟义所在。"

1　范文澜：《与颉刚论五行说的起原》，《燕京大学史学年报》1931 年第 3 期。

2　郭沫若：《儒家八派的批判》，《十批判书》，北京：人民出版社，2012，第 104 页。

3　庞朴：《思孟五行新考》，《竹帛〈五行〉篇校注及研究》，第 137—139 页。

（《孟子·离娄下》）相对于信，义具有逻辑上的优先性。

第三种说法可以说相当有见识。既是"思孟五行"，就应从思孟的文献和思想中去找。从"圣人之于天道"一句追究到天道的本质是诚，也是比较合理的。不过，若仔细看，"诚"在《中庸》是一个更为综合的德行，不与仁义礼智四者对举。反倒是"圣"在《中庸》和《孟子》中特别突出。如《中庸》"德为圣人""天下至圣"，是作为人格来讲的圣；《孟子·万章下》"始条理者，智之事也；终条理者，圣之事也"，以智、圣并举，是作为德行的圣。

真正给这一问题带来转机的，是马王堆帛书《五行》的出土。1973 年 12 月，长沙马王堆三号墓出土了一批帛书。其中有两部《老子》，命名为甲本和乙本。甲本卷后、乙本卷前，各有四篇佚书。甲本卷后第一篇，无篇题，约五千四百字。从字体（篆隶之间）、内容和避讳（不避"邦"字）看，约抄写于秦亡之后、汉高祖刘邦卒年（前 195）之前。庞朴先生断定这就是思孟五行说，并定篇名为《五行》，分内容为"经""说"。他认为："这篇佚书的发现，解开了思孟五行说的古谜，是学术史上的一件大事。"[1]

这一说法得到了郭店竹简的支持。1993 年 1 月，湖北荆门的一座战国楚墓，出土了一批竹简。由于墓葬年代为战国中期偏晚，约公元前 300 年上下，则其中竹简文献的年代应该更早。这批竹简

1　庞朴：《马王堆帛书解开了思孟五行说之谜》，《文物》1977 年第 10 期，第 69 页。

整理之后分十八篇，包括《老子》三篇，约含传世本五分之二的内容；《缁衣》一篇，与传世《礼记》本相近。另外是久已失传的篇目，命名为：《太一生水》、《鲁穆公问子思》、《穷达以时》、《唐虞之道》、《忠信之道》、《成之闻之》、《尊德义》、《性自命出》、《六德》、《语丛》四篇，还有就是《五行》。此篇开头作"五行：仁形于内谓之德之行……"，"五行"二字与下文不相连属。学者普遍认为，"五行"二字就是篇题。此篇与帛书《经》部内容几乎相同。这便证明，庞朴先生的推测是正确的。

关于《五行》的作者。根据荀子的批评，并考虑到郭店简的年代在孟子之前，竹简《五行》的作者最可能的就是子思。又，郭店简《缁衣》与《礼记》本《缁衣》基本相同，而传统认为后者是子思作品。郭店简《五行》与《缁衣》同出，则前者也可能与子思有关。故很多学者认为，竹简《五行》的作者就是子思。而帛书《五行》的帛书《说》，则可能是思孟后学加上去的。

对此作出最明确回答的是陈来先生。此前，庞朴先生已经援引《孟子·尽心下》"仁之于父子也，义之于君臣也，礼之于宾主也，智之于贤者也，圣人之于天道也"一段，认为"圣人"的"人"字为衍文，"仁义礼智圣"并举，正是孟子的五行；他又指出《中庸》有一处同样蕴含了五行的痕迹："唯天下至圣，为能聪明睿知，足以有临也；宽裕温柔，足以有容也；发强刚毅，足以有执也；齐庄中正，足以有敬也；文理密察，足以有别也。"他指出："这里所说的聪明睿知，就是圣；宽裕温柔，就是仁；发强刚毅，就是义；齐庄中正，就是礼；文理密察，就是智。"[1] 这无疑是慧识。不过，陈来先生认为，这两条材料毕竟"幽隐"，即使按照庞先生的解释，也决不能证明仁义礼智圣五行说曾经过"子思唱之，孟轲和之"，而要有更加明确的论述。他认为：

> 经部乃成于孟子之前，而且《五行》的经部与《缁衣》同抄，这就在相当程度上证明了《五行》的经部为子思所作（或传为子思所作）。有了《五行》经部为子思所作这个结论，"子思唱之"才有了坚实的证明。……同理，在此基础上，只有同时肯定《五行》的说文为孟子所作，才是对"孟轲和之"的最好证明。[2]

这一说法是很有说服力的。荀子之所以选取"思孟五行说"为批判的对象，原因不外两点：一者，"五行说"在思孟思想体系中有基础性地位，否则荀子不屑于批判；二者，学说有明确提倡和巨大影响，否则荀子没必要批判。后者就必然要求相关的论著。由此，我们至少可以逻辑地肯定，竹简《五行》或帛书《经》部是子思之作品或者是源于子思的子思后学的作品，帛书《五行》帛书

1　庞朴：《思孟五行新考》，《竹帛〈五行〉篇校注及研究》，第 142 页。
2　陈来：《竹帛〈五行〉篇为子思、孟子所作论》，《竹简〈五行〉篇讲稿》，第 115—116 页。

《说》部则是孟子的作品或源于孟子的孟子后学的作品。

至于是否直接认定是子思和孟子，则还需要更多思想上的解说和佐证。由于子思的思想资料相对缺乏，《经》部是否出于子思，难以通过局部思想的比对来实现，而只能通过子思思想系统之重构来完成。根据我们的研究，竹简《五行》的思想与子思其他文献的思想之间，确实是有一以贯之的内部线索的。这一问题涉及过广，此处不能展开探讨。至于帛书《说》出于孟子，陈来先生详细比对了《说》部与《孟子》的思想和文句，指出："孟子作《五行》之说文，盖在其中年，则对《五行》说文的分析不仅可以使我们了解孟子前期思想的发展的各个侧面，也有助于更深地了解孟子书本身的许多提法的背景和来由，更可看出孟子思想的形成也曾借助于古典文本的诠释。"[1] 要之，《经》为子思所作，《说》为孟子所作，应该是可以成立的。

在研读子思《五行》文本之前，有两个问题需要交代一下。

第一个问题，是关于竹简《五行》与帛书《五行》的差异。两者最大的差别是，竹简《五行》只有相当于帛书《经》的部分，而没有后者的《说》。帛书《说》的内容是对《经》的解释，这种关系可以佐证"唱—和"的说法。而以帛书《经》部与竹简比较，两者虽然基本内容几乎相同，但仍然有很多方面的不同。

1　陈来：《帛书〈五行〉篇说部与孟子思想探论》，《竹简〈五行〉篇讲稿》，第181页。

其一，文字的增损和改变。如首章"圣形于内，谓之德之行；不形于内，谓之德之行"，帛书本为"圣形于内，谓之德之行；不形于内，谓之行"。帛书本第2章在"不乐无德"之后，有"君子无中心之忧则无中心之圣，无中心之圣则无中心之悦，无中心之悦则不安，不安则不乐，不乐在无德"，以与前一句"忧—智—悦—安—乐—德"相对，竹简本无。帛书引《诗》"鸤鸠在桑，其子七兮。淑人君子，其仪一兮"，前两句是较竹简本多出来的；引《诗》"燕燕于飞，差池其羽。之子于归，远送于野"，前两句也是多出来的；另有两处引《诗》，则直接冠以"诗曰"二字，也是竹简本所无。最后第2章，帛书多"其人施诸人，不得其人，不为法"一句。简本第17章"圣智，礼乐之所由生也"，帛书本缺损，但从《说》倒推，应是作"仁义，礼乐所由生也"。简本第18章"仁义礼所由生也"，帛书本作"仁义，礼知之所由生也"，而《说》又作"仁知，礼之所由生也"。最后一章简本"闻道而说者"，帛书作"闻君子道而说"。这些变化，有些是可有可无的增损，有些则多少关乎义理的改动。

其二，文本顺序的调整。首章的五行顺序有差别，竹简本是仁、义、礼、智、圣，帛书本是仁、智、礼、义、圣。竹简本的顺序，分为"仁义礼"和"智圣"两个部分，对应于下文。帛书本的顺序，不知是出于什么原因。两个本子文本顺序的最大不同，是在"唯有德者然后能金声而玉振之"之后，"不简不行，不匿不辩于道"之前的部分。按照本书的分章，即竹简本第 11—21 章。若把这十二章的内容分为四个意群：（11）、（12—14）、（15—18）、（19—21），帛书本的顺序是：（12—14）、（11）、（19—21）、（15—18）。从内容上说，第 11 章是说圣智—仁—安—乐—德；第 12—14 章是分说仁、义、礼；第 15—18 章又是说圣智与德的问题，可以视为对第 11 章的解释和发挥；第 19—21 章又是说仁、义、礼，是对第 12—14 章的解释。故两个本子的差别，说到底是"圣智"与"仁义礼"先后的不同：竹简本先"圣智"后"仁义礼"，帛书本相反。

于是，学者指出，两者在思想上的最大差别是：竹简本突出圣智（并不严格，实际上竹简本仁、智、圣并重，详后），帛书本重视仁义。这基本上是学者的共识了。[1] 陈来先生指出：

> 总结学者已经指出的竹简《五行》与帛书《五行》经部的差别，主要有三点：第一，在一开始的一段论述中，竹简《五行》论述的次序是仁、义、礼、智、圣，而帛书本的次序则改为仁、智、礼、义、圣，使得圣智的固定联结被破坏了；第二，简本 17

---

1 如陈丽桂、李存山等说（陈说见《从郭店竹简〈五行〉检视帛书〈五行〉说文对经文的依违情况》《再论帛书〈五行〉经、说文之歧异》，氏著《近四十年出土简帛文献思想研究》，北京：中华书局，2015；李存山说见《从简本〈五行〉到帛书〈五行〉》，载郭齐勇编：《郭店楚简国际学术研讨会论文集》，武汉：湖北人民出版社，2000）。

章的"圣智,礼乐之所由生也",在帛本改为"仁义,礼乐所由
生也"。这样,简本所强调的作为礼乐根源的圣智,就在帛本中
变成了仁义,其说部更明说"言礼乐之生于仁义"。第三,简本
18 章的"仁,义礼所由生也",在帛本改为"仁义,礼智所由生
也",既强调了仁义联结的重要,又把智置于礼的后面,使得简
本中圣智对仁义礼的优先性完全消失。可以说,帛书总的倾向,
是突出仁义说在全篇的优先地位,以此取代或覆盖圣智说在竹简
本中地位。[1]

这一说法已经很有说服力了。不过,这里还可以提一下另一
个可能更为重要的证据,即第 11—21 章文本顺序的调整。竹简本
以圣智为首出,帛书本调整为仁义为首出。这一改编,与帛书本改
"圣智,礼乐之所由生也"为"仁义,礼乐所由生也",改"仁义礼
所由生也"为"仁义,礼知之所由生也"是直接呼应的。

改编之后,帛书本在文本逻辑上大体还是自洽的,但还是留下
了两处重要的纰漏。一是,帛书第 13 章说"不聪不明、不圣不智,
不智不仁",仁的出现在圣智之后,与竹简本"圣智—仁义礼"的
顺序是一致的。帛书本调整了文本结构,却没有改变"不聪不明、
不圣不智,不智不仁"的表述,造成了两者逻辑的不一致。二是,
竹简本第 22—23 章论述简与匿、仁与义的关系问题,是可以自然

1　陈来:《竹简〈五行〉与子思思想研究》,《竹帛〈五行〉与简帛研究》,第 143 页。

上接第 19—21 章的"仁义礼"的，帛书本却接不上。

因此，从竹简《五行》到帛书《五行》的《经》部，是经过了有意识的改编的。前者应更接近于子思《五行》的原貌（不考虑从子思写定到荆门楚墓抄本之间的传抄问题），后者则可能是孟子改编的版本，为的是突出仁义的观念。我们讨论子思的五行思想，肯定要以竹简本为依据。

关于帛书《说》，也可以补充几句。帛书《说》是为了解释改编之后的本子的，故其思想是与帛书《经》的改编思路一致的。所以，对待帛书《说》的解释，我们要持一种谨慎的态度：一方面，它作为最早的解释性著作，很多的具体解释是可以参考的。但另一方面，很多涉及思想建构的内容，要对作者的问题意识和解释进路有充分的自觉。如果完全按照帛书《说》来解释的话，理解出来的可能是孟子的《五行》，而不是子思的《五行》。这里不涉及哪种思想更好的问题，而是诠释的目标问题。

第二个问题，是关于竹简《五行》的文本结构。为了讨论方便，先要确定《五行》的分章。竹简本《五行》的分章，学界有不同的意见。整理者、李零根据竹简自带的墨钉分为 28 章，但有些章节的划分从义理上看明显是不合适的。故有学者根据内容的理解，分为 31 章、32 章、33 章等。我们大体采用整理者和李零的意见，同时又依据文本内容调整了部分章节的划分，包括：原第 2 章分两部分，前一部分连第 1 章；原第 3 章分两部分，前一部分与新的第 2 章合并；原第 9 章与第 8 章合并；原第 10 章为新第 9 章；原第 11 章分为两部分，分别为新第 10 章、第 11 章；其余不变，最终还是 28 章。其中，第 1—3 章的分合及第 8、9 章的合并，为的是意群的更清晰的归类；原第 11 章分为两部分则是不得不分，因为它涉及了文本结构的划分。故以下提到的章节编号，除了直接引用他人说法之外，都是用的新编号。

从结构上看，《五行》文本的一个显著特征，是中间一部分文本之间存在着被解释与解释的关系。第 15—21 章（第 22、23 章为仁义议题的引申，也可以包括在内），是对第 11—14 章的解说。故陈来先生提出，竹简《五行》有"经—解"的结构。

> 这篇文献有不少章节号，据整理者分析，有 28 章，可以分为上下，前 14 章是经，后 14 章是解。前一部分正面铺陈主要观点，后一部分甚至会逐句解释前一部分的内容。这种结构在先秦属于经解讲法，也有人叫经传。比如朱熹认为《大学》就分成经传，"大学之道，在明明德，在亲民，在止于至善"，这就是经，传的部分会对此逐条解释。经一章，后面有传十章。[1]

---

[1] 陈来：《竹简〈五行〉篇讲稿》，第 9 页。此前，徐少华先生已有《五行》内部分经、解的猜想，不过没有那么明确（参见徐少华：《楚简与帛书〈五行〉篇章结构及其相关问题》，《中国哲学史》2001 年第 3 期，第 19 页）。

　　这一提法受到了朱子《大学》解释的启发。不过，严格来说，"解释"与"被解释"的关系，仅限于第11—21章；此外的前十章在后面没有解说，最后的几章在前面也找不到对应的章节。换言之，这里的解释关系只是《五行》文本的一个局部结构，是某一部分内容的层层推进的论述，而不反映全篇的风貌。[1] 就此而言，将竹简《五行》全篇分为上经下解是不能成立的。

　　邢文认为简文可以分为两个部分：前十章为第一部分，后十八章为第二部分（以本文的分章）；前者又有三个层次，后者则有四个层次。他认为："楚简《五行》这两个部分，正是其'圣''智'之论的两个阶段。"[2] 我们说，从第10章前后分开，是有充分依据的。从内容上看，第9、10两章以金声玉振论"德"与"善"，具有总结上文的意思；而第11—21章分别论述"圣智—仁义礼"，并作出详细的解释，又自成一个完整的论述结构。所以，第10、11章之间的分界是很明显的。但这是否意味着全文只是分两个部分，却是不一定的。再者，邢文为了突出圣智，判定两个部分是论圣智的两个阶段，为此对部分文本作出了牵强的解释，也是可以商榷的。

　　根据我们的考察，《五行》文本可以分为四个部分。

1　与之相似，竹简《性自命出》5—7章也存在"解释—被解释"的关系，目的是为了展开论述，或推进论述。

2　邢文：《〈孟子·万章〉与楚简〈五行〉》，载《中国哲学》第二十辑，第229—230页。

　　首章为第一部分。首章从"德之行"与"行"的区分，阐述"五行"之"德"与"四行"之"善"的区分，点明了此篇的核心问题，乃是全篇的纲领，故可以单独成一部分。需要说明的是，整理者依据竹简的墨钉，将"德之行五和，谓之德"等句，与"君子无中心之忧"等合为一章。[1] 但从义理来说，"德之行五和，谓之德"一句，乃是结首章之义；"君子无中心之忧"一句，则有提示下章"志"的作用。陈来先生主张，前一句可以独立成章，[2] 是有一定道理的。我们的做法是把前一句划归首章，以使首章的纲领意义更为完整。此为第一部分。

　　第2—10章为第二部分。第2章从"中心之忧"到"中心之智"到"中心之悦"，再到"安"到"乐"，最后到"德"，这是一个始于"中心之忧"的成德历程。讲"君子"、讲"志士"，并非岔开去讲，还都是在这一章的叙述脉络之下。"德弗志不成，智弗思不得"，"志"与"中心之忧"有关，"智"即"中心之智"。又由"智弗思不得"一句，引出了下文关于"仁之思""智之思""圣之思"的探讨。"三思三形"之后，又讲"为一"与"慎独"。第9、10两章以"金声玉振"的比喻，作为这一部分的总结，也回应了第2章的"德"。所以，这一部分具有一个严整的总分总的逻辑

1　参见李零：《郭店楚简校读记》，第100页。

2　参见陈来：《竹简〈五行〉分经解论：〈五行〉章句简注》，《竹帛〈五行〉与简帛研究》，第111页。

结构。值得注意的是，这一部分的论述，或者以"中心之忧"为始，以"德"为终；或者以"志"为始，以"德"为终；或者以"仁"为始，以"圣"为终（三思三形）；又或者以"善"为始，以"德"为终。它们内在又是一致的。此为第二部分。

第11—26章为第三部分。第11章"不聪不明、不圣不智，不智不仁，不仁不安，不安不乐，不乐无德"，论述了一个从"聪、明、圣、智"到"仁"到"安"到"乐"，最后到"德"的历程，与第2章相对。本章同样具有总领下文的意义。第12—14章分论仁、义、礼。第15—16章解释"聪、明、圣、智"。第17章由"圣""智"和五行，第18章由"智"和四行。这两章既非总结，也非过渡，而是为了申论"圣""智"之于"德"、"智"之于"善"的导出关系。第19—21章分别解释第12—14章。第22、23章申论仁义之和。第24—26章论"君子集大成"，及"进知"之道。所以，这一部分大体也具有一个总分总的逻辑结构。与上一部分不同，此一部分的论述，不是以"仁"为始，而是以"圣、智"或"智"为始。此为第三部分。

最后两章为第四部分。第27章见"天人之分"，第28章"好仁""好义""好礼""好德"是从不同的表现区分学者的资禀，具有通论的意义。

所以，《五行》全篇具有总分总的结构。第一部分是总论，第二、三部分是分论，第四部分是余论。其中，作为主体的二、三部分，内部又分别具有总分总的结构。这样一个复杂的嵌套结构，是《五行》文本的秘密所在。

许多学者指出，竹简《五行》与帛书《五行》的《经》部相比，前者突出圣智，后者突出仁义。若从竹简《五行》的文本结构来看的话，这一提法也不准确。其实，竹简《五行》第二部分的论述思路是从仁开始的。比如，第2章"君子无中心之忧，则无中心之智……不乐则无德"，作为开端的忧与仁相关，在智之前；第4章"不仁不智""不仁不圣"，仁在智、圣之前；第5—7章"三思三形"的论述顺序，也是仁在智、圣之前。这些都凸显了仁相对于智、圣在逻辑上的优先地位。而第三部分的论述思路则是从圣、智开始的。比如，第11章"不聪不明、不圣不智，不智不仁，不仁不安，不安不乐，不乐无德"，圣、智在仁之先；第12—14章的论述顺序，以及第15—21章的解释顺序，也都是圣、智在仁之先。要言之，第二、第三部分的基本差别，就在于仁与圣智的先后关系：是"仁—智圣"，还是"圣智—仁"。如果说，"圣"是一种特殊形式的"智"，¹ 那么，"仁"与"圣、智"的关系，归根结底便是孔子一贯重视的仁智关系。第二部分是仁先于智，第三部分是智先

1　圣虽可说是一种形式的智，但与一般的智不同。据《五行》看，区别有二：一、所知的对象或层次有别，所谓"圣人知天道也"，非智可及；二、知的方式有别，"智之思也长""圣之思也轻"，智是思而后得，圣是不思而得。郭齐勇先生说："'圣智'是一种'神明'，是圣哲对天道、天德的体悟。……是对超越天道的冥契。"（郭齐勇：《再论"五行"与"圣智"》，《中国哲学史》2001年第3期，第24页）

于仁。

但两者最终的目的都是指向"德"。换言之，两个部分分别论述了两条可能的成德途径：一条是始于内心之仁，发展出智乃至圣，最终成德的途径；一条是始于"圣"对天道和君子道的认知，及"智"对贤人德的分辨，发展出仁、义、礼，最终实现五行之和的途径。仁在内，而道在外。所以，前者又是一条由内而外的道路，故从"思仁"或"慎独"开始；后者则是一条由外而内的道路，故从"知天道""见贤人"开始。当然，这两条道路不是截然分开的，只是入手不同；而入手的不同，又相应于学者不同的资质和生禀。

第一部分	第 1 章	以"五行""四行"总论"德""善"
第二部分	第 2—10 章	论以"仁"为始的成德进路
第三部分	第 11—26 章	论以"圣、智"为始的成德进路
第四部分	第 27、28 章	通论天人之分及学者资性之别，以为儒者教学之始

竹简《五行》的行文结构是非常严整的。帛书《五行》的改编者，似乎未能看到这一点（或者即便看到了，仍然要坚持己意）。为了突出仁义的地位，他以己意改变了第三部分的论述顺序，看上去使第三部分的生成逻辑与第二部分相协调，实际上是取消了成德的第二条道路。就此而言，帛书的改编对于《五行》本义的伤害是很大的。

接下来，我们逐句探讨《五行》的文本与思想。

一、总纲

1.1 仁形于内谓之德之行，不形于内谓之行。

形，成也。仁成于中，谓之德之行。然则，仁之成必见于心术流行，故形字亦可兼流行义。见于内谓之德之行，见于外谓之行，内外之别也。或曰，德之行是由德而发，行是无德而为，非也。下皆放此。**义形于内谓之德之行，不形于内谓之行。礼形于内谓之德之行，不形于内谓之 [行。智形] 于内谓之德之行，不形于内谓之行。圣形于内谓之德之行，不形于内谓之德之行。**圣在内，必以德之行言，不与于行也，故与四者异。

竹简本篇首是"五行"二字，而帛书本无。一般认为，这里的"五行"是篇题。

本章是全篇的提纲，提出了全文最核心的观念，即"五行"与

"德""善"。在开篇就开宗明义地提出核心观点，这是七十子后学时代的一种论著体例。《大学》《中庸》如此，竹简《性自命出》也是如此。

这里有五个分句，表达了两层意义：其一，仁义礼智圣并举，是谓"五行"。其二，区分"德之行"与"行"。关于前者，仁义礼智圣五者的并举而谓之"五行"，应当是子思的发明。荀子指出："（子思）案往旧造说，谓之五行。"（《荀子·非十二子》）"五行"之名，是《尚书·洪范》既有的概念（还可能更早），这是荀子所谓的"往旧"。仁义礼智圣的并举，在子思之前可能是没有的，更没有人把五者称为"五行"，这是荀子所谓的"造说"。郭店竹简同出的文献中有一篇《六德》："何谓六德？圣智也，仁义也，忠信也。"与"五行"相比，"六德"少了礼，而多了忠、信。与《论语》比较的话，《六德》突出"忠信"两种德行，与孔子对"忠信"的强调是一致的。那么问题来了，《五行》何以舍"忠信"而加"礼"？

从性质上说，"仁义礼智圣"五者可以分为两类：仁、义、礼是价值规范；圣、智不是价值规范，而是关乎价值规范的认知和理解。前者是内容性的，后者是形式性的。借用亚里士多德的区分说，前者是伦理德性，后者是理智德性。《五行》最突出的是仁、智、圣三者。第二部分只是谈到"仁之思""智之思""圣之思"；第三部分也是以圣、智、仁为核心的逻辑环节。由于"圣"可以视为是一种特殊形式的智，故三者又可以化约为《论语》最为重视的仁、智。在子思的时代，义的问题已然凸显，并与仁构成了对立的原则。故下文第 22、23 章专门探讨了仁义的关系问题。唯独这个"礼"，虽然列入了五行之中，但在《五行》中没有特别强调。礼之所以能进入五行，可能与孔子仁礼并重有关。因此，五行的构成可能包含了以下几种逻辑关联：仁智并举，智别出圣；仁义对举；仁礼并重。智别出圣，是因为圣作为德行（而非人格之圣），是智的一种特殊形式。仁义对举，是因为仁与义的对立与协调，在当时已成为重要的理论问题。当然，义与礼内在又是相关的。忠信之德，虽然也是孔子所强调的，却不在这个最基础的框架之内。故子思五行说，选什么德行，不选什么德行，应当是深思熟虑的。

竹简《五行》的顺序是"仁义礼智圣"，帛书的顺序是"仁智义礼圣"。从下文仁义礼相连、圣智相连的用法看，竹简的顺序更为合理。问题是，帛书的顺序从哪里来？庞朴先生指出，《管子·水地》九德、《荀子·法行》七德、《礼记·聘义》十德都是仁知义相连；而《孟子》四端的顺序是仁义礼智，郭店简也往往仁义并称，"可推知竹本《经 1》次序在先，帛本次序受到后来习惯影响"。[1] 在此，帛本的顺序应该不是孟子改编《五行》时的样貌（改

1　庞朴：《竹帛〈五行〉篇校注及研究》，第 30 页。

编比较严谨，应与下文的概念结合方式一致），而可能是出于战国晚期乃至秦汉之际抄者的习惯。庞朴又指出："五行（wǔ héng）为'仁义礼智圣'，与金木水火土之五行（wǔ xíng）有别。仁义礼智圣之改为仁义礼智信，及其与金木水火土的搭配，是西汉时事；五行（wǔ héng）亦以避文帝刘恒讳而改称五常。"[1] 可以参考。

其次，"德之行"与"行"的区分。"形于内""不形于内"的内，即内心。魏启鹏引《礼记·礼器》"无节于内者"孔颖达疏："内，犹心也。"[2] 是也。

至于"形"，大体有两种解释。其一，成形或形成。庞朴、魏启鹏解作"成形"。庞朴说："仁，在此被认为是一种无形的或形而上的天道，经人领悟而成形于人心，是为'德之行（héng）'或一种德行（héng）。下四句同此。……不行于内谓之行，谓若未经领悟而未能成形于心，只是体现于行动，则叫做'行（xíng）'。"[3] 常森认为：《五行》的核心关注是各层次德行的生成。这有两条路径：一条路径，是向外认知价值或规范，在现世生存中持守之，使其内在化，即逐步与心合一或成为心的自觉要求，由此生成德行。……认知这些价值以后，使之生成于自己的内在，即为德之行'知（智）'和'圣'。另外一条路径，是向内认知和寻求德之行

1　庞朴：《竹帛〈五行〉篇校注及研究》，第 29 页。

2　魏启鹏：《简帛〈五行〉笺释》，第 10 页。

3　庞朴：《竹帛〈五行〉篇校注及研究》，第 29—30 页。

的基源，扩而充之，渐渐使之形于内而生成德之行。"[1] 又举了帛书《说》第21章"进端"之义来证明。王博据《说文》"外得于人，内得于己"的说法，谓："形于内，就是扎根于内心，或者叫得于内心。"[2] 意义与"形成"相近。

其二，发自内心。如陈来认为：

> 从古代文字的用法看，"形"一般是指向外发显的动向，如形于外（《礼记·大学》）、形于色（《公羊传·桓公》）、形于声、形于动静（《礼记·乐记》）、发形于外（《礼记·文王世子》）、兆形于民心（《管子·君臣下》）等。所以，形于某，即朝向某的方向的一种形著动向。而"仁形于内"，在这个意义上，"形于内"似乎是"向内"的一种动向。……这样的理解等于说，德性是由行为自外向内而化成。这与此篇强调仁之思动于内而发于外的观点正好相反。所以，这里的"仁形于内"，应是指"形自于内"或"形动于内"。古书亦有此种用例，如"戒心形于内，则容貌动于外"（《管子·君臣下》），"好恶形于心"（《管子·立政》），以及郭店楚简"形于中，发于外"（《尊德义》）。这里的"形"即是动，"形于"二字后面的心不是指形著的动向和结果，而是指发动的场所和起点。因此，形于内谓之德之行，实际是说仁自内发

---

1 常森：《简帛〈诗论〉〈五行〉疏证》，第136页。
2 王博：《中国儒学史·先秦卷》，北京：北京大学出版社，2011，第252页。

动而形于外，才是德之行，才是由德性发出的德行。[1]

此说强调"形"的"动向"义，进而区分了"形于某"的两种含义，一是"朝向某的形著动向"，一是"形著的场所和起点"。《五行》"形于内""不形于内"取后一种。陈来说："形于内，即发于中心，亦宋儒所谓'心之德'之意"；[2] "德行的自内而形于外，是《五行》篇的主题"；[3] "'形'我们简单解释就是'发'，发于内，如果人的行是发于内心这叫德之行，如果不是出于内心的自愿，只是服从一种外在的道德义务，这样做出来的行为虽然也是人的行为，但是这叫行，不叫德之行"，"形于内，即发于内心；不形于内，则是纯粹的行为"。[4]

以上两种解释，"成形"指心德之成，强调其结果；"发自内心"指内在的发生，强调其过程。从成形义解释德之形，则德之形的结果即是德之成。下文所谓"形则仁""形则智""形则圣"的形，都是就结果而言德之成的。德之成即是一种德，与单纯的行是一种内外对举的关系。魏启鹏列举了以下相关材料：《通典》卷五十三引《周礼·地官·师氏》马融注："德行，内外之称。在心为德，

1　陈来：《竹简〈五行〉与子思思想研究》，《竹帛〈五行〉与简帛研究》，第120—121页。

2　陈来：《竹简〈五行〉分经解论：〈五行〉章句简注》，《竹帛〈五行〉与简帛研究》，第111页。

3　陈来：《竹简〈五行〉与子思思想研究》，《竹帛〈五行〉与简帛研究》，第121—122页。

4　陈来：《竹简〈五行〉篇讲稿》，第13、20页。

施之为行。"[1]《礼记·表记》"耻其德而无其行"孔颖达疏:"德在于
内,行接于外。内既有德,当须以德行之于外,以接于人民。"及
《淮南子·要略》:"执中含和,德形于内,以君临天地","德不内
形,而行其法籍,专用制度,神祇弗应,福祥不归","德形于内,
治之大本"。[2]此间,《淮南子·要略》"德形于内"或"德不内形",
只能理解为内在心德之形成与否,心德是为"大本"。此处,不能
理解为"形自于内"或"形出于内"。[3]心德之成在内,与外相接为
行,即马融所谓"在心为德,施之为行"。反观《五行》,"仁形于
内""义形于内""礼形于内""智形于内""圣形于内"相当于《淮南
子》的"德形于内",指内在心德的生成;"不形于内",指尚没有
形成内在稳定的心德。

    接下来,"德之行"与"行"的区分,一种常见的解释是:"德
之行"指基于内在心德而发出的行;"行"是指不基于内在心德的
行。但此说会面临一系列困难:一来,"形于内"的解释用了"成
形义",而"德之行"的解释又包含了"发自内心义",两者不一

---

1 魏启鹏:《简帛〈五行〉笺释》,第10页。

2 同上书,第61页。

3 其实,《管子·立政》"戒心形于内,则容貌动于外""好恶形于心,百姓化于下"等,也
    未必要解释为"形自于内"或"形动于内"。戒心、好恶形于内,相当于戒心、好恶
    生于内。如《礼记·乐记》云"易直子谅之心生则乐"。生虽是动态的,但它的重点
    是"有"。至于郭店简《尊德义》"形于中,发于外",则可直接对应于《大学》"诚于中,
    形于外",或《大戴礼记·文王官人》"五气诚于中,发形于外",后两者都没有动向的
    意味。

致。二来，若"仁形于内"指德，而"德之行"又指行为层面事，两者又不一致。三来，"德之行五和，谓之德"，行为层面的和不可言德，德指在心者而言。四来，如此定义之下，"行"成为没有内在根据的纯粹行为，削弱了它的道德意涵。这种性质的行，在全篇没有着落。

我们认为，所谓"德之行"，不是行为层面事，而是指内在的心行。《庄子·天下》提及宋钘、尹文的学说："语心之容，命之曰心之行。"郭沫若认为："'心之行'其实就是'心术'，行与术都是道路的意思。《汉书·礼乐志》：'夫民有血气心知之性，而无哀乐喜怒之常，应感而动，然后心术形焉。'颜师古注：'术，道径也。心术，心之所由也。'可见'心术'二字的解释也不外乎是'心之行'。而《心术下篇》言'心之形'如何如何，《内业》则言'心之刑'，或言'心之情'，刑与形字通，情与形义近，故'心之刑''心之形''心之情'，其实也就是'心之容'了。"[1]高亨认为："心之行，该宋尹书一篇之名。此篇专论内心之理象，故名之曰心之行也。宋钘之立说，独重内心之现象，其教人亦独重内心之改革。……故情欲寡与见侮不辱，皆心之行也。然则心之行乃宋子思想特点之一。"[2]这些说法，我们认为可取。反观《五行》，子思所谓

1　郭沫若：《宋钘、尹文遗著考》，《郭沫若全集·历史编》，北京：人民出版社，1982。

2　高亨：《〈庄子·天下篇〉笺证》，张丰乾编：《〈庄子·天下篇〉注疏四种》，北京：华夏出版社，2016，第194页。

"德之行"即是"心之行"层面的表述。只不过，"德之行"从属于"心之行"，但又不是一般的"心之行"。它不是一般的心之理象，而是用来指涉内在心德的存有与流行。

子思所谓的"五行"，实际上是指五种内在的心德，或者说心德的五种构成要素。仁义礼智圣五者固结于心，而表现为心术层面的活动，故谓之"德之行"。与之相对的外在行为，则是"行"。故"德之行"与"行"，其实不是同一层面的事情，实有内外之别。下文第2章明确说："五行皆形于内而时行之，谓之君子。"在此，"形于内"只是内在心德的成形，"而时行之"才是由心德发为行为，是真正的"行"了。所以，"德之行"与"行"的差别，不是有没有内在动机基础的问题，而是：前者指内在之行（德），后者指外在之行（行为）。这里的"行"，仍然有道德的意义。两者的区分，相当于《周礼》"三德"与"三行"，《中论》"六德"与"六行"的对举。所谓"五行"，即内心五种基本的德（单说），或心德（总说）的五种构成要素。[1]

"行"的这种意义，类似于《洪范》所说的"五行"。之所以称"水火木金土"为五行，约有两方面的原因：一方面，水火木金土五者为物质世界的基本构成元素；一方面，"水曰润下，火曰炎上"等本质特征，又决定了事物运动变化的基本方式，故谓之"五行"。

---

[1] 有学者认为"德之行"与"行"是"双重道德律"，这可能不是作者的主要用意。

借用亚里士多德的概念说，前者为质料因，后者为形式因或动力因。对应过来，子思以仁义礼智圣五者为基本心德，故"五行"具有"元素"的意义；且心德必表达为心术层面的活动及其方式，故"五行"又有"运行"的意义。子思五行与《洪范》五行的这层关系，或许便是荀子批评子思"案往旧造说"的一个原因。

此外还有一个问题，竹简本作"圣形于内谓之德之行，不形于内谓之德之行"，表述形式与前四行不同。帛书本作"圣形于内谓之德之行，不形于内谓之行"，与前四行相同。整理者、魏启鹏认为"德之"二字是衍文。庞朴认为："当依竹本补。盖'圣'乃一种德行（héng），不是善行；只能形于内，不能'不形于内'。纵或有众不能形圣于内，亦无损其为'德之行'；故曰'不形于内，谓之德之行'。"[1] 此说是有道理的。陈来先生也认同竹简本："如果这个字改了之后，五行就分不出四行了。"那么，圣究竟有何特殊之处，要作出区分的表述呢？陈来认为："圣这个字的道德含义，是比较模糊的，我们一般把圣作为一个人的行为、本质状态。……古代人认为圣有很高的听觉，听觉作为知觉能力是能够直接了解天道的，听风就知道下不下雨，所以圣更多地表现为一种能力和素质，而作为特定道德行为的意义则不是很清晰。"[2] 此说有一定的道理。

显而易见的是，我们可以说，一个行为是仁的行为、义的行

1　庞朴：《竹帛〈五行〉篇校注及研究》，第 30 页。
2　陈来：《竹简〈五行〉篇讲稿》，第 15 页。

48

为、礼的行为，甚至是智的行为，却不能说一个行为是圣的行为。
换言之，圣只能作为一种内在的能力、状态或境界而存在，却不能
直接见于行为，故也不能指着具体的行为而称之为圣（圣行）。圣
是只属于圣人的德，它只能够作为内在的心德而言。在此意义上，
对于圣而言，严格来说只有"德之行"而没有"行"。下文第17章
说："圣人知天道也。知而行之，义也。行之而时，德也。"圣之为
圣的本质，乃是对于天道的认知，这是一种内在的能力。当这种认
知落实到行为中时，即是一种义之行。如果能够"行之而时"，便
是有德。这里的"有德"，是直接从"圣"而来的，圣之德在于能
"以时"而"行义"。

实际上，对于圣来说，"形于内"谓之"德之行"，却没有所谓
"不形于内"的"行"的情况。因此，"不形于内，谓之德之行"，
只是一种虚说。或许是《五行》的作者，一方面为了保持形式上的
整齐，一方面又要表明圣的特殊之处，不得已而采取了这种特殊的
表达方式。

1.2 德之行五和，谓之德。四行和，谓之善。

和，和合若一也。仁义礼智圣五行之和，谓之德。仁义礼智四行之

和，谓之善。五、四，皆指德之行而言。**善，人道也。德，**

天道也。人道也者，人之所由道也。必思而后得，勉而后中，

不能无意也。天道也者，天行之常也。德成于己，弗为而美，发必时中，无与于其间也。○《中庸》曰："诚者，天之道也。诚之者，人之道也。诚者，不勉而中，不思而得，从容中道，圣人也。诚之者，择善而固执之者也。"善有为，而德无为也。

上第一章。总论德之行，及德、善之分，为此篇纲领。

前两句的难点是"五"和"四"的所指。"德之行五"指五种德之行，没有问题，关键是"四行"。庞朴认为："四行（sì xíng），即上列的不形于内的仁义礼智四者。"[1]从之者众。池田知久、陈来等皆主此说。这一说法的最大好处是，根据竹简本，圣只能是德之行，不能是行。仁义礼智圣是五行，去圣正合"四行"之数。还有一个好处，这样一来，首章区分"德之行"与"行"的意义便可以直接落实在"德"与"善"的区分上。

但这样一种对善的理解，与下文谈到"四行"的意义是不相应的。在这里，我们可以举几点明显的文本证据：其一，第18章："见而知之，智也。知而安之，仁也。安而行之，义也。行而敬之，礼也。仁义礼所由生也，四行之所和也。和则同，同则善。"此处以四行之和言善，与首章相同。而这里的四行，尤其所谓"安

1 庞朴：《竹帛〈五行〉篇校注及研究》，第 30 页。

之""敬之",显然不能仅仅从外在行为的角度说,必牵涉内心状况。故帛书《说》云:"和者,有犹〔五〕声之和也。同者,□约也,与心若一也,言舍夫四也,而四者同于善心也。"所谓"与心若一""同于善心",显然也不仅仅是指外在行为,而是根于内心之和的。其二,第 25 章:"耳目鼻口手足六者,心之役也。心曰唯,莫敢不唯。……和则同,同则善。"此处的和、同与善,也是与心而言,不是仅仅指外在的行为。其三,首章及第 10 章谓"善,人道也",第 9 章谓"君子之为善也""君子之为德也","善"是君子所当为之道,也是"为德"的一个阶段。那么,此道也当是人的应然之道,而不能仅仅见于行为,更不能是"表面做作"。其四,帛书《五行》经说之后另有一篇文字,整理者视之为"后叙"。其开头说:"四行成,善心起;四行形,圣气作。五行形,德心起。和谓之德。"(《德圣》)其包含的思想虽与《五行》有所不同,但同样是从内心的德之行来理解"四行"的。

所以,无论从《五行》文本对"四行"的使用上,还是从《五行》言善的旨趣,抑或帛书的解释、《德圣》的佐证来说,"四行"都应当理解为仁义礼智四种德之行。李零说:"从上下文看,这两句的结构是……'德之行'有五种,其中五种全和叫'德',只有四种和叫'善'。"[1] 这是对的。杨儒宾说:"'德'与'善'同样是指

1　李零:《郭店楚简校读记》,第 104 页。

'德行于内'的状态，只是一个需勉强以赴，有明确的自觉意识；一个从容中道，行无所事。因此，前者以'人道'称呼之，后者则称呼之以'天道'。"[1]这一说法，则更为深入。

接下来一个问题，什么是"和"呢？陈来认为："'和'是说德之行能够和谐、协调，如此就是德。"[2]常森认为："'仁''知（智）''义''礼''圣'五种德之行超越其独立存在而合同，并且跟大体（即心）合一，叫做德。……五种德之行若只是'和谐、协调'，则仍为五种个体存在，并无'为一'、舍五慎一之类可言。《五行》之'和'实为'和五味''和羹''和五声'之'和'，各种德之行不是简单相加，也不是和谐协调，而是达成超越性的合一；而且这同时意味着与心合一，且耳目鼻口手足诸小体对此'一'、此'心'丝毫不背离。"[3]这里引用了下文的思想来解释，还是比较准确的。"一"的意思，是第8章所强调的，帛书《说》对此给出了详细的解说。小体与心为一，则是第25章的主题。

问题是，《五行》为何要强调五行之和呢？逻辑上看，之所以强调五行之和，总是因为存在五行不能和的情况。那么，什么是五行不能和的情况？仁而不知？仁而不礼？仁而不义？知而不礼？知而不义？……皆有可能。因此，德之行各有一定的独立性，这种独

1　杨儒宾：《儒家身体观》，第302页。

2　陈来：《竹简〈五行〉篇讲稿》，第16页。

3　常森：《简帛〈诗论〉〈五行〉疏证》，第138—139页。

立性有时甚至可能形成对立。但从儒家的德行思想而言，仁而不智，还是仁吗？智而不仁，还是智吗？答案是否定的。但仁而不义，还是仁吗？义而不仁，还是义吗？我想是可以一定程度上予以肯定的。这就是问题的复杂性所在。暂时撇开圣，余下的仁义礼智四种德之行，包含了几对不同性质的关系：仁智关系，仁礼关系，仁义关系；智礼关系，智义关系；礼义关系。若从《论语》看，孔子最重视和强调的就是仁礼关系和仁智关系。仁与礼的关系很明确，是内在基础与外在行为的关系，两者是统一的。"人而不仁，如礼何"（《八佾》），礼的本意需要仁来填充；"克己复礼为仁"（《颜渊》），仁的培养也要通过礼的修为。至于仁与智的关系，孔子说"知者利仁"（《里仁》），王船山解为"顺利"，这正是帛书《说》"仁之乘智而行之"的意思；又说"未知，焉得仁"（《公冶长》），没有智如何称得上仁，则智是仁的必要条件；又说"择不处仁，焉得知"（《里仁》），若是不能择仁者之里而处，如何称得上智，则仁又是智的旨归和条件。智与礼的关系，孔子也有论及。所谓"知礼""不知礼"，是智的内在要求。孔子之时，义的原则还没有独立凸显，大体是从属于礼而作为礼之实质原则或约束性条件的，所谓"君子义以为质，礼以行之"（《卫灵公》）。故仁与义、智与义的关系也没有怎么探讨。

从《五行》看，最为突出的是仁智（此处兼圣智而言）关系。仁智关系甚至是文本的结构性根据："仁—智、圣"构成了第二部分的逻辑;"圣、智—仁"构成了第三部分的逻辑。因此,所谓"五行之和",首要的就是处理仁与智的关系。不过,仁与智是相互支持的关系,并不是对立乃至冲突的关系。故仁智关系的处理,要么是以仁为宗旨,推进智的生成和发育;要么是以智为起点,识别出仁作为规范性的内容。最终都是为了形成一个"仁乘智行"的稳定结构。这两种不同的途径,区分出了第二部分、第三部分的内容。其次,是仁义关系。这对关系在孔子时代尚未成为一对重要的关系。到了子思的时代,义的原则逐渐独立和凸显,并且与仁并举(相似的情况如《六德》)。与仁智关系不同的是,仁与义的并举除了两个价值原则相互补充之外,还涉及了两种原则之间的对立关系。这种对立在《论语·子路》"直躬"章,其实已然表现出来了,只是孔子尚未将之明确界定为仁义关系。到了子思的时代,仁义原则的对立,甚至在某些特殊情况下的矛盾,凸显了出来。为此,《五行》第22—23章专门探讨了仁义之和的问题。

所以,《五行》所谓"五行之和""四行之和",要处理的核心问题,是仁智(兼圣智)之和,亦即仁与智(兼圣智)在成德过程中的关系问题。由仁智(兼圣智)而义礼,最终实现五行之和、四行之和。至于后面提到的仁义之和,是为了回应当时仁义冲突的时代关切,这也是成德的内在要求。

故五行和、四行和,指的是内在心德的层面。在反驳庞朴以不形于内的四行解善的时候,常森指出:"外在的行无所谓和,和的前提是内在化。"[1] 其实，这一说法不一定严格。《中庸》云："喜怒哀乐之未发，谓之中；发而皆中节，谓之和。"发出来的已是行，都能中节则是"和"，所谓"达道"也。可见，在行的层面同样可以说和。虽然如此，《五行》所谓的五和、四和，确实不应该是"发而皆中节"意义上的"行"的和，而应当是"德"的和，即仁义礼智圣五种心德的和合为一。否则，如果把"德之行五和谓之德"的"德之行"理解为行为，则"五种行为之和谓之德"，将是不可理解的；同样，如果把下文"五行皆形于内"的"五行"理解为五种行为，则"五种行为形成于内"，也是不可理解的。

那么，作者为什么要作五和四的区分？这一区分意味着什么？五行之和与四行之和的区分，就是德与善的区分，亦即天道与人道的区分。故简文说："善，人道也；德，天道也。"这一句，大家比较关注的是"德，天道也"。魏启鹏云："盖'德'，为五行之和，较'善'为四行之和境界更高，而得'圣'焉。佚书275行云：'知其天之道也，圣也。'454行云：'知天道曰圣。'故云'德，天道也'，谓已臻'圣'之化境。《礼记·礼器》：'天道至教，圣人至德。'"[2] 魏氏说"已臻'圣'之化境"，但没有说什么是圣之化境。若只是因为德至于圣、能知天道，而说"德，天道也"，两者的联系还是比较单薄。陈来从"体现天道"或"与天道一致"的角

1　常森：《简帛〈诗论〉〈五行〉疏证》，第139页。
2　魏启鹏：《简帛〈五行〉笺释》，第62页。

度看，认为："这句话比较突兀，中间没有什么论证，一下子就告诉我们德具有跟天道一致的意义……但在这儿没有明确提出天命的观念，就文献本身来讲，只是说德本身和天道是一致的。"[1]

其实，这句话可以参考《中庸》："诚者，天之道也；诚之者，人之道也。"显然，这两个文本具有对应关系：《五行》的"人道也"，即《中庸》的"人之道也"；《五行》的"天道也"，即《中庸》的"天之道也"。《中庸》所谓"诚者，天之道也"，看上去是在说天，但真正的目的是为了引出圣人："诚者，不勉而中，不思而得，从容中道，圣人也。"既然"诚"为天道，圣人何以谓之"诚"呢？因为圣人有"不勉而中，不思而得，从容中道"的境界。这种境界与"维天之命，於穆不已"的天道是直接相应的，本质都是至诚。反观《五行》，所谓"德，天道也"，一方面是因为德包含了圣，而圣能知天道；但更重要的是，圣人至德之流行与天道之流行是直接相契的。换言之，德之为德在于有"圣"；而圣之为圣，一是知天道，二是合天道。在某种意义上，后者可以纳受前者。至于"善，人道也"，是说圣人之外的人，虽也可以通过认知和实践获得仁义礼智，以至于达到"和则同，同则善"的境界；但毕竟，一来不能知天道（认知上），二来不能无为而中道（实践上），总是离不了用心（同于善心），故最终只是人道，而与天道有隔。当然，

1　陈来：《竹简〈五行〉篇讲稿》，第 17 页。

德也好，善也罢，都是致力于要在内心凝结成形（稳定的道德内核）。故此处的"天道"与"人道"，皆具有规范性的意义，而非仅仅是描述性的概念。《五行》说"善，人道也"，不是为了贬低善和人道，而是为了与圣人的"德，天道也"作出区分，但前者本身也还是人之修为的应然之道。就此而言，认为四行之和的善，仅仅是落实在外在行为上，而没有内在的动机机制，我想是不合适的。

最后，还有两点值得注意。其一，《五行》对"德"和"善"的用法是很特殊的。一般而言，仁义礼智都可以称德。善的指称则比较宽泛，可以指心的层面，也可以指行为层面。而在《五行》中，"德"专属于圣人之德（和了"圣"之后）；相应而言，普通人即便是做到了四行之和，仍只能称之为"善"。这种特殊的用法，是许多学者将"四行和"理解为四种行为之和的重要原因。子思的做法，用意是为了区分圣人之德与常人之善，或者说，为了凸显圣人五行之和的殊胜之处。或许是因为容易混淆，子思在后来的《中庸》中没有沿用这一提法，而是改用"诚"来指涉圣人之德和圣人之境界。后者更为合理，思想史意义也更为深远。

其二，在《中庸》中，诚为圣人，而人道的本质是"诚之"，指向诚。人与圣之间似是潜能与实现的关系，它们之间的差别交代得不是很清楚。在《五行》中，子思区分圣人之德与人道之善，有无"圣"的参与成了两者之间的本质差异（当然，他设定了由善而德的升进）。子思的这两条思路，在《孟子》中都有继承。"诚者，天之道也；思诚者，人之道也"(《孟子·离娄上》)，引用了《中庸》而小变（"诚之"改为"思诚"，与孟子的思想有关）；孟子对"五行"的隐晦提倡，特别是对"四德"的大力阐说，则是化用了五行说。所谓"仁之于父子也，义之于君臣也，礼之于宾主也，智之于贤者也，圣人之于天道也"(《尽心下》)，正是仁义礼智圣五行之说。不过，除此之外，再难找到专提五行的文本。反倒是，"仁义礼智"（原四行）四者并举，形成稳定的逻辑结果，成了孟子思想的特色。根据荀子"子思唱之，孟轲和之"的说法，"和之"主要指帛书《说》的创作，此时的孟子还处于对子思五行思想的消化阶段。真正到了思想成熟和定型的《孟子》，他更推重的是仁义礼智四德的结合。实际上，孟子似乎把"圣"排除在了人所当具的德行结构之外，而只把它视为一种理想人格和道德境界。这是思孟思想的重大差别，也是思想演进的关键一步。后来，汉儒以信替代圣而形成了五常之说。换个角度也可以理解为，是在孟子仁义礼智的稳定联结之上，加了一个信。之所以都不用"圣"，一个重要的原因是，"圣"是圣人的专属，不属于普通人的内在的德行结构。

　　总之，《五行》首章是开宗明义的一章，要义有二：其一，区分德之行与行；其二，区分德与善，以五行之和为德，以四行之和为善。区分德之行与行，目的不是以德之行解五行，以行解四行，而是为了将文章的主题收束到内在心德的探讨：从五行（心德之种类或元素）之和的角度，理解德的生成。至于德与善的区别，不在于是否是德之行，而在于是否有圣的参与。有圣则五和而为德，乃是天道与圣人的境界；无圣则四和而为善，乃是人道的境界。当然，人道与天道不是全然隔绝的，善可升进为德。

二、由仁而智圣以至于和

2.1 君子无中心之忧，中，内也。中心之忧，谓内心道德之深忧也。〇子曰："君子忧道不忧贫。"又曰："德之不修，学之不讲，闻义不能徙，不善不能改，是吾忧也。"**则无中心之智，无中心之智，则无中心［之悦］，无中心［之悦则不］安，不安则不乐，不乐则无德。**帛书此下有"君子无中心之忧，则无中心之圣，无中心之圣，则无中心之悦，无中心之悦则不安，不安则不乐，不乐则无德"。然则，"无中心之圣，则无中心之悦"，于义不合，当为后人所增。

首先是竹简本、帛书本的文字差异。帛书本在此之后，有一句与之相似的论述："君子无中心之忧则无中心之圣，无中心之圣则无中心之悦，无中心之悦则不安，不安则不乐，不乐则无德。"它是以"圣"替代了"智"，重新论述了一遍。

　　邢文、魏启鹏、陈来、常森等认为是简本脱误。魏启鹏说："通观《五行》之经与说，皆以'圣''知'对举，疑简本抄写脱漏。"[1] 也有学者认为，简本不误，是帛本误加的。如郭沂认为，帛本之所以加上此句，"其根源在于帛本传承者对'智'字作狭义的理解，而不知此章之'智'正用其广义，故妄加此段。事实上，广义的'智'已包含'圣'了，所以没有必要另外单独论'圣'"。[2] 类似的，庞朴在《〈五行〉补注》中改变了《校注》的观点，指出帛书"乃是由于不曾理解'智'的致思意思，误认其为智德而续貂上去的，与整个《五行》全文及总纲的逻辑不符"。[3] 理由有所不同，但都认为，帛书本不是《五行》的原貌。

　　这个问题可以从义理和语境两个方面看。首先，在思想上，这里涉及"中心之智"的理解。郭沂和庞朴的说法，代表了两种不同的理解思路。郭沂认为"智"是广义的智，包括了圣；"君子无中心之忧则无中心之智"的表述，包含了"君子无中心之忧则无中心之圣"。庞朴认为"智"只是致思活动，而不是五行中的智德，所以不用与圣并举。其实，在同一篇文本中出现的同一个概念，一般情况下还是应该从其一贯性上来了解。另外，智与圣虽然有内在

1　魏启鹏：《简帛〈五行〉笺释》，第 13 页。

2　郭沂：《郭店竹简与先秦学术思想》，上海：上海教育出版社，2001，第 152 页。

3　庞朴：《〈五行〉补注》，郭店楚简研究（国际）中心编：《古墓新知：纪念郭店楚简出土十周年论文专辑》，香港：国际炎黄文化出版社，2003，第 16 页。

的关联，但以智概言圣智二者，未必可行。至于否定智的德行意义，更难可信。其次，从上下文看，第 3 章"思不精不察，思不长不形，不形不安，不安不乐，不乐无德"，与本章是对应的。其中，"精"是仁之思的特征，"长"是智之思的特征。这一表述也只提到仁、智二者，并没有提及圣。

实际上，首句的表述，虽然是全篇第二部分的一个总说，但它用的是"无 × 则无 ×"的表述方式，逻辑上它只是说前者是后者的必要条件，而不一定是充分条件。换言之，若要有后者则必先有前者，但即便有前者也不一定直接有后者（可能还需另外因素的参与）。这种表述方式，可以强调前者之于后者的不可或缺性；但同时，它并不保证这些环节的结合便是对整个过程的完整描述。所以，我们看到，德作为五行之和的最终结果，本应包含仁义礼智圣五者在内，但是在《五行》的相关论述中，无论是本章也好，还是第 11 章也好，都没有提及义和礼。而只是在进一步的展开论述中（如第 17、18 章），才会将义与礼纳入五行和合的过程之中（此处义、礼的生成环节可参考第 18 章的生成顺序）。《五行》这样做，显然是为了突出五行和合的核心环节，也就是仁与智或圣智与仁的相生关系。"无 × 则无 ×"的逻辑表述，正好符合《五行》的这一要求，所以成为了它的主要表达方式。

当然，简文的论述还有一点特别的地方，它没有提到圣。我

想，这样写一方面可能是为了兼顾为善与为德的过程。本章末句
"善弗为无近，德弗志不成"，与之形成呼应。另一方面也是考虑
到，圣这种德之行与其他四者不同，不是通过确定的环节可以生成
或实现的。它只能或者作为开端，或者作为一个不可期必的结果而
存在。第10章"金声，善也；玉音，圣也"的比喻，表明在第一
条生成道路中，圣是作为终点存在的。故此处也没有提到圣。且从
第4章以"不仁不圣"与"不仁不智"并举来看，圣的生成环节不
在"中心之智"，而可能是在"安""乐"之间。因此，我们说，帛
书在"中心之智"的论述之外，另加一段"中心之圣"，看上去内
容更加完整，但实际上没有领会《五行》作者的意思。文字上当从
简本。

　　此段的逻辑起点是"中心之忧"。中即内。中心之忧，即内心
最深切的忧。它到底是指什么呢？魏启鹏说："忧者，思也，深虑
也。《尔雅·释诂上》：'忧，思也。'《素问·阴阳应象大论》：'在
志为忧。'《注》：'忧，深虑也。'此句与下文175行'无中心之忧
则无中心之圣'对举，谓欲圣与智，必经历内心之慎思深虑，故后
文即反复申说'思不精不察，思不长不得'云。"[1]按，"忧"固然是
"思"和"深虑"，但这只是对忧的一种形式描述，还没有说清楚
"忧"的内容实质。庞朴引《孟子·尽心上》"人之有德慧术知者，

---

[1]　魏启鹏:《简帛〈五行〉笺释》，第62页。

恒存乎疢疾。独孤臣孽子，其操心也危，其虑患也深，故达"，指出这是"以忧为智的前提，无忧则无智"的意思；又指出，《离娄下》"忧之如何？如舜而已矣"一段，可以视为"君子无中心之忧则无中心之圣"之一解。[1] 按，"忧"之于智的生发意义是古人所强调的。竹简《性自命出》"用智之疾者，患为甚"，也是这个意思。但《五行》这段话是否这个意思，却不好说。

陈来指出："作者把'忧'作为圣智德行内在的意向性基础是很特别的。"又说："忧跟乐本来是相对的，但文本把忧连接展开到悦、安、乐。悦、安、乐都是一种内在的心理和感情状态……如果把'忧'的落点放在'安、乐、悦'，而'悦'字我们下面会讲到和仁的展开有关，由此，这个'忧'应该是仁最早的发端。那么这个字到底如何解释？从文本看，'忧'怎么展开到'安、乐、悦'好像不是很清楚，也许我们还没有真正理解它的意义。"[2] 又说："注家诸读似皆可疑，当近仁之端也。中心之忧、中心之悦，其忧、悦之义，盖取自经 6 章（引者按：本书《五行》第 4 章）所引之诗。"[3] 陈来先生从内容上推断，简文的"忧"取自下文，是指"仁最早的发端""近仁之端"，这一点很有洞见。第 4 章"忧心惙

1　庞朴：《竹帛〈五行〉篇校注及研究》，第 31—32 页。
2　陈来：《竹简〈五行〉篇讲稿》，第 19、21 页。
3　陈来：《竹简〈五行〉分经解论：〈五行〉章句简注》，《竹帛〈五行〉与简帛研究》，第 111 页。

惙""忧心忡忡",与此处"中心之忧"意义相近;彼处的"忧心",也确实与仁相关。

这里的忧一定不是普通意义的忧。普通人的忧出于各种不同理由,且大部分与仁没有什么关系。儒者的忧,关乎道德。下文第 4 章:"未见君子,忧心不能惙惙。既见君子,心不能悦。亦既见之,亦既觏之,我心则悦。此之谓也。……未见君子,忧心不能忡忡。既见君子,心不能降。"在此,忧心惙惙、忧心忡忡,表现的是"未见君子"的内心状态。此种心态,又由于见到了君子而得以缓解,化为喜悦。若我们据此而说,忧的便是君子,在第 2 章的语境中似乎也不太贴切。其实,第 4 章是化用了《召南·草虫》的诗句。古人引用此诗,多是为了表现好善之诚。如《孔子家语·五仪解》载孔子之言:"《诗》云:'未见君子,忧心惙惙,亦既见止,亦既觏止,我心则说。'《诗》之好善道之甚也如此。"(《说苑·君道》同)据此可以说,之所以"忧心惙惙""忧心忡忡",是因为"好善道"之意不能得到满足;之所以"既见君子""我心则悦""我心则降",是因为君子作为善道的代表或象征,满足了其人的好善之意。也就是说,简文的"中心之忧",乃是好善道之意无法得到满足时焦虑、忧愁的内心状态。

这一意义的忧,其实不是《五行》的发明,而是原儒的传统。孔子否定源于生活的贫困和不如意的忧,故曰"仁者不忧"(《子罕》《宪问》);又提倡君子应当以道为忧,"忧道不忧贫"(《卫灵公》)。他自表用心说："德之不修，学之不讲，闻义不能徙，不善不能改，是吾忧也。"(《述而》)孔子有忧，只是他所忧的不是世俗的生计，而是德行不能修、学问不能讲、不能改过迁善。对于孔子来说，所谓"不修、不讲、不徙、不改"，不是向来"不修、不讲、不徙、不改"；而是一直在"修、讲、徙、改"的前提下，深怕什么时候不能将此活动与状态继续下去，而生忧愁。唯有在不断的"修、讲、徙、改"的活动之中，孔子的好善之意才能得到稍许的安顿。所以说，孔子所追求的，实际上是一种持存而活跃的道德状态。孔子的忧，是深怕持续性的道德活动被阻断而引起的内心焦虑。这种内心深处的焦虑和忧愁，乃是推动孔子不断修为，以至于维持不息不已的生命状态的内在动力。在《孟子》中，"忧"的意义更为复杂。有圣人之忧："尧独忧之，举舜而敷治焉"，"圣人有忧之，使契为司徒，教以人伦……圣人之忧民如此"，"尧以不得舜为己忧，舜以不得禹、皋陶为己忧"(皆见《滕文公上》)。也有自己未能如圣人之忧："是故君子有终身之忧，无一朝之患也。乃若所忧则有之：舜人也，我亦人也。舜为法于天下，可传于后世，我由未免为乡人也，是则可忧也。忧之如何？如舜而已矣。"(《离娄下》)孟子认为，君子应当以自己不如圣人为持续一生的大忧。要之，忧不同于烦恼。烦恼的情绪往往是消极的，而忧的焦虑则很可能引导出奋起。若是终身能够感受到这种焦虑，而不断奋起向圣人靠拢，那么君子的"终身之忧"，将会成为道德修为的持续动力。[1]

可见，忧作为成德的意向性基础或内在动力，在孔子处已经确立，并且也为后世儒者所继承，这是《五行》"中心之忧"的思想背景。

若从理论上追溯这一道德之忧的源头，它的背后可能是一种更为内在的意向、倾向或动能。比如，孔子所说的"好仁"或"欲仁"。子曰："仁远乎哉？我欲仁，斯仁至矣。"（《述而》）"欲仁"不是作为意识活动之结果的取舍，而是源于内心最迫切的好恶意向，它决定了人生的基本趣向。子曰："我未见好仁者，恶不仁者。好仁者，无以尚之；恶不仁者，其为仁矣，不使不仁者加乎其身。"（《里仁》）好恶与欲，都是人性的原发性的内容和表现。[2]与之相比，"忧"似乎是次一级的心理状态，它是由于好恶与欲求之不能实现而引发的一种心理。这一理解，可以得到《五行》文本的支持。从第4章看，"未见君子，忧心不能惙惙；既见君子，心不能悦"，是接着"不仁不智"说的。意思是，如果不智，则"既见君子，心不能悦"，因为没有智的话就没有识别

1　此外，孟子特别谈到一种忧："天下之士悦之，人之所欲也，而不足以解忧；好色，人之所欲，妻帝之二女，而不足以解忧；富，人之所欲，富有天下，而不足以解忧；贵，人之所欲，贵为天子，而不足以解忧。人悦之、好色、富贵，无足以解忧者，惟顺于父母，可以解忧。"（《万章上》）"惟顺于父母，可以解忧"，因为舜的大忧是源于父母亲情。

2　竹简《性自命出》："好恶，性也。"《礼记·乐记》："人生而静，天之性也；感于物而动，性之欲也。"

君子的能力；而如果不仁，则"忧心不能惙惙"，为什么？因为没有仁心的跃动，便没有了使之忧心的内在动能。换言之，君子之所以有"中心之忧"、能"忧心惙惙"，根本上取决于内在隐秘跃动的仁心。当然，这里的"仁"未必是既已实现了的仁德，更可能是仁在情感、意识层面的某种发端，即下文所谓的"仁之思"。它虽不是仁德，却是仁德的自我实现的根基，可以表现出"好仁"的意向。故《五行》末章："闻道而悦者，好仁者也。"第4章说仁则见君子而悦，与最后一章说好仁者闻道而悦，是同一个意思。

　　了解了"忧"的意义，便容易了解后续的环节了。"君子无中心之忧则无中心之智"。忧不是普通的忧虑，那么，随之而来的智也必不是认识论中的智。在《五行》中，智与圣有特定的道德含义，所谓"见而知之，智也；闻而知之，圣也"。前者是说见了贤人而知其有德，后者是说听闻了君子道而知其为君子道。两者都是道德方面的识别和判断能力。此处是说，如若没有对于道德的由衷的好欲和忧心，便不会有道德方面的识别、判断和理解能力。从基本的道德经验来说，如果没有道德方面的欲求和期待，便不会往那个方向去体贴、看待和理解某种学说或者某个人。凭借分析的能力，或许也能够有知性的区分，但这种区分是平面的比较，无法建立高下的判准；更不会由于这种了解和区分，引起生存情感上的积极反应。唯当一个人念兹在兹，才能以此为基本的判断维度，从区分开始建立高下的判别；也唯有念兹在兹，方能产生道德上的焦虑，这便是"中心之忧"的含义。然后，才有道德上敏锐的识别、判断和理解的能力。

值得注意的是"中心之智"的表述。"智"作为一种内在的心灵能力，本来没有必要强调"中心之智。"此处说"中心之智"当是承自"中心之忧"，为了凸显其与内在意向（好、欲、忧）的一致性。这里的智，不是一般的形式的分别智，而是与内在的道德欲求相一致的道德识别和判断力。它是作为德之行的智。

由于"中心之智"源于"中心之忧"，结果便是"中心之悦"。君子识别了道德，后者满足了最初的好善之仁，自然心生喜悦。这种喜悦是发自内心的，所以叫做"中心之悦"，它也是"中心之忧"的纾解。

接下来，"无中心之悦则不安"。由于道德的出现以及被识别，君子内心深处的好善、好仁、好德之意得到了寄托。用心得到了安顿，则不再焦虑，是所谓"安"。子曰："仁者不忧。"（《子罕》《宪问》）又曰："仁者安仁。"（《里仁》）孔子自己的状态是"温而厉，威而不猛，恭而安"（《述而》）。所以，安是仁者的本质性的内心状态。不安是因为此心没有安顿之处，仁者之安便是此心安于仁。若把仁想象为一个处所，则安仁相当于此心长期安住于此而不离。子曰："回也，其心三月不违仁，其余则日月至焉而已矣。"（《雍也》）违，一种解释是离开。孔子说，颜回之心可以长期住留于仁，其他人则只能偶尔到这里一次而已。这便是把仁视为一个可以安顿人心的处所。孟子"居仁""安宅"的比喻（《孟子·离娄上》），把这一问题显化，很好地表达了这种道德体验。

当然，悦能够引发安，但不等于安。安是悦之后的一个阶段。悦是内心深处情感意向得到直接满足的表现，但这种满足有可能是一种局部的和暂时的感受，它不能保证与其他意欲不冲突（一方面好道，一方面被其他欲求所牵引），也不能保证拥有长期持存的内心体验（一时达到的体验高峰，随后又失去了）。由悦而安，中间还有一个长期的道德涵养的过程。唯有真正的仁者，如孔子和颜回，才能完全做到"仁者安仁"。故简文云："知而安之，仁也。"（第17、18章）能安，意味着仁的形成。换言之，真正意义上的"安"，要以仁的实现为条件。

魏启鹏指出："'安'与'乐'（音洛）乃战国儒家修养理论之重要观念，二者相生相成。《礼记·祭义》：'易直子谅之心生则乐，乐则安，安则久，久则天，天则神。'"[1] 其实，《大学》的表述，也很能体现"安"的结构性意义："知止而后有定，定而后能静，静而后能安，安而后能虑，虑而后能得。"这是《大学》对成德过程的理解。"知至"与"知止"不同。前者是知"至善之所在"，后者是知"止于至善之所在"。前者相当于认知，后者相当

---

1 魏启鹏：《简帛〈五行〉笺释》，第62页。

于立志。[1] 知止之后，经过定、静而能安，安之后能虑，最后能得，得则有德。在这一叙述中，安无疑是一个核心环节。与《五行》相比，《大学》的表述中较少情感性的因素，定、静、虑等主要是理性心理；而《五行》的"中心之忧""中心之悦"，则充满了情感体验的味道。我想，这些差别与作者的性情、思想与气象都是相关的。

"不安则不乐，不乐则无德。"安于道德，渐渐深造，而后能乐，最终便是心德之成。在儒家看来，乐是有德者本质性的状态表现，如孔颜之乐。子曰："贤哉回也！一箪食，一瓢饮，在陋巷。人不堪其忧，回也不改其乐。贤哉回也！"（《雍也》）"回也不改其乐"，是说颜回不会因为生活窘困而改变内心富足的乐。换句话说，颜回的乐是持续无间断的，它源于持存的道德生存状态。子曰："饭疏食饮水，曲肱而枕之，乐亦在其中矣。不义而富且贵，于我如浮云。"（《论语·述而》）孔子在极端简朴的日常生活中，也能感受到充沛自足之乐。孔子和颜回的乐，是持续性的、富足的、不因外在条件而改变的。它只取决于有德者内心的生存方式与活动状态。我们很难说，究竟是其中的什么因素，导致了孔颜之乐的发生。任何具体化的表述（如自我实现？自我满足？没有忧愁？没有愧疚？），似乎都只是它在一个侧面的投影。有德者的内心状态，无

1　参见何益鑫：《论〈大学〉古义——以"格物致知"与"诚意"为核心》，《中国哲学史》2019年第7期。

法通过其中任何一种说法而得到完整的表达；其所以乐的原因，也无法限定于其中的任何一个因素。唯有像孔颜那样的成就者，才能真正体会。故宋儒主张，对于孔颜之乐，只能去亲身实践，而无法在理性上理解。这一点无疑抓住了问题的关键。

乐是德的本质性的状态表征。《礼记·乐记》云："德者，性之端也。乐者，德之华也。……是故情深而文明，气盛而化神，和顺积中而英华发外。唯乐不可以为伪。""乐者，德之华也"，乐乃是德的绽放。由内在的情的酝酿与气的活动，和顺积于内而声音动容表现于外，便是乐。所以乐是内在状态的直接外显，是不可以作伪的。这里的乐是礼乐的乐。但在先秦，乐（yuè）与乐（lè）是内在相关的。乐（yuè）正是乐（lè）的呈现形式。乐是"和顺积中"（德）的直观表现。

正是由于乐之于德的表征意义，《五行》谈到德总是离不开乐。第 11 章说"不安不乐，不乐无德"，第 17 章说"和则乐，乐则有德"，第 28 章说"闻道而乐者，好德者也"。所谓"乐则有德"，不是说乐是德之前的一个阶段；恰恰是因为在修为过程中达到或表现出了那种乐，才标志着你内在心德的真正形成。若还没有表现出那种乐，说明还没有真正成德。在此，乐作为德的本质性的表征状态，也是成德与否的一个判断标准。

综上所述，这一段话表达了《五行》作者对德的形成过程的一种理解：基于"中心之忧"，获得道德的识别和判断力，是所

谓"中心之智";由于识别出了道德而生出内在由衷的欢喜,是
所谓"中心之悦";由于内心的欢喜而长期安顿于此,是所谓
"安";逐步拥有持存的乐境,是所谓"乐";渐渐趋近于"德"。
这一过程,源于最初的"中心之忧"。它作为内在仁心的最初表
现,乃是仁德的发端。在此意义上可以说,"中心之忧"即是"仁
之端"。[1]

　　始于内心之仁,经由智、圣而成德,正是《五行》第二部分的
核心要义。

2.2 五行皆形于内而时行之,谓之君 [子]。

形,成也。心德必见于心术之流行。流行不已,德乃成也。时行,
谓行必时中也。夫然后谓之君子。〇《中庸》曰:"溥博渊泉,而
时出之。"

　　学界对这句话普遍不重视,其实它很关键,它代表了《五行》
作者对理想的成德状态的理解。这一理解有助于我们更好地把握
《五行》文本的意趣。

　　关于这句话,陈来先生有两种说法,一是:"如果你的'行'

---

[1] 《语丛一》:"丧,仁之端也。"意谓丧的表现取决于内在的仁,由丧可以见仁。

能够从内心发出来，而且不断地常常实践，这样的人就是君子。"[1]
一是："内心具备仁义礼智圣五种德性，而且常常实践仁义礼智
圣的行为的人，是君子。"[2]仔细看，两者对于形字的理解是有不同
的。前者强调形字的动向义（这是陈的一贯主张），突出五行发
自内心这一点；后者则强调形的形成义，表明五行是具备于心的。
从我们前面所说的思路来看，后一种理解更为合适。君子之为君
子，是因为"有德"（五行形于内）；因为内心有德，故可以发出外
在的适当的行。此处的"时"，不仅仅是时时、常常的意思，更主
要的有"恰当的时机"的意味。常森指出："在《五行》体系中，
'时'意为'和'。故其说文第十八章解经文第十八章之'行之而
时，德也'，云：'时者，和也。和也者，德也。'"[3]按，以"和"
解"时"，还不是很精确。严格来说，"时行之"则可以和，但
"时"不等于"和"。正如"和"说明已然有"德"，但"和"不等
于"德"（和只是德的一种状态描述）。两者的关系后面再讨论。

是故，"五行皆形于内"，指仁义礼智圣五种德之行皆成形于
内。"皆"字，意味着五行内在之和。五行之和，则谓之德。故
"五行皆形于内"，相当于说德成于内。"时行之"，是说适时地、切
中时机地表现为行。故"五行皆形于内而时行之"，即：德成于内

---

1 陈来：《竹简〈五行〉篇讲稿》，第20页。
2 陈来：《竹帛〈五行〉与简帛研究》，第123页。
3 常森：《简帛〈诗论〉〈五行〉疏证》，第142页。

而时行于外。此一德行内外的结构，代表了《五行》对于有德君子的基本理解。在这一关系中，内在的心德是居于主导地位的，而外在的行为则与身体相关。后者要与心德保持一致，成为心德的直接表现，如此才是儒家的"德—行"理想。这种"德—行"的结构，正是首章区分"德之行"与"行"的思想归趣。

从现有的文献看，德—行的理解方式，是子思的思想贡献。在《论语》中，德行是一体的，指行论德、以行见德是常态。虽然在具体的语境中，我们可以看到对内在方面的特别强调，以及与外在行为的区分，但还没有明确地界定为德与行的区别。到了七十子后学的时代，随着对内在生活的关切，内外关系、心身关系逐渐凸显，成为儒者理解德行问题的基本方式。比如，曾子《大学》云："诚于中，形于外。"内在的诚，决定了外在的表现。又如，《大戴礼记·曾子立事》云："作于中，则播于外也。故曰：以其见者占其隐者。"见者即言行表现，隐者即内在心德。又如，竹简《性自命出》云："教，所以生德于中者也。"意思是说，儒家诗书礼乐之教的目的，是为了在学者的内心凝结成德。这些都是以内外为架构，强调内在心德的根本意义。竹简《五行》的"德—行"结构，正是这一思想传统的继承和显化。

这一理解，也见于《中庸》，尤其是它的"中和"概念。

喜怒哀乐之未发，谓之中；发而皆中节，谓之和。中也者，

天下之大本也；和也者，天下之达道也。致中和，天地位焉，万
物育焉。(《中庸》第一章)

这里直就"喜怒哀乐"之未发、已发言中和，故学者多从性
情关系理解它的意义。如郑玄云："中为大本者，以其含喜怒哀乐，
礼之所由生，政教自此出也。"这里的"中"，指人性、人情而言，
以为政教之所出与所本。孔颖达认为，未发之中即为人性，所以谓
之"中"，是因为"澹然虚静，心无所虑而当于理"。[1] 由此，"中"
已从一个指涉性的概念，转变为一个描述特定的人性或人心状态的
规定性概念。朱熹说："喜怒哀乐，情也。其未发，则性也。无所
偏倚，故谓之中。发而皆中节，情之正也。无所乖戾，故谓之和。
大本者，天命之性，天下之理皆由此出，道之体也。达道者，循性
之谓，天下古今之所共由，道之用也。"[2] 朱子以未发为性、已发为
情，这是已丑之悟后的新说。他认为，中之所以谓之中，是因为其
无所偏倚。究其实质，是天命之性。此外，朱子还对"道之体""道
之用"作了区分。由此，中和关系，又被界定为道之体用的关系。
若从《中庸》的本义来说，这个未发出来的东西，究竟是指什
么呢？是人性的自然状态、本然状态？还是人心的特殊状态？从未
发之中到已发之和的逻辑关联，我们可以确认，此"未发之中"必

1　孔颖达：《礼记正义》，第 1988 页。
2　朱熹：《四书章句集注》，第 18 页。

有内在的规范性，否则不能直接推出规范性的已发之和。关键是，此规定性到底是天命本然的规范性，还是另有所指？事实上，从先秦儒家的思想范式来看，这里的"中和"不是指自然状态或本然状态，而是指一种理想状态或实现状态，即《五行》所谓"五行皆形于内而时行之"的"有德者"状态。

如果把这个理解放进《中庸》首章的语脉，非常贴切。首句之后，从"道也者不可须臾离也"，到"故君子慎其独也"，始于守道而归于慎独，这是一个由外而内，由修道而成德的工夫过程。接着讲"喜怒哀乐之未发，谓之中；发而皆中节，谓之和"，这是一个由内而外，由心德发为道用的状态。由道而德，是工夫；由德而道，是境界（发用）。故，此处的"中—和"关系，实际上就是"德—道"关系，后者本质上又是"德—行"关系。"发而皆中节，谓之和。"发出来的行为能切中事情之节度，用《中庸》的话说，便是"时中"。发而时中，也就是《五行》所谓的"时行之"。其结果是外在的行为层面的和（与五行和于内的和不同），故谓之道。

此一理想，在《中庸》中还有一种经典的表述："唯天下至圣，为能聪明睿知，足以有临也；宽裕温柔，足以有容也；发强刚毅，足以有执也；齐庄中正，足以有敬也；文理密察，足以有别也。溥博渊泉，而时出之。溥博如天，渊泉如渊。"学者已经注意到前五分句即是圣智仁义礼五行，但还没有注意到下一句的重要性："溥博渊泉，而时出之。"溥，周遍。博，广远。郑玄曰："言其临下普遍，思虑深重，非得其时，不出政教……如天，取其运照不已也。如渊，取其清深不测也。"[1] 在此，"溥博渊泉"是形容天下至圣（实指孔子）的未发之德，即圣智仁义礼五行；"而时出之"，则是指天下至圣的言行与政教。天下至圣的心德，如天，广大周普，遍照不已；如渊，清深不测，润泽无方。[2] 天有四时云雨，渊有汩汩泉流，圣人则出言行政教。因此，《中庸》"溥博渊泉而时出之"，乃是儒家德行理想的一个隐喻；其义理结构，直接对应于《五行》"五行皆形于内而时行之"的表述。

要之，"五行皆形于内而时行之"所体现的"德—行"结构，是子思理解君子德行状态的基本方式。它在德—行相分的基础之上，更有一种"摄行归德"的意味。这是孔子之后儒家德行思想内在化进程的核心环节。

2.3 士有志于君子道，谓之志士。志者，心之所之也。所志者不至，则有中心之忧。志正言，忧反之。**善弗为无近，德弗志不成，智弗思不得。**为，谓尽心力而为之，

---

1 孔颖达：《礼记正义》，第 2044 页。

2 《五行》云："明明，智也；赫赫，圣也。'明明在下，赫赫在上'，此之谓也。"与《中庸》相比，天之赫赫，渊之明明，正可相对。故知"溥博渊泉"，是说圣、智。下文云："肫肫其仁！渊渊其渊！浩浩其天！"则分别说仁、智、圣。

善必为而可近。德有非人力可致者，故可志而不可期。智原于思，思而后得也。志，原作之。之，往也、行也。或曰，德不往之之则不能成。亦通。

上第二章。本章下至第十章，言始于仁思，经智圣而成德之途也。中心之忧、中心之志，皆出于中心之仁。"不×不×"之句，言前为后之不可阙，非谓仁而智，后便是德也。不及义、礼者，五行之和以仁智为本，举要言之也。不及圣者，此兼善与德而言也。故末句云"善弗为无近，德弗志不成"，应之。或曰，本章言智，实兼圣、智，非也。据下第四章，圣或在安、乐之际。又"智弗思不得"启下。

"士有志于君子道，谓之志士。"这一句是说，一个士人若是以君子道为目标，或者说以君子为理想人格而践行君子之道，则谓之志士。"志士"之说，见于《论语》《孟子》，如"志士仁人，无求生以害仁，有杀身以成仁"（《卫灵公》），"志士不忘在沟壑，勇士不忘丧其元"（《滕文公下》）。简单说，就是有志之士。

孔子一直强调立志的重要性。他以"志"为初始之教，让学者"立志""存志"，屡屡让弟子"各言尔志"。自道一生为学，也以立志为始。子曰："吾十有五而志于学，三十而立，四十而不惑，五十而知天命，六十而耳顺，七十而从心所欲，不逾矩。"(《为政》) 孔子十五岁开始有志于成德之学，才会有后来的步步升进。什么是志？皇侃曰："志者，在心之谓也。孔子言我年十五而学在心也。"[1] 志是深藏于内心者。朱子云："志者，心之所之也。"[2] 志是人诚心向往之所在。向往的所在，便是"道"。故子曰："志于道，据于德，依于仁，游于艺。"(《述而》) 他要求弟子以道为宗旨和目标，以德为自身的依据。孔子之道的本质是仁道，故孔子又说"志于仁"。如何才能进于道呢？要通过学。故孔子又说"至于学"。在孔子这里，这些说法内在都是一致的。

对"志"的强调，为七十子所继承。最著者如《大学》，所谓"八条目"最重要的是哪一个？朱子说"格物"，阳明说"致知"。其实，从《大学》的本义来说，应当是"诚意"。《大学》对"格物致知"没有专门的解说，它对"八条目"的解释是从"诚意"开始的，为何？因为《大学》古义，"格物致知"是即事而知至善之所在，其结果是"知至"；"诚意"则是在"知至"的基础上诚实其好之之意（也就是知道了至善在哪里，然后真诚地去追求），其结果是"知止"。"知止"，即志有定向。[3] 所以，从"知至"到"知

1　皇侃：《论语义疏》，北京：中华书局，2013，第25页。

2　朱熹：《四书章句集注》，第70页。

3　朱子注："止者，所当止之地，即至善之所在也。知之，则志有定向。"（朱熹：《四书章句集注》，第3页）

止"，实际上是一个夯定志向的过程。在《大学》中，这一过程的关键是"诚意"的工夫。可见，从孔子到七十子，立志作为道德实践的开端，也是道德思想的重要主题。

问题是，《五行》为什么要在这里提出志的问题？其实，志的问题与第 2 章的"忧"是直接相关的。或者说，志与忧可以视为一体之两面。志是指向理想人格或理想愿景的目标意识，忧是在与理想的对照之下产生的自觉不足的意识。从体验的原初性来说，忧的经验可能比志还要基本。忧是一种源于仁心自我实现之要求的内在焦虑。理论上，我们固然可以进一步追究焦虑的原因，但从心理体验来说，它是一种难以还原的原初性的经验：我们能够直接感受，却无法清晰追溯其原因。志则不同，它是内在意向的确定化的表达。从不稳定的意向表现，到逐步稳定为具有持续性的志向，成为心理反应的内在条理，这个过程是需要后天的工夫来实现的。如果从首句的阶段性论述来看，志的真正确立应在"中心之智"和"中心之悦"的阶段。"中心之智"是真正看到了道德理想和人生目标，"中心之悦"则是对之发生真诚的喜悦，兴起不懈的追求。这一过程，类似于《大学》由"知至"而"知止"的转变。

接下来一句，有过渡的性质。"善弗为无近，德弗志不成。"善若不去做是无法接近的，德若不立志是不可能成就的。有人认为，这一表述上的差别，突出了"善"与"德"的差异。善对应于行为，故一定要去做；"德与内在有关，所以'弗志不成'，德一定要从励志、从内部的要求出发"。[1] 实际上，"为善"的为不一定是具体行为，很可能是抽象的实践义。第 9 章提到"君子之为善也""君子之为德也"，说明不但善可以为，德也可以为。这个"为"，只是表达"去做"的抽象意义。故而，不但善弗为无近，德也是弗为无近的；不但德弗志不成，善也是弗志不成的。这句话可以视为互文。只是从立志的角度，应以成德为目标。

下一句"智弗思不得"。《五行》为何在这里，突然提到"智"呢？这个问题，可以从两个方面看。从思想上看，仁与智是五行之和的核心问题。在第 2 章所展示的成德进程中，仁的意义体现在三个环节：其一，作为开端的"中心之忧"，是源于内在的"好仁""欲仁"之心；其二，作为中继的"中心之悦"，内在的意向得到了满足，焦虑得到了缓解；其三，作为结果的"安"，自然安顿于这一道德状态，表明仁德的形成。智的意义，虽只见于"中心之智"，但却是从"中心之忧"到"中心之悦"的必要环节。在本章生德进程的描述中，仁及其作为表现的"中心之忧"已作为前提而出现，接下来的关键是智的生成。故此处专门提及智的生成，是有必要的。智的生成源于思。

而从结构上看，此处提到智，也是为了引出下文的探讨。第 3 章是以"思"为基础概念，以仁智关系为核心，对第 2 章的成德

1　陈来：《竹简〈五行〉篇讲稿》，第 20 页。

进程重新作出表述。第 4 章是论证仁智之思何以成为忧、悦的内在
发生机制。第 5—7 章则从"仁之思""知之思""圣之思"开始，从
道德心理发生学的角度论述了仁、智、圣三者的形成过程。这些章
节的论述，一来都以"思"的概念为基础，二来都以仁、智（包括
圣）为核心内容。故本章最后专门提到"智不思不得"，无论是突
出智，还是引入思，都具有引起下文的意义。

此外，章末"智弗思不得"与首句"中心之智"呼应，却找不
到关于圣的任何提示，说明此处的智有它的特殊性，不与圣对举。
也可反推，帛书"无中心之忧，则无中心之圣"数句，应是后人加
上去的，不是《五行》的原貌。

3. 思不精不察，精，原作清，通精，下皆放此。精，精
诚、纯一也。思不精诚，则不能体察贤人之德与君子之道。此言
仁。**思不长不形。**形，犹得也。得物之条理，孟子所谓始条
理、终条理者是也。此言智。帛书作"思不长不得，思不轻不形"，
欲兼含智、圣而言。顺此，则"不形不安"，言必圣而后乃安，于
义不通，善亦可言安也。故知帛书之非。**不形不安，不安不
乐，不乐无德。**思若无得，则不能安；不能安，则不能乐；
不能乐，则德不成。乐，如孔颜之乐。

上第三章。本章接上章之意，而以思言之。

"精"字，竹简作"清"，帛书作"晴"，当读为"精"。这个问题，我们将在第 5 章中讨论。

"思不长不形"一句，帛书《经》作："思不长不得，思不轻不形。"学者都认为，是竹简本脱误。原因是下文直接有"智之思也长，长则得"（第 6 章），及"圣之思也轻，轻则形"（第 7 章）的说法。当然，按照帛书本的安排，"思不长不得"对应于第 6 章，"思不轻不形"对应于第 7 章。这样仁、智、圣都提到了，看上去很完整。但问题是，这一补充是否有充足的依据？首先，从思想上看，补足之后，"思不轻不形，不形不安"在义理上是说不通的。因为它预设了圣是安的必要条件。但据第 18 章"见而知之，智也；知而安之，仁也"的说法，只要有智的参与，作为四行之和的善，也包含了安的体验。可见，圣不是安的必要条件。所以，帛书的说法在思想上是不成立的。

其次，从前后文看，本章内容与第 2 章首句相关，"不安"之后完全一样。那么，按理来说，前面的部分也应是对应的。"思不精不察"是说"仁"，"思不长不形"是说"智"。如之前的分析，"中心之忧"的"忧"，是源于好仁倾向的内在焦虑。而在此处，精是精诚纯一，察是道德方面的体察。所谓道德方面的体察，在《五行》文本中，主要是对于贤人德或君子道的识别与理解；但与此同时，未尝不可以包含对自身内在道德欲求或道德心术的察识。就后者而言，相当于说，思若不精诚纯一，便无法感受来自内心深处的隐秘几微的道德欲求，不能感受其不能自已、不可抗拒的冲击力。如此，便不会有"中心之忧"。反之，思若能精诚专一，便可以感受内在仁心的跃动和冲击；后者若得不到满足，内心便会生起深切的道德忧虑，所谓"中心之忧"也。

"思不长不形"的"形"，相当于第6章"智之思也长，长则得"的"得"。智的基本特征，是对于事物的条理化的理解能力。得物之条理，谓之得。孟子曰："始条理者，智之事也；终条理者，圣之事也。"（《孟子·万章下》）便是从条理来了解圣、智之用的。回到《五行》，思若无法以其深长的运思活动得事物之条理，便无法在杂多之间识别真正的道德之所在。若识别不出道德之所在，内心的道德焦虑便得不到纾解，仁心也得不到安顿，这便是上一章所谓"无中心之智则无中心之悦，无中心之悦则不安"。用本章的话说，即是"不形则不安"。可见，本章的论述与上章首句是完全对应的。正如上一章只说"中心之智"而不说"中心之圣"，这里同样没有必要补入"不得思不轻"五字。帛书补完之后，看上去更为整齐，实际上错失了《五行》的本义。

本章引入了"思"的概念，重新叙述上章首句的成德过程。这一表述，也构成了下文论述的基本框架。

4. 不仁，思不能精。不智，思不能长。心不仁，则思不能精诚。心不智，则思不能周长。**不仁不智，**不仁又且不智。**"未见君子"，忧心不能惙惙；"既见君子"，心不能悦。"亦既见之，亦既觏之，我心则[悦]。"此之谓[也]。**引《召南·草虫》之诗，而反用其义。不仁，则未见君子，不有惙惙之忧；不智，则既见君子，不有中心之悦。唯仁且智，乃能忧、悦也。**[不]仁，思不能精。不圣，思不能轻。**轻，快也、易也。**不仁不圣，**不仁又且不圣。**"未见君子"，忧心不能忡忡；"既见君子"，心不能降。**忡忡，犹冲冲也。不仁，则未见君子，不有忡忡之忧；不圣，则既见君子，不能降其心意。唯仁且圣，乃能如此也。

上第四章。本章引《诗》，分言不仁不智与不仁不圣之状。先言不仁不智则不忧不悦，义与第二章首句相应。复言不仁不圣则不忧不降，又进一层。降是心降，心降则安乐。故此义或在安、乐之际。此下三章，言仁之形、智之形、圣之形，三者相次焉。盖以仁为始、圣为终，至于圣而成德矣。

本章承上一章的框架，分说"不仁不智"与"不仁不圣"的结果。

"不仁，思不能精"，意味着仁是思能精的条件。仁而后能精，精而后能察。同样，"不智，思不能长"，意味着智是思能长的条件。考虑到本章讲的还是成德途中的阶段，故这里的仁与智，都不是指仁智的完成形态，而是指它们的原初质地。

有学者认为，"不仁不智"的逻辑结构，应理解为不仁则不智。如庞朴说："据《说10》句法可推知，乃'不仁则不智'义。"[1]魏启鹏指出："疑'不仁不智'当属紧缩复句，言人若不仁则不智也，与《论语·述而》'不愤不启，不悱不发'、《乡党》'不时不食'，及《左传·昭公十一年》'不道不共，不昭不从'句例相同。'仁'居五行之首，与'智'相辅相成。不仁者，其思不能无邪，其智不能安仁，'见贤人而不知其有德'，'见贤人而不色然，不知其所以为之'，故谓之不智。（参看帛书《五行》之帛书《说》二七三、二七四、二八三行。）而智者当能利仁（《论语·里仁》）、'安仁'，'不知（智）不仁，不知所爱则何爱，言仁之乘知而行之'。（参看

1　庞朴：《竹帛〈五行〉篇校注及研究》，第34页。

帛书《五行》之帛书《说》二四四、二四五行。）"[1] 从表达方式看，《五行》"不×不×"的表述，大多是表示前后二者的条件关系。而从义理的角度，"不仁则不智"也是说得通的，直接对应于第 2 章的"无中心之忧则无中心之智"。不过，接下来的引《诗》是分论不仁如何、不智如何，看上去并举的意思较多，而不强调由不仁到不智的逻辑。因此，此处的"不仁不智"，至少在字面上还是解作"不仁且不智"好一些，虽然"不仁则不智"可能也是其隐含的意义。

接下来，"'未见君子'，忧心不能惙惙；'既见君子'，心不能悦。'亦既见之，亦既觏之，我心则悦。'此之谓也。"此处及下文相关部分，都是化用了《召南·草虫》的诗句，原文是这样的：

> 未见君子，忧心忡忡。
> 亦既见止，亦既觏止，我心则降。
> ……
> 未见君子，忧心惙惙。
> 亦既见止，亦既觏止，我心则说。

从原诗来看，这首《草虫》应是从《小雅·出车》中衍化出

1　魏启鹏：《简帛〈五行〉笺释》，第 15 页。

来的。[1]《出车》是说商王命南仲西拒昆夷的事。文王疑心是商王想对周用兵，故忧心忡忡。直至见到了南仲，消除了疑虑，终于放下心来。由于此一部分诗句表现力极为深切，就衍化为了《草虫》一诗，脱离了历史事件，独立表达人的情感体验。《孔子家语·五仪解》及《说苑·君道》记孔子之言曰："《诗》云：'未见君子，忧心惙惙。亦既见止，亦既觏止，我心则说。'诗之好善道之甚也如此。"借以表达对善道的热望和追求。

此处，《五行》引诗是为了表现"中心之忧"和"中心之智"。意思是说，如果内心不仁，则在没有见到君子的时候，他不会"忧心惙惙"；如果内心不智，则即便见到了君子，他也不能心生喜悦。前者是因为没有对于君子的切望，后者是因为没有识别君子的能力。首先，若没有对君子的切望，内心不会畅想见君子，也就不会为此忧心；其次，若不能识别君子，即便见到了君子，也相当于只是见了个普通人；再者，若没有对君子的切望，即便识别出对方是君子，也不会有由衷的喜悦。因此，从逻辑上说，心的悦，实是内心对君子的热望得到了现实满足的表现，这是由仁和知共同决定的。在此，未见君子的"忧心惙惙"，凸显了仁的重要性；既见君子的"中心之悦"，凸显的是智的意义。

接下来一句，帛书作："《诗》曰：'未见君子，忧心惙惙。亦

---

1 《出车》："喓喓草虫，趯趯阜螽。未见君子，忧心忡忡。既见君子，我心则降。赫赫南仲，薄伐西戎。"

既见止，亦既觏止，我心则说。'此之谓也。"看上去比竹简更为完整。常森认为："简本之抄录有简省之倾向，此为一证。前文'不仁不知，未见君子'云云，是依托引《诗》中'未见君子'一句而说，省掉此句，使得两者之关系暗昧不明。"[1]但实际上，从思想逻辑来看，《五行》引"亦既见之，亦既觏之，我心则悦"，是为了正面论述从"中心之忧"到"中心之智"再到"中心之悦"的情况，以便与"不仁不知"的情况形成对比。简文的意义已然分明，帛书加上"未见君子，忧心惙惙"，不但显得重复，而且还使原本清晰的论述逻辑变得模糊。故此处的文字差异，恰恰可以作为帛书改编者不能完全了解《五行》本义之证。

接下来，本章第二部分是说"不仁不圣"的问题。魏启鹏认为："此与上文'不仁不智'句式相同，亦紧缩复句。既仁且圣，是儒家德行观之最高境界，孔子有言：'若圣与仁，则吾岂敢？抑为之不厌，诲人不倦，则可谓云尔已矣。'(《论语·述而》)圣人之为圣人，因为他首先是一位仁人。《周书序》载，'西伯修仁'。文王之为圣人，与他首先重仁、修仁密切相关，故能受天之大命。"又引《大戴礼记·诰志》"仁者为圣"，《礼记·表记》"仁者天下之表"为证。[2]的确，在很多情况下，圣是以仁为条件的，因此"不仁则不圣"从义理上应该是可以说的。不过，具体在这里，与"不

1　常森：《简帛〈诗论〉〈五行〉疏证》，第 144 页。
2　魏启鹏：《简帛〈五行〉笺释》，第 16—17 页。

仁不智"相似，"不仁不圣"至少从字面逻辑上也应理解为"不仁且不圣"。值得注意的是，魏氏引用文王来说明"仁而圣"的问题。其实，下文第 17 章也用了文王的例子。彼处是为证明圣智而仁的成德逻辑，与此处是不同的。

"未见君子，忧心不能忡忡；既见君子，心不能降"，同样化用了《诗》句。值得关注的是"心不能降"。魏启鹏说："降，下也。'心不能降'犹今言'放心不下'，挂虑而已。……殆譬喻不明由仁入圣之途，思不能清，更不能超越忧烦之困扰。"[1]降是放下忧心，但不是"超越忧烦之困扰"。由于这个忧是积极正面的"中心之忧"，那么，对应而言的降，是见了君子，"中心之忧"得到了纾解的降。考虑到圣在次第上高于智，则降的感受很可能也是高于悦的，它或许更近于"安"乃至"乐"。从两者的差别来看，第 2 章、第 3 章的成德论述中位于"悦"之前的"智"，应该不包含"圣"；圣的加入，很可能是在"安"或"乐"的环节（尤其是后者）。

本章直接从仁开始谈。陈来先生指出："子思虽然在前面很突出圣智，但他还是承认仁的基础地位的，总是把仁放在智、圣的前面讲，而不是光讲圣智或者直接讲仁圣智。"[2]事实上，以仁为始不只是本章或接下来三章的逻辑，而且是整个《五行》第二部分的基本逻辑。第 2、3 章已然如此，本章则直接挑明了。

---

1 魏启鹏：《简帛〈五行〉笺释》，第 17 页。
2 陈来：《竹简〈五行〉篇讲稿》，第 23 页。

5. 仁之思也精，仁之思，谓仁之行于心术者。**精则察，察则安，安则温，温则悦，悦则戚，戚则亲，亲则爱，爱则玉色，玉色则形，形则仁。**精诚纯一，则可体察贤人之德与君子之道。体察德道，则能安。安，谓安于仁道。温，颜色容貌和顺之貌。和顺则与人交而悦，迁于兄弟而戚，戚而相信则亲，亲而厚之则爱。然后见于身，乃有玉色。玉色，仁者润腆之色也。形，成也。至于玉色，则仁德成矣，以其见者占其隐者也。〇《中庸》曰："富润屋，德润身。"孟子曰："其生色也，睟然见于面，盎于背，施于四体，四体不言而喻。"

上第五章。言仁之思也，至于玉色而仁成。

以下三章是所谓"三思三形"，作为《五行》全篇的核心，也是最难理解的部分。[1] 为此，我们一点一点来推敲。

1　陈来先生指出："古代儒者对《大学》《中庸》做了很多解释，已经很成熟了，但《五行》这个文本只有三四十年，大家的解释还不是很成熟……从我们今天来讲看，有些字之间的关联不是那么紧密，比如精、察为什么可以发展为安、温、悦、戚、亲、爱？这一点我们不是特别了解。有些字讲不通，不仅我讲不通，很多人讲了我觉得也没有说服力。"(《竹简〈五行〉篇讲稿》，第24—25页)

首先，此三章分别以"仁之思""智之思""圣之思"为始，以"形则仁""形则智""形则圣"为终，论述仁、智、圣三种德之行的形成过程。有学者认为，"形则仁""形则智""形则圣"的"形"，指"形于外的形"，显然是不可取的。因为到了"玉色"和"玉音"的阶段，由内而外的形显过程已经完成了，再说"玉色则形（于外）"或"玉音则形（于外）"，是完全没有必要，且不好理解的。此处，所谓"玉色则形"或"玉音则形"，是说若到了"玉色"或"玉音"的阶段，表明仁、智、圣三种德之行已经在内心形成了，故又说"形则仁""形则智""形则圣"。"形"是心德之形成，"玉色""玉音"是其本质性的外在表征。这是一种"以其见者占其隐者"（《大戴礼记·曾子立事》）的判断方法。

其次，"仁之思""智之思""圣之思"是指什么？

一种可能的理解："仁之思""智之思""圣之思"是不是说思仁、思智、思圣，即以仁、智、圣为思的对象呢？"思仁"的说法，数见于《大戴礼记》和《孔子家语》。《荀子·解蔽》"空石之中"一段在隐射子思的时候，也提到了"思仁若是"。可见，思仁的说法不是没有根据的。问题是，我们找不到"思智"和"思圣"的说法。智和圣，不能作为思的对象，它们表达的是思的品质。如《尚书·洪范》"思曰睿""睿作圣"，就是用思来解释圣之为圣。出于三者结构上的对应性，这里的"仁之思"，也不能直接理解为"思仁"。

　　这里的核心问题，还是"思"的理解。事实上，存在不同种类的"思"。大处着眼，有作为情绪的思和作为意识活动的思。前者犹今所谓情思，后者如今所谓思考。且两种之中，又有不同的细分种类。如竹简《性自命出》："凡忧思而后悲，凡乐思而后忻。凡思之用心为甚。"所谓的忧思、乐思，相当于忧、乐的情绪活动。它们是不同种类的思，相互之间是可以独立的。与之相似，意识活动也有种类的差别。本章"仁之思""智之思""圣之思"，很可能就是指不同种类的意识活动。它们分别是仁、智、圣三种德之行在意识活动层面的表达，或者说在心术层面的流行主体。也就是说，仁在意识层面表达为"仁之思"的活动，智在意识层面表达为"智之思"的活动，圣在意识层面表达为"圣之思"的活动。这也是子思将心德层面的仁义礼智圣称为德之行的原因，因为心德必表达为心术层面的流行活动，后者可以说是心德的存在方式。

　　不同的思对应于不同的心德，并不意味着不同的思相互之间是对立的或隔绝的。思之精、思之长、思之轻，更像是同一个思的不同的性状特征，而这些特征取决于相应的心德品质。仁则其思也精，智则其思也长，圣则其思也轻。就个体的特殊性而言，一个人的思是可以精而不长的，或者长而不轻的；但也可以既是精的，又是长的，同时是轻的。这是着眼于学者意识活动的总体表现而言的，它是不同方向上的品质特征的一个合力。以"仁之思"为例，如果一个人内心不仁，"仁之思"的特征不能表现，"精"也就无法成为就整体而言的思的活动特质。要言之，内在的德行状态（偏好型的还是全面型的），决定了他的心术层面的意识活动的表达形式和特征。

值得注意的是，"仁之思"是自带价值内容的，而智之思、圣之思，则有所不同。后者作为理智活动，似乎更多的是形式上的能力。但这是一般的理智观念。在《五行》中，作为德行的智与圣，不只是形式的思考能力。所谓"见贤人而知其有德""闻君子道而知其为君子道"，这些不是一般的知性活动，而是道德上的感受、识别和理解的能力。也就是说，智、圣是自带价值规范的理智能力，是已然将道德内容结构化为内在要素的德之行。在此意义上，"智之思""圣之思"同样可以理解为内心稳定的智、圣之德在意识活动中的表达活动。

智与圣在结构化的形成过程以及活动过程中，必然有仁的价值参与其中，作为它们的主脑。同样，仁在结构化的形成过程中，亦必有赖于智和圣的参与，使之条理化、结构化。所以，究竟而言，仁之思、智之思、圣之思，并不是完全独立的东西，在各自的形成过程中互为结构性的要素，在各自活动和表现的过程中也是交叠在一起的。在此意义上，所谓"仁之思""智之思""圣之思"，可以说是德行未完成状态的一种权宜说法。到了五行之和"如五声之和"，各自的独立性将不复存在，唯有"一"而已。"之一也，乃德已。"（帛书《说》）德既如此，思亦如是。

还有一个问题。陈丽桂注意到《五行》没有"义之思""礼之思"的提法，并指出《五行》的论述方式"是否意味着依经文作者之意，仁、智、圣三行，尤其是圣、智二行的源生与修成，较诸义、礼二行更为由'内'？"[1] 这一点值得注意。实际上，这主要取决于"思"的意义。仁、智、圣三者，可以表达为心术层面的活动，故可以用"思"来说。但义、礼二者，其内在的生成过程，更像是心态的形成，故不宜用"思"来表达。

如之前所说，"仁之思""智之思""圣之思"作为仁、智、圣三种德之行的起始，还不是仁、智、圣本身。后者是已然结构化凝结了的心德，前者还只是初始的状态。两者是人的初始资质与德行成就的关系。孔子关注人的天生资质的差别，作为因材施教的基础。他向子路解释了"六言六蔽"之说（《论语·阳货》），所谓"好仁""好智""好信""好直""好勇""好刚"等，与"好学"相对，正是一个人天生的趋向的表达。联系起来看，此处作为德行之起始的"仁之思""智之思"等，对于个体而言也具有类似的性质。一个好仁的人，内在可能以仁之思为主；一个好智的人，则可能以智之思为主。又或者倒过来说，一个人之所以表现为好仁，是由于内在仁之思表现活跃；一个人之所以表现为好智，是由于内在智之思表达充分。当然，好仁与好智不是对立的，它可以同时存在于一个

1　陈丽桂：《近四十年出土简帛文献思想研究》，第189页。

人身上（如颜回不能说他不好智，只是他最凸显的是好仁）。同样，仁之思、智之思在人身上也不是非此即彼的，它们可能同时并存且相互之间有内在的构成关系。

总之，我们认为，"三思三形"的思是指心德或它的初质（尚未实现为德，但已经有明显倾向的品质）在意识活动层面的表现。德必表达为相应的思，才能成为意识层面的活动。仁德不是仁心活动之外的东西，必以仁之思的方式存在并运行于心。智、圣，也是如此。要之，此处的思是仁、智、圣三者对应的意识活动，也是德之行在意识层面显化了的具体的存在方式（德由思显）。

接下来，具体来看第 5 章。

"仁之思也精，精则察"，竹简本作清，帛书本作晴。学者或读为"精"，如庞朴说："以文义言，当从帛书作'精'。《孔丛子·说义》有云：'且君子之虑多，多虑则意不精。以不精之意，察难知之人，宜其有失也。'亦不精则不察之义。"[1] 魏启鹏说："精，精诚，纯一也。《管子·心术下》：'中不精者心不治。'《注》：'精，诚至之谓也。'察，审也。《贾子·道术》：'精微皆审谓之察。'"又说："参看《礼记·缁衣》：'故君子多闻，质而守之；多志，质而亲之；精知，略而行之。'郑注：'精知，孰虑于众也。精，或为

1　庞朴：《竹帛〈五行〉篇校注及研究》，第 33 页。

清.'孔颖达疏:'谓精细而知,孰虑于众,要略而行之.'"[1]也有学者认为应该读为"清",如刘信芳说:"思维之'清'盖分析判断力也,犹澄浊水而离析水之与泥沙也。"引《荀子·解蔽》"故人心譬如槃水,正错而勿动,则湛浊在下,而清明在上,则足以见须眉而察理矣",认为:"'清而察理',与《五行》所论如出一辙。"[2]沈培引《荀子·解蔽》"吾虑不清,则未可定然否也",虑即思,故"虑不清"可以理解为"思不清"。[3]廖明春又引《吕氏春秋·有度》"正则静,静则清明,清明则虚,虚则无为而无不为也",《荀子·乐论》"乐行而志清,礼修而行成,耳目聪明,血气和平,移风易俗,天下皆宁"(《礼记·乐记》作:乐行而伦清),《解蔽》"知道察,知道行,体道者也。虚壹而静,谓之大清明",为证。[4]

在此,我们更倾向于读精。主张清的学者,往往引用《荀子·解蔽》的说法作为证据。但问题是,荀子"槃水清明察理"的比喻或"大清明"的说法,是就"知道"或"决嫌疑"而言的。德行上,它更接近于智,而不是仁。且"清明"或"大清明",在荀子思路中,都是顺着"精壹"或"虚壹而静"来的。值得注意的

1 魏启鹏:《简帛〈五行〉笺释》,第64、14页。

2 刘信芳:《简帛〈五行〉解诂》,台北:艺文印书馆,2000,第26页。

3 沈培:《读郭店楚简札记四则》,《简帛语言文字研究》第一辑,成都:巴蜀书社,2002,第3—4页。

4 廖名春:《郭店楚简〈五行〉篇校释札记》,《中国哲学史》2001年第3期,第27—28页。

是,《解蔽》还有一处的论述与本章的关系似乎更为密切。

> 空石之中有人焉,其名曰觙。其为人也,善射以好思。耳目
> 之欲接,则败其思;蚊虻之声闻,则挫其精。是以辟耳目之欲,
> 而远蚊虻之声,闲居静思则通。**思仁若是**,可谓微乎?孟子恶败
> 而出妻,可谓能自强矣;有子恶卧而焠掌,可谓能自忍矣;未及
> 好也。辟耳目之欲,可谓能自强矣,未及思也。蚊虻之声闻则挫
> 其精,可谓危矣;未可谓微也。夫微者,至人也。至人也,何
> 强?何忍?何危?故浊明外景,清明内景,圣人纵其欲,兼其
> 情,而制焉者理矣。夫何强?何忍?何危?故仁者之行道也,无
> 为也;圣人之行道也,无强也。仁者之思也恭,圣者之思也乐。
> 此治心之道也。

荀子在批评"觙"的时候,夹杂了对孟子和有子的批评。郭沫若指出:"在曾子、孟子、有子之间,夹一位'空石之中'的觙先生。这人决不会是子虚乌有,而且必然也是相当有名的孔门之徒,然后才合乎文理。因此我发觉,这位先生所隐射的正是子思。子思名伋,与觙同音,'空石之中'即为孔,荀子是痛骂子思的人,故因其'善射以好思',故意把他姓名来'射'了一下。"[1]在《五行》的对照之下,这一分析显得更有道理了。如最后一句"仁者之思也

1　郭沫若:《儒家八派的批判》,《十批判书》,第 112 页。

恭，圣者之思也乐"，似是有意针对《五行》"仁之思也精""圣之思也轻"而言的。

在此，荀子把子思的工夫概括为"思仁"。为了思仁，要排除各种感官欲求和外界干扰，通过闲居静思而维持一种精的状态。荀子认为，这种做法"可谓危矣，未可谓微也"。危、微之说，见于《解蔽》前文所引《道经》："人心之危，道心之微。"这句话见于伪古文《尚书·大禹谟》："人心惟危，道心惟微。惟精惟一，允执厥中。"伪孔安国传："危则难安，微则难明，故戒以精一，信执其中。"[1] 故《道经》的微，字面意思是几微或精微。荀子所谓"养一之微"，意思就是涵养精微的道心。在荀子看来，子思思仁过程中的所谓精，不是真精，不是真微，反而是危。唯有"清明内景"的至人，才能达到精微的境界。

荀子对子思的批评，或许是过度的，但不会毫无根据。从荀子的说法，我们可以反推，子思应当就是以精为思仁之要义的。在此意义上，《五行》原文应读为"仁之思也精"。

在以上分析中，精主要包含了两层含义：一是几微；二是精一、纯一、精诚。第一层含义，如《荀子·解蔽》引《道经》"道心之微"，就是几微、微细的意思。若把几微的意思对应到《五行》，则"仁之思也精"意味着"仁之思"是非常微小、鲜少的。

1　孔颖达：《尚书正义》，上海：上海古籍出版社，2008，第 132 页。

由于仁心深藏于内，且只是众多心念中的一种，故曰精（微）。如孟子曰："人之所以异于禽兽者几希，庶民去之，君子存之。"（《孟子·离娄下》）人与禽兽之间的几希之别，就是人拥有仁义之心而禽兽没有。几希就是微。

第二层含义，如《孔丛子·说义》"多虑则意不精"，《管子·心术下》"中不精者心不治"等，都是形容精诚、纯一的意识状态。若把这一层意思对应到《五行》，则"仁之思也精"意味着"仁之思"是非常精诚、纯一的。在这里，既可以从工夫的角度说，又可以从境界的角度说，两者是相关的。通过精一的工夫，可以达到精一的意识状态。在《五行》中，"仁之思也精"与"智之思也长""圣之思也轻"对应，长是"智之思"的特征，轻是"圣之思"的特征，故精也应当是"仁之思"的基本特征。上引《解蔽》"空石之中"一段，暗含了子思"仁者之思也精"的主张，[1] 并以维持精的意识状态为思仁工夫的目标。荀子的这一理解，与我们的分析是相通的。

《五行》的精字，偏向于第二层意义。意思是说，仁之思的状态特征，乃是精诚、纯一。若用《中庸》的话说，近于"不贰"或"纯亦不已"，与"诚"是内在相关的。

下一句"精则察"。如果说"精"是一种精诚纯一的意识状态，那么"察"就是它的妙用。那么，察是相对于什么来说的呢？陈来

---

[1] 将《五行》"不仁，思不能精"与"仁之思也精"结合起来看，与《解蔽》所谓"仁者之思也精"意义相近。

认为，"这应当是指一种细微的体察对方的意识活动趋向"，[1] "根据梁漱溟先生对儒家伦理的解释（梁先生很了不起，他用自己的话来表达对儒家的思想体会），儒家伦理就是希望你能够体察对方的要求，以对方为重，以至把自己都忘掉、牺牲和不顾了。从这个角度看，亲、爱都指向对别人的爱，而非自爱，必须基于一种对对方精细的体贴、观察"。[2] 这一说法，无疑是符合儒家的基本精神的。[3] 不过，在这里可能不是最妥帖的。

在此，我们仍然可以参考《荀子·解蔽》的思路。荀子说："故君子壹于道，而以赞稽物。壹于道则正，以赞稽物则察；以正志行察论，则万物官矣。"壹于道，即精一于道，这是前提，而后

---

1 陈来:《竹帛〈五行〉与简帛研究》，第 128 页。

2 陈来:《竹简〈五行〉篇讲稿》，第 25—26 页。

3 仁的基本特征，就是"感"。感通他人，是敏锐地觉察和体贴他人的存在与心理。在感通的方面，孔子本人堪为表率，流露在生活的点点滴滴之中。到了《孟子》，仁的感通意义，表现为人人固有的"不忍之心"以及"恻隐之心"。不忍和恻隐，不是有意的想要不忍和恻隐，而是源于内在仁心之活动的必然要求。内心之仁，决定了人看到特定情形、特定状况的时候，此种心理会自然发生。从正面去描述，即是对他人的自然的关切。而在圣人，汤"思天下之民匹夫匹妇有不被尧舜之泽者，若己推而内之沟中"，文王"视民如伤"，这都是仁心的发用，圣人仁德感通天下人心之结果。其在《易传》，即《咸·彖》所谓"天地感而万物化生，圣人感人心而天下和平"。《系辞上》"寂然不动，感而遂通"，以寂然不动之德，感通天下万物之情，成为了一种实践理想。到了宋代，明道从知觉痛痒上说仁，谢显道以"觉"言仁。而熊十力先生以感通为仁之要义，牟宗三先生说仁是"以感通为性，以遍润为用"，都是顺此而来。顺着这一思路，我们确实可以说，察是对他人的存在及其生存状态，以及仁我之间的感应互动有一种深切而敏锐的体察。只是这不是《五行》固有的思路。

可以体察万物、参赞万物。又说："故人心譬如槃水，正错而勿动，则湛浊在下，而清明在上，则足以见须眉而察理矣。"心如槃水是比喻一种意识状态，而后可以察理。类似的，"虚壹而静，谓之大清明。万物莫形而不见，莫见而不论，莫论而失位。坐于室而见四海，处于今而论久远。疏观万物而知其情，参稽治乱而通其度，经纬天地而材官万物，制割大理而宇宙里矣"。虚壹而静，是一种意识境界；对应的"疏观万物而知其情，参稽治乱而通其度，经纬天地而材官万物，制割大理而宇宙里矣"，是这种意识境界的妙用。前者对应于"壹于道"之"精"，后者对应于"赞稽物"之"察"。虽然荀子批评了子思的"思仁"工夫，但其"精（壹）—察"的理解结构，却是与子思一样的。

很显然，荀子的察是指体察万物或明察道理。那么，子思的察呢？似乎也不能直接限定于对他人的体察。根据本章的逻辑，"察"之后是"安"。而"安"在第 2 章是"中心之悦"的后一环节，在第 3 章是"形"后的阶段，第 17、18 章更直接说"见而知之，智也；知而安之，仁也"，仁是见了贤人之后身心得以安顿。如果说，这里的安字与《五行》上下文的用法是一致的（几乎是显然的），那么它还是应当理解为因为知贤人之德或者知君子之道而获得了道德上的安定。由此反推，则"精则察"一句，不是普通意义的对他人的体察，而是对贤人之为贤人，或者君子道之为君子道的明察。意思是说，如果用思不能精诚纯一，即便是见了贤人也不知道贤人之所以为贤人，听了君子道也不知道君子道之所以为君子道，便即"不察"。故第 3 章说"思不精不察"，思若不能精诚纯一，则没有道德上的敏感和觉察。

从"仁之思也精"到"察则安"，实是一个仁心渐渐安顿于仁道的过程。孟子曰："君子深造之以道，欲其自得之也。自得之，则居之安；居之安，则资之深；资之深，则取之左右逢其原，故君子欲其自得之也。"（《孟子·离娄下》）自得于道，然后有所谓安，与此处是相印证的。

接下来"安则温"一句。简文第 19 章"颜色容貌温"，是对温字的解释。《大雅·抑》云："温温恭人，惟德之基。"温是德性的表征。又《论语》载"夫子温、良、恭、俭、让"（《学而》），"子温而厉"（《述而》），孔子说"色思温"（《季氏》），《中庸》说"宽裕温柔，足以有容也"，《儒行》说"温良者，仁之本也"，都是把温视为仁者的表征性的精神气质。据此，《五行》的温可以理解为，仁心安于仁道而流露出温和的颜色或容貌。

"安则温"以下，第 12 章有另一种表述："不变不悦，不悦不戚，不戚不亲，不亲不爱，不爱不仁。"其中，"不×不×"的表达，意味着两者是必要非充分的逻辑关系。与本章比较，第 12 章的表述强调了前者之于后者的必要性。第 19 章对第 12 章作了具体的解释，帛书《说》又有对第 19 章的解释。我们可以对照着看。

从"悦"开始，下面的阶段都是仁心的对象化的表现过程。第

19章云："以其中心与人交，悦也。"真心诚意地与人相交而没有彼此的隔膜，便会有发自内心的愉悦。这里的悦，不同于第2章中心之忧得以疏解而有的悦，而是与他人相交往的悦。

乐于交往，则能亲近，故接下来是"悦则戚"。第19章云："中心悦旃，迁于兄弟，戚也。"马王堆帛书作"中心悦焉"。旃，助词，相当于"之焉"。帛书《说》云："'以其中心与人交，说也'，懃懃□□□□□是□悦已。人无悦心也者，弗迁于兄弟也。'迁于兄弟，戚也'，言迁其□□于兄弟而能相戚也。兄弟不相能者，非无所用悦心也，弗迁于兄弟也。"懃懃，是谨厚朴实的意思，是悦的具体表现。人若没有与人相交的悦心，必不能施及兄弟。"戚"是将这种悦人之心，迁及兄弟而有的亲近、亲密。如果兄弟之间不能和睦，则不一定没有悦人之心，可能只是没有将之用于兄弟身上。换言之，在帛书《说》作者看来，悦是戚的必要非充分条件。一方面悦是戚的基础，一方面戚还有自己的工夫要做。

"戚则亲"，亲的程度比戚深。第19章说："戚而信之，亲也。"这里的信有两种可能，一是"戚"情本身的信实，一是兄弟之间的信任。帛书《说》解释说："'戚而信之，亲也'，言信其□也。剟而四体，予汝天下，弗为也；剟汝兄弟，予汝天下，弗迷也。其信之已。信其□而后能相亲也。"根据上下文意，阙文当补作"戚"。从帛书《说》的解释来看，亲是能够把兄弟当作自己，视兄弟为手足。能与兄弟为手足，则利益面前不会迷失，不会牺牲兄弟；然后，值得全然相信和托付，这是亲。

下一个阶段是爱，"亲则爱"。第19章云："亲而笃之，爱也。爱父，其继爱人，仁也。"笃，帛书《说》作筑，意思是一样的。笃，厚也。"亲而笃之"是说亲情的敦厚。"爱父，其继爱人"是说爱父之后，将爱推广到他人身上，能由爱父而做到爱人，便是仁了。此处应对这两种爱作必要的区分：一是对父的爱，是最深的爱，它是要在亲的基础之上敦厚笃实才会有的，程度上超过了亲；一是对他人的爱，它是爱达到顶峰之后的推恩或延伸，程度上比不上亲，更无法与对父的爱相比。樊迟问仁，子曰"爱人"（《论语·颜渊》），实际上是后一种意义的爱。也就是说，本章的"亲则爱"，在帛书《说》看来，实际上包含了两个环节：一是亲情的敦笃，表达为对父亲以及至亲的深爱；二是以此为基础，推广到对他人的普遍的爱。在此，爱的意义是双重的：它既是家庭关系中情感发展的最高阶段，也是向外扩充其爱的原点。仁爱的实现，乃是由至亲之爱到普遍之爱的生发结构。

"爱则玉色"，仁爱的实现，便会表现为"玉色"。"玉色"一词，见于《礼记·玉藻》"盛气颠实，扬休玉色"，《韩诗外传·卷一》"在内者皆玉色，在外者皆金声"，《论衡·验符》"金声玉色，人之奇也"等。庞朴认为："玉色，温而厉之色也。"[1] 魏启鹏认为：

1　庞朴：《竹帛〈五行〉篇校注及研究》，第36页。

"玉色，言容色如玉之温润而有光泽。"[1] 大体上，玉色是仁者表现出温润亲和之色，近于"温而厉"或"宽裕温柔"之态。

后世儒者中，明道先生可能是最接近于这种气象的，由充沛的德性，表现为身上纯粹和气，宽和平易，终日怡乐。伊川云：

> 先生资禀既异，而充养有道；纯粹如精金，温润如良玉；宽而有制，和而不流；忠诚贯于金石，孝悌通于神明。视其色，其接物也，如春阳之温；听其言，其入人也，如时雨之润。胸怀洞然，彻视无间。测其蕴，则浩乎若沧溟之无际；极其德，美言盖不足以形容。[2]

纯粹如精金，温润如良玉，如阳春之温，如时雨之润，是仁者给人的真切感受，也是对仁者玉色的一种诠释。

玉色是仁者的表现，也是内在仁德的自然流露。到了玉色的阶段，表明内心的仁德已然形成，故简文曰"玉色则形，形则仁"。

本章从"仁之思"开始，到"形则仁"结束，描述了从仁心最初的发动到仁德最后的生成的过程。仁之思是精诚纯一的，故曰"仁之思也精"；精诚纯一，然后可以体察仁道（贤人之德或君子之道），故曰"精则察"；有仁道的体察，然后可以安于仁道，

1　魏启鹏：《简帛〈五行〉笺释》，第18页。

2　《明道先生行状》，程颢、程颐：《二程集》，北京：中华书局，2004，第637页。

故曰"察则安";安于仁道，然后温和平易，故曰"安则温"；心态温和，然后能中心与人相交而生喜悦，故曰"温则悦"；相交喜悦，施于兄弟则可以亲近，故曰"悦则戚"；亲近兄弟，视之如己则为至亲，故曰"戚则亲"；笃厚亲情则为爱，由对至亲的爱可以推广到对他人的爱，故曰"亲则爱"；最终是玉色的表露，代表着内心仁德的生成，故曰"爱则玉色，玉色则形，形则仁"。

以上过程中，有两点值得注意。其一，从"悦则戚"到"戚则亲"，大体限定在亲情的范围，只有到了"亲则爱"，才由亲亲推广到对亲人之外的他人的爱。这是儒家重视亲情本源，以孝悌为仁道之本的一贯主张。有子曰："君子务本，本立而道生。孝弟也者，其为仁之本与！"（《论语·学而》）

其二，本章既可以从自然生发的过程看，也可以从工夫的角度看。从工夫看，每一步都有工夫可做。最重要的，是仁之思的自觉，亦即仁心最初之发动的体认。体认内在的仁之思，维持精诚纯一的状态，仁心安于仁道，一步一步推动它的发展和表现，这是修仁的方法。而仁心的自觉或仁之思的体认，作为一种意识的自反活动，也是一种思。于是，这里便有一种"思—仁之思"的工夫。后者换个说法，也便是"思仁"。故我们看到，荀子正是这样来理解子思的工夫的。虽然不是很精确，但大体是可以成立的。

6. 智之思也长，智之思，谓智之行于心术者。长则

得，得则不忘，不忘则明，明则见贤人，见贤人则玉色，玉色则形，形则智。智思深长，则得物之条理，《大学》"虑而后能得"是也。既得之，则识而不忘，《系辞》"知以藏往"是也。不忘，则明见而洞察，能于众中识别贤人，且知其内在之德也。玉色，心悦诚服之色也。至于玉色，则智德成矣。

上第六章。言智之思也，至于玉色而智成。

本章是讲从"智之思"到"智"的形成过程。

陈来先生说："长和得的意义还有待研究。"[1] 又说："'长'按照现在文献学的讲法，有积累的意思，但'积累'究竟能不能把智——智是指向明，圣是指向聪——比较明确地指向明？今天的学术界还没有解决这个问题，包括对'长则得''得则不忘'的理解，在指向明的过程中怎么把这三个环节都讲清楚？学术界对此不是没给解释，但现有的解释还不足以服人。"[2] 下面我们尝试给出一种解释方案。

1　陈来：《竹帛〈五行〉与简帛研究》，第 129 页。
2　陈来：《竹简〈五行〉篇讲稿》，第 26—27 页。

第一句"智之思也长"。按照上一章的分析，"智之思"指承载了智的意识活动，或者说智德在意识活动层面的载体。它的特征是"长"。这个长，有人认为是增长，有人认为是思虑长远，都不合适。智确实与知识的积累有关，故《系辞上》说"知以藏往"。但这是智的来源方式，不是智本身的特征。智也确实思虑更为长远。但长远是形容所思虑之事，也不是智本身的特征。此处的"长"，应是指历时性的思考和理解的过程。智的基本特征，就是思路长、想得远，从一步想到下一步，从下一步又想到再下一步。就好比走围棋，棋手可以往后推几步，这取决于思的长短。思路长，是理解能力和推理能力的表现，是智的标志性特征。

"长则得"，长何以能得呢？思的长短，决定了一个人的理解力。思路短，则见到一个是一个，看不到事物的条理，也没有一条线将它与其他事物联系贯穿起来，结果就是停留在片段化的、孤立化的了解。而事物之被理解，本质上是源于事物内部之区分，以及事物与我们既有的知识背景或意义世界的联系。

> 子谓子贡曰："女与回也孰愈？"对曰："赐也何敢望回。回也闻一以知十，赐也闻一以知二。"子曰："弗如也！吾与女弗如也。"（《公冶长》）

子贡讲自己"闻一以知二"，听到了一个道理而能够想到、理解另一个道理，道理之间相互印证，这是思考力的表现，是子贡之智。又说颜回"闻一以知十"，听到一个可以知道十个。相比之下，又比子贡更进一层。为什么？还是因为颜回拥有强大的理解力，后者又取决于思力的长短。"长则得"的得，就相当于子贡"知二"、颜子"知十"的知，它是一种真实的认知和理解。《大学》所谓"虑而后能得"，也是思虑而有收获。

"得则不忘"，不忘即记忆。《说文》云："忘，不识也。"段注："识者，意也。今所谓知识，所谓记忆也。"事实上，记忆有两种方式，一种是理解性的记忆，一种是非理解性的记忆。后者是不以理解为基础的，如瞬时印象、基于重复的死记硬背等。此处的"不忘"是指前一种，与思考和理解相关，不理解则不能记忆。非理解性的记忆，靠的是大脑和肌肉的重复或习惯。理解性的记忆，则取决于理解的程度。后者又来自于被记忆之物的意义语境，以及与过往记忆的意义关联。伊川说过一句话："圣人不记事，所以常记得。今人忘事，以其记事。不能记事，处事不精，皆出于养之不完固。"[1] 这句话很有意思，不记事，所以常记得；记事，所以忘事。这倒不是说，我们都不要去记了，不记更加记不得了。此处关乎的其实是理解性记忆和非理解性的强行记忆的差别。圣人常记得，不忘记，主要是因为他思路清晰，拥有超强理解力。见到了事物，就

---

1 《河南程氏遗书》卷三、《近思录》卷四。

被他的知识背景所化解；需要它的时候，又会自动显现。这个过程，圣人自己甚至都是不自觉的。这个问题，我们下一章再说。

接着是"不忘则明"。不忘，可以约略理解为知识的积累；明，是指理解力和洞察力。孔子说"视思明"（《季氏》），孟子说"明足以察秋毫之末，而不见舆薪"（《梁惠王上》），明是分辨力的体现。那么，"不忘"何以成为"明"的基础呢？实际上，知识之积累之所以成为明的条件，是因为它构成了后来出现的事物得以理解的条件：知识系统和意义背景。如果一个人没有一个被高度条理化整合过的知识系统和意义背景，新事物的出现便无法得到理解，无法安放它的位置，无法给出具体的判断。所以，知识储备和知识结构对于理解力的提升，具有基础性的意义。当然，这里所说的"知识"，是经过了思考、理解和消化，并且系统化重组了的。若是强行记忆，或者自身尚未很好理解的知识，它作为异质的材料储藏在你记忆库中，不但无助于新事物的理解，反而有可能造成认知活动的障碍。所以孔子强调"思"的重要性。子曰："学而不思则罔。"（《为政》）学而不思，则迷惘而无所得。所学是知识的内容，思是知识的理解和消化。唯有消化了的知识，才能使人感到学有所得。荀子讲"虚壹而静"（《解蔽》），提到"不以夫一害此一谓之壹"，便是说知识之间的整合；又提到"不以所已臧害所将受谓之虚"，意味着若不能做到虚，那么之前积累的知识很可能会妨碍后续知识的接受。

子贡和颜回都是极聪明的人，但还是存在"闻一以知二"与

"闻一以知十"的差别，这就不是两人天生资质的问题了，也不是知识积累的数量问题，而是关乎知识的消化程度和系统化整合。颜回的义理系统是高度条理化、系统化和一体化的，知识之间相互穿插、支撑、印证，俨然是没有罅缝的一体。这是颜回的"不忘"。以此为背景，新的事物可以在其理解背景中充分建立各种意义连接，获得应有的理解，这就是"明"。

下一句"明则见贤人"。明，宽泛地讲，是洞察、辨析、理解之能力。但从此句看，主要还是指对于贤人之德的理解。此处，"见贤人"的见，不是看见的见。看见、看不见，是一个感官事实；见贤人、不见贤人，则是一个理解现象。如果一个贤人出现在你面前，总归是能够看到他的（作为一个视觉对象），却不一定能识别出"这是一个贤人"。要识别一个人贤与不贤，关键就要判断这个人是否有德。故第15章说："见贤人而不知其有德也，谓之不智。"但问题是，德毕竟深藏内心，不是摆在桌面上的客观之物。虽然在言行或容貌上有所表现，也得通过这些表现的蛛丝马迹，去探寻其人的内心状况。所以"知德"是极为困难之事。

> 子曰："由，知德者鲜矣！"所谓"知德"，不是对"德"的知性认识，不是通过逻辑推演和概念界说以全尽"德"的内涵和外延。"知德"是对"德"的品味和鉴赏能力，是通过自身的学思修养，对"德"的状态有所体贴，对"德"的精神有所领会，

从而能在复杂的具体实践中，作出"合德"的道德判断。可以说，"知德"本身就是一个道德实践的过程。[1]

知德不仅仅是一个认知活动，由于它与我们自身的内在状态有着深切的关联，故也可以说是一个实践活动。

理解贤人之德是很难的，这里可以举两个例子。蘧伯玉使人于孔子。孔子与之坐而问焉，曰："夫子何为？"对曰："夫子欲寡其过而未能也。"使者出。子曰："使乎！使乎！"（《宪问》）蘧伯玉是卫国的贤人。孔子问他的使者，蘧伯玉在干什么？使者说，老夫子想要减少他的过错而不能。孔子一听，极为赞赏，在使者走后感叹："使乎！使乎！"孔子为什么这么赞叹？因为使者的话，把蘧伯玉念兹在兹的改过迁善之心，生动而精准地表现了出来，这种用心状态折射了蘧伯玉的内在德行。

另一个例子是关于子贡的。王充《论衡·讲瑞》载："子贡事孔子，一年自谓过孔子，二年自谓与孔子同，三年自知不及孔子。当一年、二年之时，未知孔子圣也，三年之后，然乃知之。以子贡知孔子，三年乃定，世儒无子贡之才，其见圣人，不从之学，任仓卒之视，无三年之接，自谓知圣，误矣。"子贡跟着孔子，第一年自以为比孔子厉害，第二年以为跟孔子差不多，第三年才知道比不

1　何益鑫：《"一以贯之"：孔子仁道的开显与言说》，《云南大学学报》2016 年第 5 期，第 43 页。

上孔子。为什么这样呢？此处主要是一个认知的问题。子贡一开始不能真正理解孔子之德，经过了三年之久的观察、思考和理解，才最终确认了孔子之德为自己所不及。换言之，子贡花了三年的时间，才做好了"见贤人"的准备，才有了"知德"之明。当然，事情更加复杂。子贡第一年自认为比孔子强，却还是"师事孔子"，可见对孔子还是有了有限的认可，对应到《五行》是"见贤人"，即识别出"这是个贤人"；直到三年之后，才知道孔子之德为自己所不及，对应于《五行》是"见贤人而知其有德也"。故简文第15章把"见贤人"与"见贤人而知其有德"分开讲，还是很有意味的。识别有的时候只是一种直觉性的或者模糊的把握，理解则总是明确而清晰的了解，两者是有差别的。当然，本章的"见贤人"，应该包含了这两层含义。

下一句"见贤人则玉色"。玉色，在上一章是指仁者之色。这里接着"见贤人"来说，应当是指智者见贤人之后的颜色。陈来先生说："玉色是对贤人仰慕的一种温和的容色。所以智之思的完全发作是达到明。明表现于外在的容貌，就形成所谓玉色。"[1]是比较合理的。智者能够识别贤人、"见贤人"，并且能够理解贤人之德、"见贤人而知其有德"，所以对于贤人就会表露出由衷的喜悦和敬服，大概就是此处的玉色。孟子曰："以德服人者，中心悦而诚

---

1 陈来：《竹帛〈五行〉与简帛研究》，第 129 页。

服也，如七十子之服孔子也。"(《公孙丑上》) 孔子以德服人，七十子对于孔子的那种"中心悦而诚服"，表露在容色上大约也可以称为玉色。这种玉色，与仁者的玉色是有所不同的，但也是内部德行（智）的一种表现。若非真的知贤、知德，即便见到了贤人，也不会"我心则悦"。能见贤人而玉色，说明是真的能够心悦诚服，真的有知人之明、知德之明。到了玉色的阶段，表明内在的智德已然成形了，故曰"玉色则形"。

"智之思也长"，经过"得""不忘""明""见贤人""玉色"之后，最终形成为"智之行"。这个智德，不是一种形式的思维能力，而是具有真实内容的道德分辨和判断能力。作为这一过程的开端，"智之思"还不具有明确的规范性内容，"长"只是它的形式性特征。规范性内容的渗透，要在"得""不忘""明"诸阶段。对于先秦儒家来说，智之思的活动领域，不是纯粹的形式推理的领域，而是道德认知、道德理解和道德践履的领域，故其活动是连带着价值活动和情感活动的，其结果也表现为在此一领域中的认知能力和判断能力的提升。这些活动，不是知性的活动，而是同时伴随着丰富的意向、情感活动的理性活动，《大学》所谓"如恶恶臭，如好好色"。借用后世的话说，出于智德的知，乃是"知行合一"的"真知"。唯有真知，才能"玉色"。

7. **圣之思也轻，**圣之思，谓圣之行于心术者。圣者，智

之极。轻，快也、易也。言神思悠然、倏忽而至，犹"不思而得"也。轻非不长，以其流行之易，不假用力，若无为而然者也。○《荀子·不苟》："操而得之则轻，轻则独行，独行而不舍，则济矣。"言操之熟乃轻耳。**轻则形，形则不忘，不忘则聪，聪则闻君子道，闻君子道则玉音，玉音则形，形则圣。**聪者，圣之藏于耳也。闻君子道，谓能于众中辨识之也。更知其所以为君子道，知其为天之道，则玉音。玉音，犹德音，有德者之言也。至于玉音，则圣德成矣。

上第七章。言圣之思也，至于玉音而圣成。

本章是讲从"圣之思"到"圣"的成形过程。圣从属于广义上的智，与上章所说的智既有关系，又有区分。

第一句"圣之思也轻"。与前两章相似，"圣之思"指承载了圣的意识活动，或者说圣德在意识活动层面的载体。它的基本特征是"轻"。那么，什么是轻呢？帛书《说》解释说："思也者思天也，轻者尚矣。"魏启鹏说："'轻'有轻举、飞升和上扬、超越等含义。故帛书《五行》之帛书《说》得以'轻者尚（上）矣'解诂。"[1] 常

---

[1]　魏启鹏：《简帛〈五行〉笺释》，第 19 页。

森说:"殆谓思考天道或者德臻于精熟之地就超出常人。尚,超越,高出;《论语·里仁》篇载子曰'好仁者,无以尚之'。"[1] 轻举、超越、高出,都是与上下方位有关。要注意的是,一如仁之思的"清"、智之思的"长"一样,"轻"乃是"圣之思"的特征,而不应该是指向圣之思的对象。且从上下文看,对象的凸显至少要到"聪"的阶段之后。故帛书《说》"思天"的解法,与简文本义未必相契。又,陈来先生认为:"轻本是指声音的轻细而言,圣就是对声音有敏感的听觉的人,圣表示对再轻细的声音也能听到。"[2] 与前解不同,这是从"圣"与"聪"的关系入手。不过,与前解类似的是,此说中的"轻"也是形容圣之思的对象(声音轻细),而不是圣之思本身的活动特征。

庞朴先生指出:"《礼记·中庸》所谓的'诚者,不勉而中,不思而得,从容中道,圣人也'及《荀子·不苟》'夫诚者,君子之所守也,而政事之本也。唯所居以其类至,操之则得之,舍之则失之。操而得之则轻,轻则独行;独行而不舍,则济矣'可作'圣之思也轻'之解。"[3] 相对而言,这一解释直接以《中庸》和《荀子》为依据,其对轻的了解更为可靠。

圣之思的"轻",不是由于思的对象的差别,而是关乎思的精

1 常森:《简帛〈诗论〉〈五行〉疏证》,第147页。
2 陈来:《竹帛〈五行〉与简帛研究》,第129页。
3 庞朴:《竹帛〈五行〉篇校注及研究》,第37页。

熟程度。思之轻，可以是相对于思之重而言。思之重，是费力思考而得的；思之轻，则是"不思而得"。[1]《中庸》所谓"不思而得"，即圣之思也轻；与之相对，"博学之、审问之、慎思之、明辨之"而得，便是人之思也重。《荀子·不苟》所谓"操之"，是用心操持，思之重者也；"操而得之则轻，轻则独行"，得之而独行之后，思之轻者也。伊川答横渠曰："所论大概，有苦心极力之象，而无宽裕温厚之气。非明睿所照，而考索至此，故意屡偏而言多窒，小出入时有之。"(《答横渠先生书》)[2] 这一说法也可以借以说明问题。伊川说横渠的论说，多是苦心极力的考索，是思之重者；而与之相对，来源于"明睿所照"的自然见解，则是思之轻者。

因此，思之重或思之轻的差别，主要不在内容，而在思维的过程：费力或不费力，有迹或无迹，有意或无意。如果说，智之思的"得"，必须经过"长"的阶段，亦即经过一个在时间中持续的思维运作的过程；那么，"圣之思也轻"，似乎是指不需要时间过程的直接的把握，近似于一种理智上的直观。其实，可能并不是真的直观，只是其思维的过程隐没在了结果的瞬间呈现之中，只是作为此结果的一个内在结构而存在。而这一过程本身，在思者本人这里，甚至都没有进入自觉的意识状态，故有一种不期然的、无意的、不思而得的体验。

---

1 "思之重"是为了对比说明"思之轻"的含义而生造的表述。
2 程颢、程颐：《二程集》，第596页。

接着是"轻则形"。这里的"形",显然要与"形则圣"相区
分,它不能理解为德之行的成形。那么,这个"形"是什么意思?
学者基本上没有给出有效的解释。所幸的是,从本章开始,帛书就
有对应的帛书《说》内容了。关于这一句,它有很多的发挥。

> "圣之思也轻"。思也者,思天也;轻者,尚矣。"轻则形。"
> 形者,形其所思也。酉下子轻思于翟,路人如斩。酉下子见其如
> 斩也,路人如流。言其思之形也。

把"圣之思也轻"从内容上解释为"思天",未必是对此句最有
针对性的、最直接的解释,这个之前我们已经说过。不过,帛书
《说》对"轻则形"的解释很值得参考。"形"即"形其所思",举
了一个酉下子的例子。这里的"酉下子",一般认为是柳下惠。《论
语》有三章(四次)提到他,《孟子》则有五处(六次)提到他,
并称他是"圣之和者"。但此处的故事,却不是很好理解。我们一
点一点来看。

何谓"路人如斩""路人如流"?整理者指出:"斩流皆喻行止
之态,《商君书·赏刑》述晋文公将明刑以亲百姓,'三军之士,止
之如斩足,行之如流水,三军之士无敢犯禁者'。"[1] 此说可从。所谓

1　国家文物局古文献研究室编:《马王堆汉墓帛书(一)》,北京:文物出版社,1980,第
　　26页。

"路人如斩",说的是路人好像被砍了脚一样一动不动;所谓"路人如流",说的是路人行走穿梭没有停顿。

何谓"轻思于翟"?魏启鹏说:"于翟,当与《四行》所谓'其事化翟'义同,'于',鱼部影母。'化',歌部晓母。其韵鱼、歌通转,古所常见;影、晓古为喉音清声旁纽,其声同类,故'于'之与'化'音近。……'于翟'同'化翟',化施变易也。"[1] 所谓《四行》,指帛书《五行》经说之后的一个文本,有人认为是《五行》的后叙。其中有这样的说法:"圣者知,圣之知知天,其事化翟。"魏启鹏解释说:"化翟通'化易'。……《荀子·君子》:'政令致明,而化易如神。'谓变化移易也。《孟子·尽心上》:'君子所过者化,所存者神,上下与天地同流,岂曰小补之哉!'《尽心下》:'大而化之之谓圣。'可与'其事化翟'之意互相发明。"[2] 参照魏氏的解法,则此处"轻思于翟"可以理解为,柳下惠的轻思已然达到了出神入化的地步。

那么,串起来又怎么说?由于柳下惠是"士师"(狱官),故整理者认为:"路人读为累人,指系囚。"顺此,魏启鹏说:"路人如斩,谓累人皆从柳下惠之断狱也。……路人如流,即谓累人亦从柳下惠之刑德教化也。"[3] 这一说法似乎不妥。即便"路人如斩"和

---

1 魏启鹏:《简帛〈五行〉笺释》,第83—84页。

2 同上书,第137页。

3 同上书,第84页。

"路人如流"可以这样解释，问题是，这与"酉下子轻思于翟"有什么关系？与"形其所思也"又有什么关系？"酉下子见其如斩也"，为何要强调是柳下惠的"见"？说得还不够圆满。

常森认为，这句话"殆谓柳下惠精熟地思考于翟而忘怀其他，以至于认为行走的路人像被斩去脚一样静止——这只是柳下子见路人被斩去脚一样静止，路人其实像流水一样在行走。句意是说对对象的高度集中，超越了对其他事物的关注"。[1] 此说除了把"翟"解作鸟，认为柳下惠是在专心思考鸟的问题，这一点令人费解之外，大体还是抓住了一些要害的。"路人如斩"，不是真的路人如斩，而是柳下惠思中所见、见其如斩；真实的情况，却是"路人如流"，路人从来没有因为柳下惠的思，而停止过穿行的活动。常森说，这句话的主旨是突出柳下惠由于思考高度集中，超越了对其他事物的关注。这一解释，无法落实"形"的意义。从原文看，"形"无疑是此中的核心概念。帛书《说》"言其思之形也"，在语脉中是作为故事的总结。这表明，柳下惠的例子，所谓"路人如斩""路人如流"，最终都是为了说明"形"的。所以，问题的关键，是"形"与"见其如斩"两者之间的关系的理解。

此中的突破口，是"路人如流"的事实与柳下惠"路人如斩"的所见，这两者之间的鲜明对比。柳下惠之思的特殊之处就在于，

1　常森：《简帛〈诗论〉〈五行〉疏证》，第147页。

现实中路人穿行在他的世界中，就都好像停止了一样，定格在那里。这样的思，实是一种直观的、整体的把握能力。我们一般对于事物的观看和了解，总是有一个顺序的，从一点到另一点，从局部细节的观察开始渐渐形成整体的把握，这个过程是需要时间的。对于静止的事物，尚且这样；对于运动的事物，更加如此。事物如果运动过快，很可能在我们对它形成整体的把握之前，就已经消失不见了。在这个故事中，川流不息的人群正是运动的事物。对它的观察，普通人只能抓住其中的部分细节（比如看到其中有一个奇装异服的人，或者看到一个异族人，或者夹杂着一个闹哄哄的小孩），即便给你时间不断地观察，也是很难形成完整的把握，看清楚全貌的。因为它一直在动，动意味着新状况的不断出现，具体的事态稍纵即逝；与此同时，我们观察它、思考它的过程都是需要时间的，几乎不可能把握某一个特定时刻的整全面貌。然而，对于柳下惠来说，流变中的事物，看上去是静止不动的。不是说真的静止不动，或者柳下惠有时间定格的能力，它其实是说柳下惠可以在每一时刻没有错漏地**同时把握**路人的全部事态。当然，本质上，这种能力取决于柳下惠具有的超强直观和综合把握的能力。[1] 帛书作者认为，

1　邓秉元先生把"轻"解作"空"，指出："如西下子空其思于事物之变易，事物之变易本来浑沦无际，如观路人之车水马龙，所谓'路人如流'。但西下子既空其思虑，反而可以使路人显象于心中，而见'路人如斩'。所谓如斩，即抽刀断水之义，上文论观象思维，所谓'截断众流'正是此义。"（邓志峰：《思孟五行说新论》，《学术研究》2018年第8期，第126页）

这是柳下惠"圣之思"出神入化的表现。

电影《头文字 D》里面讲到一个现象，拓海在秋名山上送豆腐，一年又一年，他发现周围的世界在渐渐变慢，而实际上，是他的车开得越来越快。拓海为什么会觉得世界很慢？因为尽在他的下意识的掌控之中，不需要有意识的思考就可以操控，没有新的情况让他感觉到自己的意识活动。与之相反的是，当我们刚开始驾车的时候，觉得道路上的事态变化得好快。为什么会觉得快？因为对于新手而言，每一种路况都是经过观察—思考—操控的这一复杂的过程而实现的。且对交通事态的观察，又是一个点一个点，通过注意力的持续转移而拼凑出来的。所以总是会觉得，路况更新太快，要注意的点太多，一个脑子不够用。设想，如果大部分的路况都很熟悉了，都在下意识的反应之中，那么，脑子就会留下足够的时间，让你处理可能偶然发生的新情况。进一步，如果一切都是熟悉的路况，通过肌肉的习惯性记忆就可以应对，那么，此时就会觉得整个过程是不需要意识活动参与的，只要一瞟就能洞悉全局。在此一瞟之中，时间近乎是停止的，因为它几乎已经不需要在意识层面的接受和综合的时间了。拓海达到的是第二重境界，时间慢下来，但还没有停止。他只是熟悉了那条秋名山的盘山路，若换成其他地方的路，他还是需要经历一个渐渐熟悉、渐渐自如，以便让时间渐渐慢下来的过程。而柳下惠达到了第三重境界，他对事物的观察和理解近乎直观，瞬间把握全局。似乎世界对他来说可以随时停止，就像照相一样，待人细细回顾其中的细节。

帛书《说》为什么会举"路人如斩"的例子呢？这倒确实可能与柳下惠的士师身份有关。士师断狱，最重要的是对细节的观察和把握。或许柳下惠非常善于把握事态与细节，只要一过目，悉在掌握之中。故帛书《说》作者以他为"轻思化易"的代表。

如果进一步打开脑洞，柳下惠见"路人如斩"的例子，似乎也可以从比喻的角度说。"路人如流"指一般的思的活动，它是一个前后相继的历时性运思的过程，其结果要在进程全部完成之后才能呈现。相对而言，"路人如斩"指一种无时间性的直观把握，思的始与终一时呈现，没有了思的过程。由于思路急速铺开，以至于感受不到意识活动的时间性，则思者最终的感受只是刹那获得、瞬间完成，此则《中庸》所谓"不思而得"。但它不是没有头绪的孤零零的一个终点，若要反思其思路之所由，又可以历历在目地呈现。换言之，圣的不思而得，其实不只是一个结果，更是可以"直观"从思路到结果的全体。一个本来要在意识活动的历时过程中逐步展开的东西，变成了一个在空间中平面铺开、直观可见的东西。就好像不断发生变化的穿梭的人流，定格为一幅静止的画面。平铺的东西，可以同时直观到全体，这就是"形其所思"（历时过程图像化）。故"形者，形其所思也"，形就是"所思"在"思"中的呈现方式。这个意义上的形，与《乐记》"心术形焉"的"形"接近。

以上两种解释，第一种解释与帛书《说》的原文更加贴切，可能更加接近帛书《说》作者的用意。顺此，这一句中"形"的意思，简单来说就是圣之思对于事物或者对象的把握方式。智之思要经过一个历时性的复杂的运思过程才能"得"，这个"得"指的是对于对象的认知和把握，故曰"长则得"；与之相比，圣之思对于对象的理解是近乎瞬间达到、近乎直观的，不需要意识活动的过程，非常轻易，故曰"轻则形"。当然，"长则得"也可以理解得很深，故此处"得"与"形"并不强调内容的差别，而是凸出了过程的区分。"得"强调结果，"形"强调综观，基本意义是一样的。

"得"之后，都不会忘记，故曰"形则不忘"。智的不忘，是因为新事物在既有的意义脉络和知识背景中获得了理解，得到了条理化、系统化的整合。圣的不忘，说到底也是由于内部的一贯性，只是它的一贯性更为圆融和无迹。故对新知识的接受，无需理解和运思的过程，自然融入。

在此，帛书《说》云："'形则不忘。'不忘者，不忘其所□也，圣之结于心者也。"根据上下文，缺字当补为"形"。圣之思的活动，对于事物而言也是一种表象活动。故"所形"是指圣之思所表象的对象，或者说是圣之思对对象的表象结果。这种表象活动，不仅仅是一种呈现活动，更是一种理解活动。所以，"不忘其所形"，意思就是不忘记对事物发生过的理解。

而这种能力，从根源上源于内心既有的圣德，从结果上它的积淀又反哺了后者，构成了下一次的圣之思的活动的基础，故曰：

"圣之结于心者也。"结，谓缔结、凝聚。一般而言，圣的意义，与卓越的听觉能力相关。但圣聪，不仅仅是感知的能力，更是认知和理解的能力。这种能力，本身是要以学者内心的义理体段为前提的。故圣之思之所以轻，源于义理之精熟；形则不忘的结果，又反过来充实之，两者互为因果。这一点与智是相似的。池田知久认为："此句是讲，在人类的'心'中先天地自然地被赋予的'圣'，是'思''形'这样一种后天的人为的努力的结果，再返回本来的样子，成为'结于心'而'不忘'的状态。"[1] 按，在《五行》中，圣或许有天生的因素，却不是一种完全天生的德性。所以，才会有圣这种德之行的形成问题。圣的形成，或者说它在内心的凝聚，源于圣之思的意识活动。这个活动是人为的，但又不像是人为的，因为它似乎是直观的、自然的，淡化了"人为的努力"。由圣之思自然而然的活动，得到新的理解反哺、积淀于内心，成为下一次圣之思的基础，如此反复，则圣之思越发轻，越发不思而得，这便是"圣之结于心"的过程。

以上是圣之思的内在活动，尚未涉及感官功能。接下来是表现于外的实现活动，依托于感官。

"不忘则聪。"儒家之前，圣、听、聪三者已有稳定的关联。庞朴先生说："《书·洪范》：'听曰聪。'古佚书《德圣》：'圣者，声

---

[1] 池田知久：《马王堆汉墓帛书五行研究》，北京：中国社会科学出版社，2005，第180页。

也。……其谓之圣者，取诸声也。'《文子》：'闻而知之，圣也。'（定县汉简 1993）《白虎通·圣人》：'圣者，声也。……闻声知情。'又郭沫若《卜辞通纂考释·畋游》：'故听、声、圣乃一字。其字即作耴，从口耳会意。言口有所言，耳得之而为声，其得声动作则为听。圣、声、听均后起之字也。圣（聖）从耴壬声，仅于耴之初文符以声符而已。'"[1] 实际上，诸说关于圣、听关联的论述，需要作出层次的区分。第一层意义上的圣，与听觉敏锐相关，"更多地表现为一种能力和素质"，[2] 如郭沫若所说；第二层意义上的圣则是作为德行的圣，如帛书《德圣》（魏启鹏命名为《四行》）、《文子》等所说。作为"德之行"的圣，无疑是后一种。

故帛书《说》云："'不忘则聪。'聪者，圣之藏于耳者也。犹孔子之闻轻者之击而得夏之卢也。"聪是"圣之藏于耳者"，也就是说，聪是圣在听觉器官上的表现。在这一逻辑中，聪不是独立的能力，它取决于内在的圣。结合"不忘者……圣之结于心者也"的解释，则"不忘则聪"是说以结于内的圣心为前提，然后有聪。故此处的聪，就不仅仅是一种敏锐的听觉能力了，而是以内在心德为基础的"听觉—分辨力"。

帛书《说》的后半句，出典未详。有三种猜测。整理者说，轻读为磬，卢读为虡，是悬磬的架子。意思是说，孔子听人击磬就

1　庞朴：《竹帛〈五行〉篇校注及研究》，第 38 页。
2　陈来：《竹简〈五行〉篇讲稿》，第 15 页。

知道架子是夏朝的架子。[1] 庞朴说，轻者疑轻吕之误，轻吕，剑名。夏之卢或为夏启剑。意思是说，孔子之闻轻吕之击而得夏之卢。[2] 魏启鹏说，夏之卢即夏之搏，搏之声也轻微。孔子闻轻者之击而得夏之搏，殆寄其向往有夏、推崇大禹之意。[3] 三者都不能在传世文献中找到典故出处，但相较而言，第一种可能更为合理。

《晏子春秋》记载了一个有趣的故事："景公为大钟，将悬之。晏子、仲尼、柏常骞三人朝，俱曰：'钟将毁。'冲之，果毁。公召三子者而问之。晏子对曰：'钟大，不祀先君而以燕，非礼，是以曰钟将毁。'仲尼曰：'钟大而悬下，冲之，其气下回而上薄，是以曰钟将毁。'柏常骞曰：'今庚申，雷日也，音莫胜于雷，是以曰钟将毁也。'"这一则记载很可能出于后人的演绎。但就这一记载而言，孔子从大钟悬挂的位置，推论回声容易使钟发生过度震荡（共振），从而推定此钟将毁。但问题是，一个钟的共振频率取决于很多条件，除了悬挂高度之外还与自身的厚度、大小有关。若果有其事，更有可能是孔子已经听出了钟声中的共振，从而作出了这一判断。后来在钟的频繁使用中，果然毁坏了。这就取决于孔子音乐听觉的敏锐，以及乐理的精通。

如果以上事件是可能的，那么，通过击磬的声音而判定架子

1　国家文物局古文献研究室编：《马王堆汉墓帛书（一）》，第26页。

2　庞朴：《竹帛〈五行〉篇校注及研究》，第38页。

3　魏启鹏：《简帛〈五行〉笺释》，第85页。

的年代也应该是有可能的。因为一个架子，至少可以在以下几个方面体现其年代的特殊性：其一，架子的型制，不同的年代架子的规制或有不同；其二，所用木材，不同年代惯用的木材可能不同；其三，年代不同导致木材的物理性质（如干湿度）和声音特质（共振频率）发生变化，这一点只要从斫琴的用料选择就可以清楚地看到；其四，架子上的勒痕深度，改变了磬与架子的接触面和接触程度，也会影响音质。这四者的差异，或多或少都会表现在击磬的音质上。综合以上因素，至少从理论上，是可以从击磬的音质而判定架子的朝代的。当然，不是每个人都能做到这一点（就如不是每个人都能听出一把古琴用的是老料还是新料），但孔子无疑有这种能力。故帛书《说》举了这个例子来说明"聪"。

下一句"聪则闻君子道"。以上对"聪"的解释，还没有特别凸显道德的意义，此句揭示了这一点。本章的"聪"，可以包含宽泛的含义，但主要还是指向道德上的识别、理解和判断力。故所谓"闻君子道"，不只是听闻君子的学说而已，更主要的是听了之后能够识别出"这是君子道"；并且知道君子道何以为君子道，所谓"闻君子道而知其为君子道也"。换个角度说，听到的人可能很多，但唯有圣之思发展到这一步的人，才能真正识别出君子道、理解君子道之为君子道。这就绝不是感官听觉的问题了，更是意味着道德上的敏锐、洞察、理解和判断。

帛书《说》解释说："道者，天道也，闻君子道之志耳而知之

130

也。"志，记忆。知，理解。本章简文只是说"君子道"，帛书《说》则直接以天道解之。其实，君子道在这里应是指以孔子思想为代表的儒家之道。《五行》作者（子思）认为，儒家的道是合乎天道的，或者说是与天道相通的。在此意义上，我们确实可以说"道者，天道也"；就如《五行》第1章"德，天道也"，也主要是从两者境界的相通性而言一样。但这并不意味着君子道与天道是完全等同的，适当的区分还是必要的。根据第17章的表述，圣人确实是"知天道"的。不过，这里的关键在于，圣人所知的，作为指令的发出者或规范性的最终根据的"天道"，与以儒家学说的形式表达出来的"君子道"之间，到底是什么关系。我想，就子思而言，他对天道的领会、对圣人的领会，以及对天道与君子道的一致性的了解，最明显表现在《中庸》关于"诚"的学说以及相关表述中，比如：

> 《诗》云："维天之命，於穆不已！"盖曰天之所以为天也。"於乎不显！文王之德之纯！"盖曰文王之所以为文也，纯亦不已。

所谓"天之所以为天"，也就是天道之为天道的本质，在于"维天之命，於穆不已"。而"文王之所以为文"，圣人之为圣人的本质，在于"纯亦不已"。两者是内在一致的、相通的。君子道之为君子道与天道之为天道的一致性，意味着对君子道之为君子道的认知，实际上包含了对天道之为天道的确认。在此意义上，知君子道之为君子道，也就是一种意义上的确认天道、知天道。[1] 因此，《五行》所谓"圣人知天道"，或许主要是通过君子道的理解而透显天道的本真，而不是由特异的听觉能力接收来自上帝的声音。

接下来"闻君子道则玉音"。玉音，原指玉磬之音。第9章提到"金声而玉振之"，古乐必始于金声，终于玉音，以玉音能收之故。此处，"玉音"是说圣人之"天音"。魏启鹏说："简文之玉音，犹德音也。盖《五行》篇以德为天道，知天道为圣，又以'玉音，圣也'。故知玉音乃象征知天道者、有德者之音。参看《国语·周语下》载伶州鸠曰：'于是乎道之以中德，咏之以中音。（韦注：'中德，中庸之德也。中音，中和之音也。'）德音不愆，以合神人。神是以宁，民是以听。'又，《国语·楚语上》：'忠信以发之，德音以扬之。'心类德音，（韦注：'类，善也。'）以德有国。'"[2] 在《诗经》中，"德音"出现了12次。郑玄有"恩意之声""教令""声名""先王道德之教"等不同解法。在《礼记》《荀子》及汉人文献中，玉音一词也经常出现。如"其德音足以化之"（《荀子·富国》）、"厚德音以先之"（《王霸》）等。本章的"玉音"，与闻君子道有关。且从"玉音则圣"看，这一阶段意味着圣德的完成。故这

1　在一种思想形态下，天道作为规范性的根据，乃是各种学说的判准。故不同的思想学说，也就意味着对天道的不同的确认方式。

2　魏启鹏：《简帛〈五行〉笺释》，第20—21页。

里的"玉音",应是指圣人之言,或出于圣德的言语。

关于这一句,帛书《说》解释说:"'闻君子道则玉音。'□□□□□□而美者也,圣者闻志耳而知其所以为□者也。"后一个缺字,整理者释为"物"。池田知久参照帛书《说》"见贤人而不色然,不知其所以为之",补"之"字,指君子道。[1]可从。前面的缺文也有争议。池田知久据后文"□□也者,已有弗为而美者也",补"玉音者己有弗为",应该是不合适的。彼处"己有弗为而美"是形容德的,而本章即便到了"玉音",与德的完全实现还是不同的。这句话,虽然不知道怎么精确地补充,大义还是清楚的。既然说是"玉音",则阙文一句应当是说圣者出言之美。至于为何能出德美之言,是因为圣者听闻、记住了君子道,并且深切地理解了君子道之为君子道的原因,所谓"圣者闻志耳而知其所以为之者"。

从"圣之思也轻"开始,经历了"形""不忘""聪""闻君子道",到了"玉音"的阶段,说明圣之结于心已经完成,圣这种德之行已经内在成形,故曰"玉音则圣"。

从以上两章来看,智与圣虽然都属于广义的智,区别还是很明显的。最基本的不同是,智之思是长,圣之思是轻。前者是历时性的、过程性的;后者几乎是瞬间达到、近乎直观的。从对象或内容

---

1   池田知久:《马王堆汉墓帛书五行研究》,第 182 页。

说，智的主要任务是识别贤人，理解贤人之为贤人的德；圣的主要任务是识别道，理解君子道之为君子道，并且契会和确证天道。比较智与圣的形成过程，在"不忘"以前，都是内在的运思、理解、记忆活动，此后才区分为"明—见贤人"或"聪—闻君子道"。同样都是理智德性，为何会联结到不同的感官？又何以要建立对象的区分？智难道就不能有听觉的参与，并且无法了解君子道了吗？圣难道就不能有视觉的参与，并且无法鉴别贤人了吗？事实上，对于贤人的了解和识别，不仅仅是通过视觉，更要依据他的言谈。所以，"明则见贤人"的见，其实不能具象地理解为视觉上的看见。同样的，对于君子道的认知，也不仅仅是听觉问题，很多情况下也需要文本的阅读乃至圣贤的示范。所以，"聪则闻君子道"的闻，也不能具象地理解为视觉上的看见。

当然，明与智，聪与圣，在先秦时代的一般了解中就有亲缘关系。不过，我想问的是，除了这一层因素之外，《五行》把智、圣分别对应到见、闻两种感官，是否还有思想的必然性？

有两个方向或许是值得考虑的：一是认知的方式，二是认知的难度。从认知方式来讲，见的对象是有形的，闻的对象是无形的。理解贤人可以通过长期的观察、交流和思考，由感性的把握渐渐上升到理性的理解。理解君子道，唯有借助于声音和文字（文字也要讲出来或读出来，根本上还是声音），没有其他可视化的途径。声音和文字的一个基本特征，是历时性。信息的接收是历时的，接收之后再领会意义，又是一个复杂的抽象思考的过程。圣的不同在于，对声音的接受及意义的领会是瞬时发生的，不需要过程和时间。它可以达到一种"意义的直观"。好像一个历时性发生的东西，瞬时平铺开来，以一种可视化的形式（意义图像，时间的空间化）得到了把握。帛书所举的"西下子见路人如斩"的例子，就说明了圣者在表象活动中达到的意义直观。

为了说明问题，我们还可以看一下孔子。子曰："六十而耳顺。"（《为政》）耳顺，一般解为"声入心通"。"声入心通"，意味着声音与意义的瞬间转换。孔子可以当下领会声音的意义，不需要思考的时间，也没有任何的遮蔽。过程如此迅捷、彻底且自然，这是孔子六十岁达到的境界。实际上，孔子还不只是"意义直观"，有时还会因意义的领会而表象为具体的形象。如孔子向师襄学琴，经过了"得其数""得其志"的阶段之后，"（孔子）有所穆然深思焉，有所怡然高望而远志焉。曰：'丘得其为人，黯然而黑，几然而长，眼如望羊，如王四国，非文王其谁能为此也！'师襄子辟席再拜，曰：'师盖云文王操也。'"（《史记·孔子世家》）学一首曲子，不但可以把握它的思想意趣，还能体会作者的生存意态和仪容风貌，并由此判定曲子的作者是文王。其判定，还被师襄子证实。可见，孔子的"闻而知之"，到达了出神入化的地步。[1] 以此反观

1　当然，孔子学琴于师襄子比较早。故孔子学琴而得文王形象，并不比"六十耳顺"境界更高。此处只是分析思维的结构。

《五行》，则"轻则形"的形，不仅仅是关于所思内容的意义直观，还可以包含意义的具象直观（人物化、情境化、图像化）。

无论是意义直观，还是意义的具象化，某种意义上都是向空间或视觉把握方式的转化。从人类的思维特性来讲，综合的把握（直观）往往具有空间化或视觉化的形式。因此，相较于"见而知之"，"闻而知之"多了一个抽象事物视觉化表象的环节。后者是一个极为复杂的过程。

从认知难度来讲，有人真实地在你面前，言行举止各个方面都可以观察，可以与他有丰富的、立体的交流与互动（包括情感互动），理解起来当然容易一点；君子道是以语言和文本的方式表达的抽象的东西，理解起来当然困难。好比同样是文王，是文王身边的人更容易理解文王呢？还是千载之后的人，凭着关于文王的记载和传说，更容易理解文王呢？显然是前者。故下文第16章说："见而知之，智也；闻而知之，圣也。"后来，孟子以"闻而知之"说汤、文王、孔子，以"见而知之"说禹、皋陶、伊尹、莱朱、太公望、散宜生等（《尽心下》）。虽然不能说大禹不是圣人，但相对而言，前一系列的人物更具有历史中继的意义。

要之，智更倾向于具象，故以"贤人"为对象，以"贤人之德"为理解的目标，此"贤人"可以说是道德的人格化的表现；圣更倾向于抽象，故以"君子道"为对象，以"君子道之为君子道"或"知其天之道也"（帛书《说》）为理解的目标，此"君子道"或

"天道"乃是道德自身。具象以视觉为代表，抽象以听觉为代表。这或许就是《五行》作者将智、圣分别与明、聪对应的一个原因。具象的东西有其自身的边界，超出这个边界，智的运作就会很吃力。圣由于其思维的特殊性，能直接把握更为抽象的东西，或者说能透过具象事物而上达天道（知天道），这是智所不及的。《五行》把对于天道的理解以及境界上的契会，作为成德的最终阶段。有没有圣，也成为了"善，人道也"与"德，天道也"的根本区别。

8.1 "淑人君子，其仪一也。"能为一，然后能为君子，[君子]慎其独也。诗出《曹风·鸤鸠》。原作："淑人君子，其仪一兮。其仪一兮，心如结兮。""其仪一兮"，言威仪之有常；"心如结兮"，言心德之强固，外内应也。一者，和合若一，谓五行之和也。言五行和于中而心德结于内，乃为君子。"慎其独"者，言慎治其心也。慎，犹诚也。独之为言，心也。独知、独见、不与人共，专其意而五体不能尚，故谓之独。

"淑人君子，其仪一也"一句，出自《曹风·鸤鸠》。前一句是："鸤鸠在桑，其子七兮。"为帛书本所引。毛诗《序》云："《鸤鸠》刺不一也。在位无君子，用心之不一也。"不过，仅就这两句来说，它是对君子的赞美。大意是说，布谷鸟养育七个子女，用心平等；善人君子，则拥有一致的威仪。"仪"简文原作"义"。《说文》云："义，己之威仪也。"段注："古者书仪但为义，今时所谓义为谊，是谓义为古文威仪字。……义之本训谓礼容各得其宜。礼容得宜则善矣，故《文王》《我将》毛传皆曰'义，善也'，引申之训也。"这里的"其义（或仪）一兮"，指君子所具有一贯的表里如一的行为方式。

在作者看来，"能为一"是君子之为君子的关键。如何能"一"，又在"慎其独"。"能为一"，宽泛地讲，是说能够形成具有一致性的行为方式。不过，在《五行》的上下文语境中，它指向了五行关系的处理。帛书《说》云：

> "能为一，然后能为君子。"能为一者，言能以多［为一］；以多为一也者，言能以夫［五］为一也。"君子慎其独。"慎其独也者，言舍夫五而慎其心之谓［也］。［独］然后一。一也者，夫五夫为［一］心也，然后德。之一也，乃德已。德犹天也，天乃德已。

帛书《说》认为，"能为一"是"以五为一"；"慎其独"，是"舍夫五而慎其心"。在此，关键问题就是"五"与"一"的理解。关于"五"的具体所指，大概有两种不同的说法，一是五行，二是五官。前者如庞朴先生说："'夫五'，即仁义礼智圣五行，'为一'，即五行和而为德之谓，故有'一也，乃德已'。"[1] 后者如陈来先生的主张。帛书《说》后文说："独也者，舍体也。"据此，他认为"舍夫五"就是"舍体"："根据舍体的说法，可知舍夫五的五当指身体的五官，五官为小体，故称舍体，这种'舍夫五而慎其心'的功夫就是舍去五官的各自悦好而专顺其心。"又说："'体'与'心'相对，而五行并不是体，故'舍其体'的意思肯定不是舍五行；'舍夫五'既然是舍去，又是舍体，所以舍夫五是不能解释为五行和合的。"[2] 的确，除了"独也者，舍体也"之外，在解释"君子之为德也，无与终也"的时候，帛书又说："无与终也者，言舍其体而独其心也。"这些都凸显了身心关系的维度。不过，从其上下文语脉看，"舍体"是接着"至内者不在外"而言的；"舍其体而独其心"，是为了凸显德的最终化境（脱离于身体行为而可任心运化之境)，与此处的语境并不相同。

此处，我们可以有更为直接的判准：其一，《五行》的核心关切是五行及其五行之和的问题，虽然也有身心关系的问题，但后者是次一级的。身心问题的讨论，需要放在五行问题的框架之下。其二，帛书《说》除了"舍夫五"之外，还讲"以多为一""以夫五为一""夫五夫为一心"，这些表述应当是一致的。而后面的这些表

1　庞朴：《竹帛〈五行〉篇校注及研究》，第 41 页。
2　陈来：《竹简〈五行〉篇讲稿》，第 144—146 页。

述，显然是要在"多"和"五"的基础之上实现这个"一"。而这个"一"的实现，是以"五"为前提的，故曰"以夫五"；同时，"一"的实现，也意味着"五"的独立意义的丧失，故曰"舍夫五"。其三，竹简《五行》及帛书《说》都没有直接提到"五官"，与之接近的是"耳目鼻口手足六者，心之役也"。如果帛书《说》作者想要表达大体、小体的对举，何以不说"舍夫六"？总之，无论从本篇宗旨来看，还是从前后文的照应来说，此处的"多"或"五"，都只能作"五行"来解。

那么，什么叫"以五为一"呢？常森说："以多为一，由下文可知，即仁、知（智）、义、礼、圣五种德之行超越各自独立状态而生成超越性的同一体。"又说："一就是仁、知（智）、义、礼、圣五种德之行和合且与心为一。"[1]换言之，"以五为一"就是"德之行五和"的意思。

之前在讨论"三思三形"的时候，我们说，德行之间并不是完全独立发展的，相互之间有所穿插，互为结构性的要素。因此，从根本上来讲，五种德之行不是完全独立的。但本质上的关联，不能取代现实德行的相对独立性。有的人长于仁，有的人长于智，有的人长于义，有的人长于礼，这是现实的常态。简文所说，正是要在现实中达到"以五为一"，使五者综合发展，你中有我、我中有你，

1　常森：《简帛〈诗论〉〈五行〉疏证》，第151、152页。

互为结构性的要素，最终达到一体无间的和合存在，此即是"一"。这个"一"，不是把五行外在地加在一起，而是五行作为结构性要素相互融合为一。这个"一"，是五行之独立性的消亡，也是五行在更高层次上的实现。

这个实现了的"一"，即"德之行五和"之后的"德"。故帛书《说》云："一也者，夫五夫为一心也，然后德。之一也，乃德已。"五行能够和于一心，然后为德。有学者读作："……然后德之。一也，乃德已。"不是很妥当。之，此也，是也。[1] "之一也，乃德已。"意思是说，这个"一"就是德。"之"字的这一用法，还见于下文："外心者，非有他心也。同之心也，而有谓外心也，而有谓中心。""同之心"即同此心，唯此一心而已。达到了这一境界，就如同天道、天德一般。故帛书《说》云："德犹天也，天乃德已。"与第 1 章"德，天道也"是一个意思。所以，整体来看，此处帛书《说》的内容，在结构上与第 1 章"德之行五，和谓之德……德，天道也"的逻辑是完全一致的。这是此种解法的最好证明。

在此，还有一个"慎其独"的问题。"慎其独"的说法，数见于先秦儒书。如《大学》云："诚于中，形于外，故君子必慎其独也。"《中庸》云："是故君子戒慎乎其所不睹，恐惧乎其所不闻；莫见乎隐，莫显乎微，是以君子慎其独也。"《礼记·礼器》云：

---

1 宗福邦等：《故训汇纂》，北京：商务印书馆，2007，第 69—70 页。

"礼之以少为贵者，以其内心者也。德产之致也精微，观天子之物无可以称其德者，如此则得不以少为贵乎？是故君子慎其独也。"《荀子·不苟》云："君子至德，嘿然而喻，未施而亲，不怒而威：夫此顺命，以慎其独者也。"可见，慎独是那个时代的儒者修养工夫的重要主张。不过，本章中"慎独"的意思，似乎与传统的理解有所不同。

帛书《说》云："慎其独也者，言舍夫五而慎其心之谓也。"故问题的关键，在于"舍夫五而慎其心"，尤其是"慎其心"的了解。而"慎"字的理解，又与"五"和"舍"的理解直接相关。其一，若以五为五官，舍为舍弃，则慎当为顺从，这似乎是必然的逻辑。此说以陈来为代表，"舍弃五官的各自悦好而专顺其心"，"慎其独就是顺其心，就是舍去其他的知觉所好而专顺一心"。[1]此说之困难，之前已经分析过了，不再赘言。其二，若以五为五行，慎亦可以解作顺从。如魏启鹏说："舍谓置、安置。……慎读为顺，《荀子·成相》：'请布基，慎圣人。'杨注：'慎读为顺。'《礼记·中庸》郑玄注：'君子以慎德。'《释文》：'一本又作顺。'言仁、义、礼、智、圣五者既形于内，当各安置其位，而顺从于心也。"[2]以"舍"为"安置"，五行各安其位的说法，看上去很合理。但与"德之行五和"或"以五为一"的意思，还是有差距的。各安其位是在结构中获得

1　陈来：《竹简〈五行〉篇讲稿》，第145页。
2　魏启鹏：《简帛〈五行〉笺释》，第22页。

位置，而"和"与"一"则意味着五行自身的扬弃。其三，以五为五行，也可以把舍解作舍弃，慎解为顺从。如常森说："随顺其独，就是舍弃仁、知（智）、义、礼、圣五种德之行的个别存在，随顺其内在和合生成的整一体。"[1]

可见，在"舍""五"的理解上虽有不同，但大多数学者认为，"慎"是顺从之义。以顺解慎，魏启鹏论之详备。但这一解法，用在这里是否合适？从本章的用意看，作者引诗是为了从"一"来了解君子之为君子，接下来则需要说明此"一"如何可以达到。故在这里，"君子慎其独也"一句，正是为了阐明其如何"为一"的工夫。换言之，"慎其独"是一种工夫，它的目的是"为一"。帛书《说》的作者很清楚这一点，所以，"舍夫五而慎其心"应是工夫，"独然后一"则指明了它的目标。意即，"舍"与"慎"的工夫达到了"独"，然后为"一"。"一"即是"德"。"慎其独"是工夫，"一"是结果。而若解"慎"为顺从，则所顺从之物当是已然完成者。那么，简文"君子慎其独也"，就不再是一个实现"一"的工夫、不是一个"为一"的过程，而是在"一"既已实现的基础之上使身体五官皆顺从"一"的活动。这显然脱离了简文的语脉，不能了解简文的用意。

如何才能体现"慎其独"作为"为一"工夫的意义呢？我们

1　常森：《简帛〈诗论〉〈五行〉疏证》，第 152 页。

先回到传世文献。传世文献中的慎独，由于它们的意义语境不尽相同，历史上就有不同的解释。比如《大学》接着"诚于中，形于外"讲，《中庸》接着"戒慎恐惧"讲，两者很不一样。前者近于"诚"义，如《尔雅》、《诗经》毛传郑笺皆谓："慎，诚也。"而后者近于"谨"义，如《说文》云："慎，谨也。"

这就表明，"慎其独"的具体意涵，在不同语境中可能会有很大的差别。但如果抽掉其具体的意涵，单从形式上看，又似乎可以找到各种说法内部的一致性。无论是《大学》《荀子》涵养内在的诚也好，还是《中庸》戒惧内心的状态也好，抑或是《礼器》在祭祀中致其诚悫也好，本质上都是对内心状况的关切，只是关切的具体方式有所不同。所以，我们认为，先秦儒家所说的"慎其独"，一方面有内在一贯的旨意，表达对内心的关切；一方面根据上下文的语脉表达了差异化的关切方式，可以分别了解为"谨慎""诚慎""戒慎""慎守"等等。前者是一种"稀薄的一致性"（弱的同一性），后者则是"具体的差异性"。后者以前者为基础，亦为前者所笼罩，它们共同构成一个旨趣不远而层次分明的意义结构。因此，我们没有必要，也不可能找另一个字或一个词可以在所有的思想语境中代替"慎独"。换个角度说，这也正是"慎其独"这一表述的特殊性或不可替代性的明证。

"慎独"问题的复杂性，决定了其具体意义要在不同的上下文语脉中具体了解。若非要给予一个统一的解释，我比较倾向于"慎

重"，即《论语》"慎言""慎行"的慎，表达的是严重的关切。在慎
重关切的前提下，才进一步表达或"诚"或"谨"等具体意义。如
《五行》此处"慎其独"，大概只是表达对内心成德（"一"）的慎重
关切，没有必要进一步解释为诚或者谨。其实现关切的具体方式，
则是"以五为一"或"舍夫五而慎其心"。

这个"独"字，也需要进一步的探讨。从帛书《说》"慎其
心"的表述看，"独"是指"心"。帛书原作蜀，魏启鹏说："蜀
（独），一也、大也。《方言》卷十二：'蜀，一也。南楚谓之独。'
钱绎笺疏：'蜀谓之独、亦谓之介，大谓之介、亦谓之蜀，一谓之
蜀、亦谓之独，特谓之独、亦谓之一，义并相通也。'古人以'心
者，君主之官'（《素问·灵兰秘典论》），《荀子·正名》亦称'心
也者，道之工宰也''心居中虚，以治五官，夫是之谓天君'。帛
书《五行》之帛书《说》亦云：'心，人□□，人体之大者也，故
曰：君也。'（三二一行）'慎其独'者，'慎其心'也，简帛《五
行》经文正以'蜀（独）'喻心君，独居于上位，人体之尊者，大
者也。"[1] 又说："'慎独'即'顺独'。顺，从也，为臣之道。《荀
子·臣道》《说苑·臣术》皆曰：'从命而利君谓之顺。'故'慎
独'者，谓'耳目鼻口手足六者，心之役也'。"[2] 按，把"慎其独"
解为六小体顺其君心，会面临与文本用意不合的问题。此外，他

---

[1] 魏启鹏：《简帛〈五行〉笺释》，第22页。

[2] 同上书，第69页。

对"独""一""心"之间的关系有比较详细的说明。大意是说，独即一；心谓之独，是因为心有君与工宰的地位。除此之外，心之谓独，我们认为可能还有一层"独知"的含义。如《中庸》"莫见乎隐，莫显乎微"的"隐""微"、《大戴礼记·曾子立事》"以其见者占其隐者"的"隐者"，及帛书《说》下文"至内者之不在外也""独，舍体也"等，都是内心独知之意。心是至内隐微之地，唯有自己可以知之。故心之谓独，要义有二：一为工宰，相对于身体有专独之地位；二为至内而不可见者，己独知之。

要注意的是，"独"大体指心，却又不完全等于心。在帛书《说》中，它指的应该是心的一种状态，或者说一种特殊状态的心。帛书《说》云："〔独〕然后一。"据此，"独"是"舍夫五而慎其心"的结果，又是"一"（德）的条件。而帛书《说》在解释下文"无与终也"时又说："无与终者，言舍其体而独其心也。"在此，与"慎其心"相对的"独"字，是动词的用法。"独其心"，相当于"使其心独"，使心达到独的状态。那么，这个作为"五行"与"一"（德）的中间阶段的"独"，指的是什么？这个不太好讲。它可能是一个独立自行的德行主体，五种德之行是构成它的要素。它独立于耳目鼻口手足六者之外，而成为后者的主宰。它自存而自行，一切道德上的理解、判断与指令，都源出于它。这个"独"基于人心，也是"五行"凝结会聚之处，故是五行和合为"一"的条件。故荀子说："操而得之则轻，轻则独行，独行而不舍，则济矣。"(《荀子·不苟》) 在这里，独也不是简单的心。"操而得之则轻"之后，才有"独行"。所谓"独行"，就是德行主体的存在活动。"独"或道德主体的挺立，乃是德行进一步凝聚成形的前提，故曰"独行而不舍，则济矣"。荀子又说："善之为道者，不诚则不独，不独则不形。"(《不苟》) 大意是说，用心不能专诚，则不能有独立的德行主体，没有德行主体则不能成德。

这个意义上的"独"，在帛书《说》及《荀子·不苟》中比较明显，或许是受到了道家的影响。[1] 这一层含义可以作为儒家"慎独说"的流衍，却不一定要直接用于理解《礼记》或竹简《五行》。

8.2 "[瞻望弗及，] 泣涕如雨。"能"差池其羽"，然后能至哀，君子慎其 [独也]。诗出《邶风·燕燕》，卫庄姜送归妾而作，郑曰："庄姜无子，陈女戴妫生子名完，庄姜以为己子。庄公薨，完立，而州吁杀之。戴妫于是大归，庄姜远送之于野，作诗见己志。"原作："燕燕于飞，差池

---

1 道家喜言独。《老子》："有物混成，先天地生。寂兮寥兮，独立不改，周行而不殆，可以为天下母。"《庄子·大宗师》："已外生矣，而后能朝彻；朝彻，而后能见独；见独，而后能无古今；无古今，而后能入于不死不生。"《在宥》："独往独来，是谓独有。独有之人，是谓至贵。"《天地》："冥冥之中，独见晓焉；无声之中，独闻和焉。"《天下》："独与天地精神往来，而不敖倪于万物，不遣是非，以与世俗处。"

其羽。之子于归，远送于野。瞻望弗及，泣涕如雨。""差池其羽"，毛羽凌乱之状，言戴妫之无心于丧服也。必得如是，而后见其为至哀也。言至哀者深在于内，不与人共。君子知此，当慎治其至内之心也。

上第八章。言"为一"之旨与"慎独"之义。孔子谕以慎言、慎行，言行固所当慎也。心则言行之主，明德所存，尤当慎治，故诸儒屡称慎独也。

这是本章的第二部分。前一部分是从"为一"说"慎其独"，这一部分是从内在性说"慎其独"。

诗出《邶风·燕燕》，卫庄姜送归妾而作，原作："燕燕于飞，差池其羽。之子于归，远送于野。瞻望弗及，泣涕如雨。"郑玄曰："庄姜无子，陈女戴妫生子名完，庄姜以为己子。庄公薨，完立，而州吁杀之。戴妫于是大归，庄姜远送之于野，作诗见己志。"其中，"燕燕于飞，差池其羽"一句是兴。差池，郑玄解作"张舒"，朱熹解作"不齐之貌"。陈乔枞《三家诗遗说考·齐诗遗说考》二引《易林·恒之坤》："燕雀衰老，悲鸣入海。忧在不饰，差池其羽。颉颃上下，在位独处。"《萃之贲》："泣涕长诀，我心不快。远送卫野，归宁无子。"认为上述两段正是解说《燕燕》的。廖名春

指出："《易林》'忧在不饰，差池其羽'，是以'忧在不饰'解'差
池其羽'，'差池'即'不饰'，即顾不上装饰、打扮。"[1] 按，不修饰
羽毛，则羽毛不齐。故这两种说法是相近的。但不饰是反的说法，
是差池之原因；从正的方面说，差池还是解为"不齐之貌"更为妥
帖。诗的基本意思还是很清楚的，燕子起飞的时候，由于内心忧
伤，顾不上修饰羽毛，以至于"差池其羽"（羽毛不齐）。

　　帛书作："婴婴于飞，差池其羽。之子于归，远送于野。瞻望
弗及，泣涕如雨。"学者认为，帛书所引更为合理。其实，竹简只
引两句，是预设读者对于这首诗是很熟的，只要引个核心句子，就
可以很自然地引出自己的发挥。且引两句也可以与本章前半部分引
诗对称。所以，我们认为竹简本身很合理。而帛书补充引用，则是
为了交代得更充分一些，也可以理解。帛书《说》云："'婴婴于
飞，差池其羽。'婴婴，兴也，言其相送海也。方其化，不在其羽
矣。"这里涉及了"燕燕于飞"的理解问题。学者大多读海为晦，
义为昏无所睹，或荒远迷茫之地。常森认为，海就是海，"说的是
燕子们送老燕子入海；当老燕子入海化为蛤之时，燕子们满怀悲
伤，无暇顾及它们的翅翼。……（按：中间引《淮南子》和《说文》
段注之说）燕雀入海化为蛤，在周秦时期殆为一种普遍信仰。《孔
子家语》卷六《执辔》篇记子夏向孔子请教时，提及'立冬则燕雀

1　廖名春:《郭店楚简〈五行〉篇校释札记》,《中国哲学史》2001 年第 3 期，第 30 页。

入海化为蛤'，说明孔门弟子早已关注此说"。又据前引《易林·恒之坤》，指出："这里可能也有用燕雀入海化为蛤解释'燕燕于飞，差池其羽'之意，其中'悲鸣入海''忧在不饰'之说，堪为《五行》此章说文所谓'相送海''方其化，不在其羽'的注脚。"[1] 这一说法，可以参考。

《五行》引"瞻望弗及，泣涕如雨"，是说相送之际的悲痛；"能'差池其羽'，然后能至哀"，是说顾不上外在的修饰，才算是最深痛的哀伤。帛书《说》云："'能差池其羽然后能至哀'，言至也。差池者，言不在衰绖。不在衰绖也，然后能至哀。夫丧，正绖修领而哀杀矣。言至内者之不在外也。是之谓独。独也者，舍体也。"衰、绖是古代丧服，领子上有块没有剪掉的布垂在胸前，叫做衰；用麻葛布做成带子叫做绖，戴在头上称为首绖，束在腰间称为腰绖。帛书《说》的意思是，心思不要放在外在的丧服上，才能极尽内在的哀情。至哀，犹《礼记》所谓"尽哀"。居丧，如果想着整饬丧服，修饰带子和领子，哀情势必就会减少了。这里的"不在"，犹《大学》所谓"心不在焉"的"不在"，指的是注意力或心思、关切不在上面。要极尽哀情，注意力必须凝聚内收，放在内心哀情上面；一旦分散在外，去在意外在的表现或别人的看法，则很容易产生越出哀情之外的想法，不能沉浸在哀情之中。故曰："言

1　常森：《简帛〈诗论〉〈五行〉疏证》，第 153 页。

至内者之不在外也。"至内者，就是心。

"独也者，舍体也。"帛书《说》下文云："耳目鼻口手足六者……人体之小者也。""舍体"的体，当是指小体。陈来认为："（舍体）是不让身体五官的作用影响心。"[1] 常森认为，舍体是超越小体，"蜀（独）是一种超越耳目鼻口手足诸小体的境界"。[2] 相对而言，后一说法更为准确。不过，这一句是接着内外关系来说的，要求用心在内不在外，故所谓"超越"的意味也不重。事实上，所谓"独也者，舍体也"，是从心与身的独立性来界定独。心是内在之物，它独立（不是生理上的独立）于身体而存在、而运行，具有自身充足和完备的存在形式，成为一个人的德行主体或精神主体。在本章的语脉中，只要心思凝聚在内、不在外，不在感官和身体，这就是"舍体"。所以，"舍体"不是不要小体，而是不把注意力用在小体上，即"心不在体"或者"忘体"。值得注意的是，帛书的"舍体说"，也可能是受了道家的影响，[3] 不一定符合《五行》的原意。

从《五行》原文看，"能差池其羽，然后能至哀"，是一种典型的居丧经验，这是为了说明君子用心收束于内而不外放。而对于内心的关切，正是"慎其独"的要旨。故曰："君子慎其独也。"这里

---

1 陈来：《竹简〈五行〉篇讲稿》，第 146 页。

2 常森：《简帛〈诗论〉〈五行〉疏证》，第 154 页。

3 如《庄子·大宗师》："堕肢体，黜聪明，离形去知，同于大通，此谓坐忘。"

的慎其独，也是慎重关切其内心（情感）的意思。

本章引了两首《诗》来说明问题，最后都落在"君子慎其独"上。在此，我们可以总体勾勒一下这一部分的行文逻辑。第一部分引《诗》，是为了接着5—7章"三思三形"的分论而引出"一"，以"一"来了解君子之为君子；"一"即是"德"，是"五行之和"凝结于心；为了"为一"，则要慎重关切心的活动和修为，故曰"君子慎其独也"。第二部分引《诗》是以居丧为典型的例子，说明君子应该关切内心的情感状态而不是外在的仪容，此心在内不在外，故曰"慎其独"。所以，两个"慎其独"的具体意义是有所不同的，前者是要君子关切在内心发生的五行之和（德），后者是要君子关切内心的情感状态。但说到底，"慎其独"都是强调对内在的情感活动与德行状态的关切，这是君子"为善"或"为德"的条件。

9. ［君］子之为善也，有与始，有与终也。君

子之为善，必"择善而固执之"，不能无意也，故谓之"有与"。

君子之为德也，［有与］始，无［与］终也。君子

之为德，始于为善而终于无为，故曰"无与终"。○帛书《说》云："'无与终者'，言舍其体而独其心也。"舍其体，谓小体不困于心。独其心，谓独任心德流行，"弗为而美者也"。子曰："七十而从

心所欲，不逾矩。"从心则无为，此之谓也。**金声而玉振之，有德者也。**

上第九章。言为善与为德之别，以"金声玉振"喻之。

这一章提出了"为善"与"为德"的问题。

两者的区别在于，一个是"有与始、有与终"，一个是"有与始、无与终"。什么叫有与、无与？帛书《说》云："君子之为善也，有与始有与终。言与其体始与其体终也。君子之为德也，有与始无与终。有与始者，言与其体始。无与终者，言舍其体而独其心也。"可见，帛书《说》是从"与体""不与体"的方面来了解"与"字的。

与体的体，一般理解为身体。为善与身体相终始，意味着为善永远离不开身体行为。如庞朴所说："为善之据以为终始者，身体；即为善在身体力行。"[1] 而为善与身体的本质依赖性，似乎证明了善的行为属性。故陈来先生说："这里的重要区别不是五和四的数量差别，而是外在行为和内在德性的差别。'善'只表示道德行为的完成，'德'才表示德性的完满。""'为德'是比'为善'更高的阶段。这是因为'为善'是指行为，一个身体的行为是有始有终

1　庞朴：《竹帛〈五行〉篇校注及研究》，第43页。

的；而'为德'是心功，内在德性的培雍是无止境的。"[1] 这样一来，就又回到了善与德的理解问题。然而，我们在第 1 章已经指出，如果把善仅仅理解为没有内在基础的行为，便会与下文"四行之所和也，和则同，同则善"矛盾。更何况，若是没有内在的基础，这绝不是儒家所提倡的，而简文实际上只是说为善不如为德，并没有否定为善的意思。这一问题，不必多论。

如果不是从行为与德性上区分，那么，"有与终"和"无与终"又是什么意思呢？学者有一种解释，是从没有止境说"无与终"。如庞朴说："为德在于志，即心向往之，故无时不能，无有止境，所谓无与终也。"[2] 为德过程没有终止，这确实是儒家的根本意识。但问题是，此解没有办法落实"与"字，也不能很好解释"无与终"与"舍其体而独其心"的关系。另外有一种解释，是从超越小体的角度说"无与终"。如常森说："所谓'无与终'，是说超越诸小体，而独任五种德之行内化和合、与心同一之心。此处'舍其体而独其心'与第七章经文之'慎其独'、第七章说文之'舍体'同义。"[3] 相对而言，此说是比较合理的。

从原文来看，本章的"有与终""无与终"，是紧接着上章的"慎其独"来说的。从文字上说，"独"是一，"与"则非一，有与

---

1 陈来：《竹帛〈五行〉与简帛研究》，第 123、124 页。

2 庞朴：《竹帛〈五行〉篇校注及研究》，第 43 页。

3 常森：《简帛〈诗论〉〈五行〉疏证》，第 155 页。

即非独。这或许是两章的意义关联。帛书《说》所谓"舍其体而独其心","舍"字解为"超越"不是很恰当。从帛书说,"舍其体"不是抛开了小体,而是扬弃或取消了小体之存在活动的独立性。我们可以参见帛书《说》的下文:"和也者,小体便便然不困于心也。……与心若一也。"小体不困于心,不再与心相异,就是与心若一。与心若一,则小体之存在活动的独立性消失,完全听任心的支配。原先小体与心之间的"非独""有与"的情况,现在由于小体之独立性的消失,不再是存在上的对立者,而是变成了融合大体小体在内的"一"。"一"即"无与",这是德的境界。

所以说,为善与为德不在于行为或德性的差别,而在于是否实现了身心如一。前者虽然也强化内心的修养,但是始终未能扬弃小体的存在活动的独立性;到了德的最终阶段,则进入了与心为一而无对的境界。这一境界,用孔子的话说,就是"七十而从心所欲,不逾矩"(《为政》)。它意味着身与心的完全融贯,身体成为了内在心德的自然延伸。这是孔子的最终境界,也是《五行》的最高理想。

这个问题,还可以从圣与智的境界差异中得到理解。由于善与德差别在于是否有"圣",那么,"有与终"或"无与终"必取决于"圣"。根据第7章的分析,"圣"是一种近乎直观的把握能力,它对事物的理解和判断没有思考的过程,也不需要时间。用《中庸》的话说,就是"不勉而中,不思而得"。不思而得,相当于道德的直观;不勉而中,则是将之直贯到行为之中。与之相对的是,"智"

必思而后得。虽然也可以达到结果（认知或者决断），但需要经历感知、理解、思考、判断等一系列过程。并且，达到结果之后，还要有意调动身体的积极参与，才能落实到具体的行为之中。在此过程中，智的活动本身就是有意识的，不是出于无意；且身与心之间不是无缝连接的，小体有其自身的独立性，需要有意支配。总之，"智"的身心不完全一致，不一致就是"有与"。只有到了身心合一的"圣"，才达到了"无与"的境地。所以，"无与"的境界，实际上就是"圣"的境界。

值得注意的是，孔子在"七十而从心所欲，不逾矩"之前，是"六十耳顺"的阶段。耳顺，是声入心通的意思。若对应到《五行》的概念，相当于圣、聪。这样一来，孔子六十，圣形于内已有耳顺之境；到了七十，则更进一步，至于"从心所欲，不逾矩"之地。这也是《五行》由"圣"而"德"的一个证明。

当然，所谓身心合一与否，要从"自然"（无意的、不需勉强的）处说。从某种意义上，善也可以达到内心与行为的一致。但这种一致性，源于心对身的有意主宰，而主宰的前提正是两者的相对独立。换言之，虽然为善与为德，都可以做到内心与行为一致，但两者有着境界上的差别：善是有心的，德是无意的；善是有为的，德是无为的。借用孟子的话，善是"必有事焉"（《孟子·公孙丑上》），德是"己有弗为而美者也"（帛书《说》）。下一章更直接地涉及了这一问题。

10. 金声，善也。玉音，圣也。善者，四行之和。
进于圣，则五行之和也。圣成则德完矣。**善，人道也。德，
天［道也。唯］有德者，然后能金声而玉振之。**
古之乐，始于金声而终于玉振。言唯有德者，始乎为善，终于成
德，终始完俱也。孟子"金声玉振"之说，始于智而终于圣，以终
始之条理为言，与此稍异。

上第十章。释上章"金声玉振"之说，结第二章以下之义。

本章接着上章最后一句，讲"金声玉振"。

金声玉振，魏启鹏引宋陈旸《乐书》卷九十四："金声者，其声
始隆而终杀，圣人铿之以为钟，以譬道之用也。玉者，其声清越以
长而无隆杀，圣人戛之以为磬，以譬道之体也。古之作乐，铿金以
始之，戛玉以终之。圣人始则出道之用以趋时，而有金声之象；终
则反道之体以立本，而有玉振之象。"[1]古乐奏乐，始于金声，终于玉
磬。这是由于，金声可以开场面，玉音可以收人心。一开一合，为
终始。故朱子曰："故并奏八音，则于其未作，而先击镈钟以宣其

1　魏启鹏：《简帛〈五行〉笺释》，第24—26页。

声；俟其既阕，而后击特磬以收其韵。宣以始之，收以终之。"[1]

玉音，魏启鹏曰："玉磬之音。《文献通考》卷一三五《乐书》：'先王乐天以保天下，因天球以为磬，以其为堂上首乐之器，其声清澈，有隆而无杀，众声所求而依之者也。《商颂》曰"依我磬声"，本诸此与?《吕氏春秋》言："尧命夔鸣球以象上帝玉磬之音。"'玉音者，象上帝之音也，天音也。"[2] 按，简文第 7 章说"闻君子道则玉音，玉音则形，形则圣"，则玉音是比喻圣人之言。玉音一方面象上帝之音，一方面比圣人之言，相当于指明了圣人之言与上帝之音的内在关联。这种关系也就是圣与天道的关系。庞朴先生根据下文"金声而玉振之"，将此处"玉音"径改为"玉振"。其实，这是不合适的。这里要区分作为动词的"声""振"和作为名词的"声""音"。前者是从乐之过程而言，后者是从声音本身而言。

在《五行》第二部分的论述中，圣是德之前的一个阶段；圣的完成，也就意味着德的实现。陈来先生认为："金声只是达到善，玉音是圣。现在学者们把圣字和前后文对照后认为是个错字，应该是德字，即'金声，善也；玉振，德也'。……前后文对照来看，应该是以善和德相对，不是以善和圣相对。"[3] 按，学者更改文本，依据的是《五行》文本中"德"与"善"对举的惯例。但问题是，

1　朱熹：《四书章句集注》，第 315 页。

2　魏启鹏：《简帛〈五行〉笺释》，第 25 页。

3　陈来：《竹简〈五行〉篇讲稿》，第 31 页。

158

无论竹简还是帛书，此处都作“玉音，圣也”。我们很难说，两个本子都抄错了。

《五行》的这一写法，取决于它的思想。按照我们对上文的解读，德与善之间就差一个圣。不能达到圣，则只是善；进入了“不思、不勉”的圣境，则意味着德的完成。故本章的隐含逻辑是，“善”加“圣”或“四行”加“圣”，便是“德”。所以，接着“金声，善也；玉音，圣也”，简文说“善，人道也；德，天道也”。这是完全合乎逻辑的。“善”加“圣”为“德”，在乐的比喻中，就是“金声”加“玉音”，然后为德。故简文说：“金声而玉振之，有德者也。”“唯有德者，然后能金声而玉振之。”在此，“玉音”不等于德，“金声而玉振之”终始完成，乃是德。金声玉振包含了乐之始与乐之终，同样的，德也有它的开始阶段，有它的完成阶段。其开始阶段，就是四行之善；其最终阶段，就是圣。终始完成，便是五行之和，即是德。这就意味着，善是德的开端，也是德的组成部分。德是由四行之和，进于五行之和，是由善而德。在此，我们再次印证了之前的一个判断，《五行》的“善”绝不仅仅是善的行为，而是仁义礼智四种德之行之和。

关于本章，帛书《说》有比较重要的发挥：

金声□□□□□□□□由德动。善也者，有事焉，可以刚柔多铪为，故［曰］善□□□□□□也者，己有弗为而美者也。

竹简《五行》章句讲疏

"唯有德者然后能金声而玉振之。"金声而玉振之者，动□而□□
形善于外，有德者之□。

阙文有不同的补法。第一处的阙文，庞朴认为"金声"之后
有缺行。池田知久补为："金声，善也。金声者，□□由德重。"这
里的"动"，学者普遍作"重"。从下文看，以"动"为宜，重为动
之残字。"由德动"或"非由德动"，差别在于是否出于内在心德的
发动。这一句阙文太多，只能勉强补为："'金声，善也；玉音，圣
也。'善非由德动。"意思是说，"金声"之"善"不是有德者的外
在表现，不是德动于中而形善于外。它是德未成之前的善。

那么，这个善是怎样的呢? 下文云："有事焉，可以刚柔多
铪为。"帛书整理者铪读为合，融洽之义。[1] 常森结合下文的帛书
《说》，指出："'刚''柔'在《五行》中分别为仁义之方，而以和
合为要。……《五行》体系中'善'的基本意指为仁、知（智）、
义、礼四种德之行达成和合，此章殆侧重于仁义两种德之行之和
合，或以仁、义为四者之代表。"[2] 此说可从。"可以刚柔多铪为"，
指可以达到刚柔仁义的恰到好处，也就是四行之和。虽然如此，它
的前提是"有事焉"。这一说法，我们并不陌生，见于《孟子》的
"知言养气"章："必有事焉而勿正心，勿忘、勿助长也。"（《公孙

1　国家文物局古文献研究室编：《马王堆汉墓帛书（一）》，第 26 页。
2　常森：《简帛〈诗论〉〈五行〉疏证》，第 156 页。

丑上》）这一句是正面讲培养浩然之气的方法。浩然之气"配义与
道"，要"直养而无害"。如果说"勿正心，勿忘、勿助长"是养气
的要领，那么，"必有事焉"则是养气的前提。这个"有事焉"，即
有所为于"集义"之事。帛书《五行》的"有事焉"与之类似。有
事，即"有为"，有意识、有用心地主动作为，与下文"弗为"相
对。帛书是说，善虽然可以做到刚柔仁义之和，但它必须是出于有
意的、是有为的。故曰："善，人道也。"善之所以为人道，就是因
为它是出于人为的、是"有事"的。

接下来的阙文，庞朴补为："故曰：'善，人道也；德，天道
也。'天道也者，己有弗为而美者也。"[1] 池田知久认为，此处是在解
释"玉音，圣也"，故补为："故曰善。玉振，圣也。玉振也者，己
有弗为而美者也。"[2] 池田的补法，跳过了"善，人道也；德，天道
也"一句。当从庞朴说。

这一句与上一句直接相对。善或人道，是"有事焉可以刚柔多
铪为"；德或天道，则是"己有弗为而美者也"。魏启鹏说："佚书
殆指君子德充实于内，虽有弗为，而善形于外，故美矣。"[3] 大意近。
我们认为，"己有"是说德成于内，"弗为而美"是说不需要有意作
为，就可以表现为外在的善（美）。故善与德的差别，还是在有为

1　庞朴：《竹帛〈五行〉篇校注及研究》，第44页。

2　池田知久：《马王堆汉墓帛书五行研究》，第213页。

3　魏启鹏：《简帛〈五行〉笺释》，第89页。

还是无为；而其根据，又在于是否完全了内在的德。若没有成德，则必须出于有意、有为；若已然成德，则其自然表现便是善、便是美，它是无意的、无为的。德的无为，似乎是高于人的个体意识的东西在起主宰和运化的作用。故"弗为而美"或"无为"，可以说是一种消除了主体性局限的道德境界。[1]

于是，从道德修为的终始过程说，存在着一个从道德主体之强化，到主体意识之消泯的转变。道德修为，必始于主体之挺立。有了它，有意识的修为活动才能逐渐展开和凝聚，故简文第8章以"慎其独"为"为一"之要。但是，修为的最终境界，却指向了心德的独立自行。此后任何道德的活动与表现，不再是出于有意、有心、有为，而是纯任心德的自然运化。此德是超越于个体的有为之心的。而这样一个转折的关键，在于"圣"的阶段。圣是从"四行之和"到"五行之和"的最后阶段，也是"有为"向"无为"升进的关口。它可以说是真正的"天人关"，关前是人道，关后是天道。

这种转变历程是一个普遍的道德现象。孔子强调道德志意的提撕，似乎道德是极为悲壮的事情。而他自己所展示出来的状态，又是如此温存和自然。这看上去有一些矛盾。但实际上，由前者达到后者，正是道德修为的秘密所在。孔子从十五岁"志于学"开始，道德主体得到不断的强化和扩充；到了五十以后，却说"天生德于

---

1 或认为，"己有弗为而美"是说天生具有的善性；或认为，指有德者不自以为美的一种境界，都未能贴合上下文语境。

予"（德不是自己努力的结果，而是上天之所成就），消解了那个有为的"我"；再到"六十而耳顺，七十而从心所欲，不逾矩"，则达到了声入心通、唯心运化的"无我""无为"之境界。此境界意味着主体意识的消解；而主体意识的消解，说到底又是德行主体之挺立与完成的最终结果。要之，经由"有为"以至于"无为"，乃是道德修为的本质逻辑。

最后一句，"动□而□□形善于外，有德者之□"。池田知久补为："动□而后能形善于外，有德者之至。"至字，又或补为"美"。按，此处意义已然完备，或可直接补为"谓"字。"有德者之谓"，意即：此之谓有德者也。又，"而后能"相应于上一句"然后能"，是恰当的。第一个缺字不好补。但它的意思还是明白的：内在的德乃是外在的行的决定者，内在心德之活动表现为外在美善之行。这个意思相当于帛书上一句："己有弗为而美者也。"或简文第2章："五行皆形于内而时行之，谓之君子。"又或者《大学》所谓："诚于中，形于外。"若从"形于外"倒推帛书《说》，则"动□"可补为"动内"。整句话即："金声而玉振之者，动内而后能形善于外，有德者之谓。"值得注意的是，此处"形善于外"的"善"与前一句"己有弗为而美"的"美"意义相近，指美善之行。这个意义的善，跟《五行》中与"德"相对的"善"意义有所不同。

有学者指出，本章虽然明言终始，但终始是由内外问题而引发的。且《韩诗外传》"在内者皆玉色，在外者皆金声"，说明"玉振""金声"正是内外的关系。按,帛书《说》所谓"动内而后能形善于外",确实是一种内外关系。但从简文来说,终始关系才是本章的主题,没有突出内外的关系。此处的内外关系,是帛书《说》的作者为了说明善、德的境界差别而作的发挥,嵌套于终始结构的叙述当中。至于《韩诗外传》"玉色"与"金声"对举,与此处差别很大。玉音与金声都是声音,不能区别为内外。

最后,《五行》"金声玉振"的说法,见于《孟子》。

> 孔子之谓集大成。集大成也者,金声而玉振之也。金声也者,始条理也;玉振之也者,终条理也。始条理者,智之事也;终条理者,圣之事也。智,譬则巧也;圣,譬则力也。由射于百步之外也,其至,尔力也;其中,非尔力也。(《孟子·万章下》)

庞朴指出:"金声譬如四行之为善,智之事;玉振譬如五行之志于德,圣之事。"[1]大意不失。所谓"条理",戴震指出:"理者,察之几微而区以别之之名也,是故谓之分理。……得其分则有条而不紊,谓之条理。"[2]我们认为,孟子所谓条理,是一种条理化之能力,这是广义的理智的能力。它是一个偏向于形式的概念。对事物有一种清晰的把握,其内部的知识和思想又有系统化的结构,此之谓"有

---

1 庞朴:《竹帛〈五行〉篇校注及研究》,第44页。
2 戴震:《孟子字义疏证》,北京:中华书局,1982,第1页。

条理"。按照《五行》的说法，"金声"比喻善的阶段。善意味着仁、义、礼、智四种德之行之和。在四者之中，起结构性意义的是"智"，故曰"始条理者，智之事也"，意即：善之条理，乃智之事。此后，进一步达到圣之行的阶段，使之条理者则从智变为了圣，故曰"终条理者，圣之事也"。智是一种有为的条理，圣是一种无思无为的条理。圣虽然扬弃了智，但两者之间毕竟有一种内在的一致性，对于道德的很多理解本身并无根本的差别。这种一致性决定了圣可以以智为初始阶段，智可以以圣为进阶阶段。

若从修为的过程说，智之始的形态在某种程度上也决定了圣之终的形态。故孟子又作了一个射箭的比喻。朱子曰："此复以射之巧力，发明智、圣二字之义。见孔子巧力俱全，而圣智兼备，三子则力有余而巧不足，是以一节虽至于圣，而智不足以及乎时中也。"[1] 智与圣的关系就好比巧与力的关系。在射箭中，能不能射到靶子，是由力道所决定的；而能不能射中靶心，则取决于一开始是否瞄准。后者就是"始条理者，智之事也"。这个比喻，可以解释孔子与伯夷、叔齐、柳下惠等的区别。虽然都是圣人，但只有孔子的智是周全的，所以他是圣之时者，是集大成者；其他人虽然在某一方面特别突出，达到了圣的地步，但由于智不周备，故其圣也只限于一节。从孟子的这一说法看，"圣"其实不是完全独立于"智"

1　朱熹：《四书章句集注》，第 316 页。

的东西，而可以视为是"智"的升进版本，或者说是智的极致阶段。所以，智的局限才可以直接传导给圣。

若是比较《五行》与《孟子》的"金声玉振"之喻，也有一些差别。其一，《五行》以金声喻"善"，《孟子》以金声喻"智"；其二，《五行》只讲"始""终"，《孟子》则说"始条理""终条理"。以上两点其实是相关的。孟子谈话的重点，从"始""终"转变为"始条理""终条理"，对应于将比喻的本体设定为"智"和"圣"。因为五行之中，智与圣是关乎条理的。智是善之条理，圣是德之条理。要言之，两个比喻虽然有些许的不同，但大体可以认为是从不同侧面讲述了同一个事情。这也是帛书《说》为孟子或孟子后学所作的一个佐证。

《孟子》的比喻，突出了"智"与"圣"的重要性以及两者之间的连续性。对"圣智"的重视，与《五行》是一致的。《五行》第三部分，就是从"圣智"开始讲的。第二部分虽然不是从"圣智"开始，却也是以"智圣"为重要环节的。如第 2 章以"中心之智"为成德的核心环节；"善弗为不近，德弗志不成，智弗思不得"，智与善、德本不在一个层面，却获得了并举的地位；还有"三思三形"，圣智居其二。这些无疑都凸显了智与圣的意义。最关键的是，智或圣关乎善或德。智是否能够进阶为圣，决定了善是否能够实现为德，这是天道、人道之别。

第二部分到此就结束了。我们可以简单勾勒一下这一部分的基本逻辑。这一部分主要论述源于仁，经由圣智的发展，最终成德的过程。简文以"思"为基础概念，论述了德之行的内在发生机制及善与德的生成。以仁之思、智之思和圣之思为发端，可以逐步发展成为仁、智、圣三种德之行。但这三种德之行不是各自独立的，而是具有相互构成的关系。故真正的成德，意味着"为一"；"为一"即五行之和，故要"慎独"。从修为上说，成德可以分为两个阶段。四行之和，结果是善，它是有为的，故还是人道；进一步与圣相和，则达到德，它是无为的，故已是天道了。所以，一个真正的有德者，始于为善而终于成圣、成德，此则所谓"金声而玉振之"。

三、由圣智而仁以至于和

11. 不聪不明、不圣不智，言不聪明，则不圣智也。
聪与圣对，明与智对。或于"不聪不明"下补"不明不圣"，于义
非也。**不智不仁，**据下文"见而知之，智也；知而安之，仁
也"，仁生于智也。**不仁不安，不安不乐，不乐无德。**

上第十一章。此章至第二十六章，言始于聪明圣智，经仁而成
德之途也。此章为总论。详后第十五至十八章。

本章以下是全篇的第三部分。这一部分有一个明显的嵌套结
构：第 15—21 章与第 11—14 章构成了解释与被解释的关系。其
中，第 19 章是对第 12 章的解释，第 20 章是对第 13 章的解释，第
21 章是对第 14 章的解释，而第 15—18 章则可以视为对第 11 章的
解释和发挥。由于这些章节之间的解释关系，陈来先生认为《五
行》存在一个"经—解"的文本结构。但我们认为，它只是第三部
分的内部结构，而不是全篇的结构。

内容上，第二部分阐明了一条从仁之思开始的成德道路，第三部分则阐述了一条从圣、智或聪、明开始的成德道路。关于后面一条道路的直接表述，就是本章。故本章之于第三部分的意义，相当于第 3 章之于第二部分的意义。从这一点看，帛书把本章调整到仁、义、礼的论述之后，无疑破坏了《五行》原有的逻辑结构，是不可取的。

我们先来看圣、智的问题。孔子强调智，并推崇圣，但圣与智的并举要到战国时代才有。如《墨子·天志下》所谓："故凡从事此者，圣知也，仁义也，忠惠也，慈孝也。"及《七患》所言："君自以为圣智而不问事。"都是比较早的情况。不过，圣智说主要还是由儒家提倡的，它在战国时代颇为盛行，乃至成为了儒家代表性的观点。故《管子·明法篇》"虽有圣智之士"，《韩非子·外储说右上》"虽有圣智，莫尽其术"，《文子·自然》"舍圣智，外贤能，废仁义"等等，都是有所针对的。又今本《老子》"绝圣弃智""绝仁弃义"，马王堆《老子》与今本同，[1] 而郭店简《老子》甲本作"绝智弃辩""绝巧弃利"。可见，《老子》原无"绝圣弃智""绝仁弃义"之说，后来改为"绝圣弃智""绝仁弃义"，应是有意针对战国儒家的"圣智""仁义"之说。从中也可以看出，"圣智"与"仁义"一样，成为了当时儒家思想的代表性主张。

---

[1] 甲本作"绝圣弃知""绝仁弃义"，乙本作"绝圣去知""绝仁弃义"。

聪、明之说，多见于《尚书》，是为了表达卓越的感知力。如《尧典》"聪明文思"，《舜典》"尧闻之聪明"，《皋陶谟》"天聪明，自我民聪明"，《仲虺之诰》"惟天生聪明时乂"，《说命中》"惟天聪明，惟圣时宪"，《泰誓上》"但聪明，作元后，元后作民父母"，《冏命》"昔在文武，聪明齐圣"，还有《洪范》："视曰明，听曰聪，思曰睿。……明作哲，聪作谋，睿作圣。"当然，此间有一些可能是后世的作品。又如，《论语·季氏》"视思明，听思聪"，《墨子·兼爱下》"是以聪耳明目相与视听乎"，《管子·九守》"目贵明，耳贵聪，心贵智"，《礼记·乐记》"耳目聪明，血气和平"等，也都是形容感官的灵敏。其中，《洪范》与《管子》的说法，尤为值得注意。《洪范》聪—哲、明—谋、睿—圣三者并举，而哲、谋都是导向智的，与圣无关。"思曰睿""睿作圣"，圣是与思相关的。这与《五行》之说有所不同。《管子》明、聪、智并举，似乎暗示聪、明与心智相关，这一点与《洪范》更为接近。

聪明、圣智的并举，从现有的资料看，最早见于观射父的话。观射父向楚昭王解释绝地天通，说道："其智能上下比义，其圣能光远宣朗，其明能光照之，其聪能听彻之，如是则明神降之，在男曰觋，在女曰巫。"（《国语·楚语下》）观射父是春秋末的人物，基本上与孔子一个时代。在这一论述中，观射父将智与圣并举，明与聪并举。虽然没有直接让圣智与聪明分别相对，但可能已经蕴含了这一层意思。在儒家文献中，除了《五行》之外，也见于《中

庸》："苟不固聪明圣知达天德者，其孰能知之?"又曰："唯天下
至圣，为能聪明睿知，足以有临也。"此中的睿知，相当于圣。又
见于《荀子》，如"聪明圣知，不以穷人"(《非十二子》)，"聪明圣
知，守之以愚"(《宥坐》)。

　　竹简《五行》的圣智思想，与之前的说法都不完全相同。它一
方面继承了《洪范》"思曰睿，睿作圣"的观念，一方面也明确了
聪、明与圣、智的对应关系。从前者说，《五行》第7章"圣之思
也轻"，显示了圣与思的本质关联。虽然仁、智也都与思有关，但
"圣之思"超越于"仁之思"和"智之思"之上，乃是达到不思而
得的圣人境界的关键一环。从后者说，《五行》以聪对圣、以明对
智，此说不见于之前的文献，很可能是历史上第一次明确提出。

　　《五行》的圣智说融合了两种说法，看上去有点矛盾，其实是
从不同的层面说的。圣与思的特殊关联，是从心德的角度说；圣—
聪、智—明的对应关系，则是从感官的角度区分。至于两者之关
联，聪本质上是"圣之臧于耳"，是内在的圣思在听觉上的附着和
呈现；明本质上是"智之臧于目"，是内在的智思在视觉上的附着
和呈现。心的圣、智体现于感官的聪、明，聪、明的感官成为圣、
智的表达通道。按照之前的讨论，听觉与视觉在感知方式和难度
上的差异，又可以对应于圣与智在运作机制和层次上的区分。所以
说，圣、智；圣之思、智之思；聪、明，在《五行》中具有阶段性
对应的关联。这种结构性的关联，综合容受并重新确认了历史上关

于圣智、聪明的不同说法，它是《五行》作者的思想创造。荀子说子思"按往旧造说"，从这里看，未尝不是一种创造性的活动。

聪、明是感知的能力，圣、智则是认知、识别、理解、判断的能力。《五行》第一条道路，是由内在"三思"的生发，逐步向外实现；第二条道路，则是从外在的道德认知和理解入手，推动德行的内在成就。前者源于仁，后者源于圣、智。或始于仁，或始于圣、智，就构成了由内而外、由外而内两条成德途径。

下面我们具体来看这一章。

从形式上看，第 11—14 章很整齐，基本上都是以"不 A 不 B，不 B 不 C……"的方式展开叙述的。从逻辑上说，"不 A 不 B"表示的是一种条件关系，A 是 B 的必要条件。如果不是 A，则没有 B；如果不是 B，则没有 C，等等。A 是仁、义、礼之发端。B、C……是心理或行为演变的过程。在简文中，"不 A 不 B"的表述与"A 则 B"的表述，基本上是等价的。比如，第 5 章与第 12 章的关系：

> 仁之思也精，精则察，察则安，安则温，温则悦，悦则戚，戚则亲，亲则爱，爱则玉色，玉色则形，形则仁。（第 5 章）
>
> 不变不悦，不悦不戚，不戚不亲，不亲不爱，不爱不仁。
>
> （第 12 章）

两种论述"悦—戚—亲—爱—仁"阶段的逻辑是完全一致的。如果说有所不同，就在于"不 A 不 B"的表述方式更加强调前者之于后者的必要性。[1]

本章开头就有一个文本问题。简文作："不聪不明、不圣不智，不智不仁。"而帛书作："不□□□□□□不圣，不圣不知。"庞朴补为："不聪不明，不聪明则不圣，不圣不智。"[2] 魏启鹏补为："不聪不明，不明不知，不聪不圣，不圣不知。"[3] 池田知久补为："不聪不明，则不圣不知。不圣不知，不仁。"[4] 裘锡圭先生认为，帛书有可能作："不聪不明，不明不圣，不圣不智，不智不仁。"[5] 李零、[6] 陈来从之。[7] 常森补为："不聪不明不圣不智，不圣不智不仁。"[8] 在以上的补法中，庞朴、池田知久、常森的补法，在文本形式上不

---

1 当然，第 5 章有"仁之思也精，精则察，察则安，安则温，温则悦"的发展，第 12 章则直接从"不变不悦"开始。这一重要差别，关乎第二部分与第三部分成德途径的不同，后面我们将有所讨论。

2 庞朴：《竹帛〈五行〉篇校注及研究》，第 50 页。

3 魏启鹏：《简帛〈五行〉笺释》，第 71 页。

4 池田知久：《马王堆汉墓帛书五行研究》，第 250 页。

5 武汉大学简帛研究中心、荆门市博物馆编著：《楚地出土战国简册合集（一）：郭店楚墓竹书》，北京：文物出版社，2011，第 54 页。

6 李零：《郭店楚简校读记》，第 101 页。

7 陈来：《竹简〈五行〉篇讲稿》，第 93 页。

8 常森：《简帛〈诗论〉〈五行〉疏证》，第 165 页。

是很对应。[1]魏启鹏的补法，明与圣的对举是不合适的。裘先生的补法，与上下文结构一致，还是有可能的。

但问题是，补为"不明不圣"与竹简《五行》的义理不合。常森指出："照此，'聪—明—圣—智—仁—安—乐—德'一线续续相生，看起来十分整齐顺畅。但其间由'聪'到'明'、由'明'到'圣'、由'圣'到'智'的晋升，完全得不到《五行》体系的支持。"[2]这一批评还是中肯的。据《五行》第 15、16 章的论述，作者对智、圣的区分是严格的。智与见、明有关，圣与听、聪有关。而在五行和合的关系中，圣—聪与智—明具有独立的线索，所以第 17 章会同时出现圣—义—德、智—仁—礼两条逻辑。可见，《五行》对两者的区分是严格的，不存在直接的交错关系。而"不明不圣"的表述，似乎圣是源于明的，这从义理上是说不通的。

我们认为，竹简《五行》是完备的，没有必要据帛书补。但是需要注意，"不聪不明，不圣不智"，不是说不聪则不明，不圣则不智；实际上是说，不聪明则不圣智。此处，聪与明之间、圣与智之间是并列关系，只是"不聪不明"与"不圣不智"两者之间存在着整体上的条件关系。其基本逻辑相当于：不聪、不明，（则）不圣、不智。亦即，圣源于聪，智源于明。这一理解与简文对圣、智两条线的区分是一致的。此处，"不 A 不 B，不 C 不 D"的表述，也与

1　常森的补法，意思上是可以的，只是句式不合。

2　常森:《简帛〈诗论〉〈五行〉疏证》，第 164 页。

"不Ａ不Ｂ，不Ｂ不Ｃ"不同。这种表述的差别，也暗示了逻辑结构的差异。

事实上，帛书《说》的作者也了解《五行》的这一思想。帛书《说》云："聪也者，圣之臧于耳者也。明也者，智之臧于目者也。聪，圣之始也；明，智之始也。故曰：不聪明则不圣智，圣智必由聪明。"聪是圣之臧于耳，明是智之臧于目。这是以耳之聪为圣之本质性的承载和表达，以目之明为智之本质性的承载和表达。当然，这里所谓的"圣"与"智"，还是尚未完成和实现的圣与智，可能是圣与智的潜能表露，是它们的发端。用之前的说法，相当于"圣之思"和"智之思"，它是一开始的存在形态，也是发展为相应德行的基础。故曰："聪，圣之始也；明，智之始也。"由聪发展为圣，由明发展为智，两者各有条理。最后，"不聪明则不圣智，圣智必由聪明"，直接是对"不聪不明，不圣不智"的解释。可见，帛书《说》的解释是支持简文的。帛书多出的一些字，很可能是抄写者或传习者的手笔。可以想象的是，此人在抄写的时候，发现此处的语句结构与下文不符，就自作主张补了一句"不明不圣"，以便符合"不Ａ不Ｂ，不Ｂ不Ｃ"的论述形式。这种操作，也类似于把简文第1章"（圣）不形于内谓之德之行"改为"不形于内谓之行"一样，只是出于句式的考虑，而未能了解文本思想的差异。这是帛书不如竹简的一个证据。

下一句"不智不仁，不仁不安"。此句的困难在于，前面说了圣智，此处却只提智，这是为什么？一种可能的解释是，这里的智不是与圣并举的智，而是广义的包含了圣的智。于是，"不智不仁"就相当于"不圣、智，则不仁"。如常森说："此处'不知不仁'中动词性的'知'，即对应着闻君子道（或者天之道）而'知'其为君子道（或者天之道），见君子所道而'知'其为君子所道，见贤人而'知'其有贤人德等一系列的'知'。'圣'与'智'各以其含蕴的动态的'知'达于'仁'。"[1] 认为"不知不仁"的知，是包含了圣、智的知。不过，从下文来看，这一解释是不必要的。第 17、18 章云："见而知之，智也。知而安之，仁也。"从这一表述看，仁是接着智来的。同时，我们看不到仁接着圣讲的情况。可见，由智而仁在《五行》第二部分乃是确定的逻辑。这一思想，与《五行》的基本主张是一致的。有五行之和，也有四行之和，两者都包含智而仁的环节，但四行之和则不必以圣为前提。换言之，圣在《五行》文本中并不构成仁的必要条件。故此处"不智不仁"的智是不包含圣的。

从根本上说，智与贤人的关联，决定了智与仁的关联；而圣与天道的关联，则决定了圣与义的切近性。第 17 章云："闻而知之，圣也。圣人知天道也。知而行之，义也。"在这一部分，圣与道、义的关联是本质性的。在这一点上，帛书《说》有很好的体贴。

1　常森：《简帛〈诗论〉〈五行〉疏证》，第 166 页。

　　圣始天，智始人。圣为崇，智为广。"不知不仁"，不知所爱，则何爱？言仁之乘智而行之。"不仁不安"，仁而能安天道也。

　　"圣始天，智始人"，意思是说，圣是始于天道的，智是始于人的。确实，从儒家的传统而言，智的基本意涵就是"知人"。樊迟问知，子曰："知人。"（《论语·颜渊》）这个"知人"，既可以从政治上讲，也可以从宽泛的意义上指对人的识别或理解。从政治和德行上，可以衍生出知"贤人"或"贤人之德"。故简文第 15 章云："见贤人而不知其有德也，谓之不智。"而从人伦上，表达为人伦关系的体察，故帛书《说》云："不知所爱，则何爱？"这个知，是人之知；知人，然后能爱人。这是"智"之用。故帛书《说》云："言仁之乘智而行之。"仁是凭着、因着、借着智而得以行的。庞朴说："《说苑·建本》：'子思曰：故鱼乘于水，鸟乘于风，草木乘于时。'仁之乘智，当亦类此。"[1] 实际上，庄子很喜欢用这个意象，所谓"乘云气""乘天地之正"等，都是相似的意思。"仁乘智行"，根源可以追溯到孔子所说"知者利仁"，利是顺利的意思。智意味着分辨、识别、理解、条理化，乃至系统化。就此而言，任何德行、任何事为，都离不了智。智乃是一切德行的结构化因素。如

1　庞朴：《竹帛〈五行〉篇校注及研究》，第 52 页。

第 5 章 "仁之思也精,精则察,察则安",精固然是仁之思的特征,但 "察" 很难说与智没有关系。察包含了觉知和分辨,也是智的表现。所以,仁虽然有自身独立的根基和本源,但要真正成为现实的仁,也需要有智的助成。简文 "不智不仁",就是在强调智之于仁的实现意义。

这样一来,"不智不仁" 只是承接了 "智"。但若没有了 "圣",如何成 "德" 呢?帛书《说》云:"'不仁不安',仁而能安天道也。" 此句学者多断作:"仁而能安,天道也。" 意思是,仁而能安就是天道。但是在《五行》中,德才是天道;仁安尚未实现为德,不可称天道。我们认为,这里的 "天道" 乃是 "安" 的对象。仁,然后能安于天道。"安天道",以 "知天道" 为前提,实际上是内在包含了圣的。于是,这句话的逻辑就变为:

仁与安的关系,可以追溯到孔子 "仁者安仁"。安仁的仁,可以理解为仁的状态(德),也可以理解为仁道,帛书是从后者来说的。当然,这里所说的天道不是离开了人道的天道,而就是在人道之中、所当行的 "君子道" 之中,见其为天之道。就此而言,安天道,也就是安儒家所主张的仁道。只是此时的人道,已经被 "圣" 确证为是天之道了。

　　下文第17、18章有"知而安之，仁也"等说法，常森认为："'仁而能安天道也'一说跟这些论述有根本区别，它意味着德行仁在'安天道'前已然生成，而上揭材料却都是说经过安天道（亦即君子道）这一途径生成德之行仁。这应该是《五行》内部的一种差异性。"[1] 他认为，"不仁不安"是仁然后安，"知而安之，仁也"是先安后仁，两者不同。那么，两者是不是存在根本的差别呢？其实，我们认为两者的差别并不大。所谓"知而安之，仁也"，严格来说不是把"安"作为生成"仁"的途径。安是仁的本质表征，而不是仁的直接工夫。仁，可以通过很多具体的方式达到，如孔子所说的"己欲立而立人、己欲达而达人"（《论语·雍也》），或《五行》第5章从"仁之思"开始的一系列心理变化历程，这些才是工夫。而"知而安之，仁也"，这里的"安"其实是作为仁是否已然生成的一个检验标准。仁者必安于君子道，换一种逻辑表述：若能安于君子道则可谓之仁，若不能安则说明还未成仁。要言之，安是仁的同步表征，而不是实现仁的工夫途径。同样的，"不仁不安"的安，也是这个意思。不是说仁之后有了安，而是说仁者自然安。故《五行》的两种表述，意思大体是相近的，没有根本的差别。

　　下一句"不安不乐，不乐无德"。这一句我们在第2章已经给过说明。此处，帛书《说》的解释比较有意思：

1　常森：《简帛〈诗论〉〈五行〉疏证》，第167页。

> "不安不乐"，安也者，言与其体偕安也。安而后能乐。"不乐
> 无德"，乐也者，流体机然忘寒。忘寒，德之至也。乐而后有德。

首先，对于安的解释与前一句明显不同。前一句是说"仁而能安天道也"，这一句是说"言与其体偕安也"。实际上，两者可以认为是安的一体两面。安天道即安君子道，这是安之所以能安的本质，唯有安于君子道，才是真正的安。君子道是安的规范性和可能性的根据。而从个人身心的角度说，怎样的状态才是安君子道呢？不仅仅是心安。心安而身体不安，两者相互对立、矛盾甚至冲突，则必然不安。真正的安是身心俱安，其心安于君子道而其身从之。身不再具有心灵之外的独立准则，不再是躁动不安的、引诱和牵绊心灵的东西。身心一致、安于君子道，是所谓"与其体偕安也"。这里的体，指感官身体之"小体"，亦即《五行》所说"耳目鼻口手足六者"。

身心一致的安，乃是乐的前提。怎样才能乐呢？"流体机然忘寒。"流体，魏启鹏说："《礼记·乐记》：'乐也者，动于内者也。'此言音乐流转于身体。太史公云：'音乐者，所以动荡血脉，通流精神，而和正心也。'(《史记·乐书》)正得其旨。"[1] 所谓"通流精

---

1 魏启鹏：《简帛〈五行〉笺释》，第95页。

神",指的是精神周流于身体之内。帛书的流体,可能与之相似。什么东西"流体"呢?帛书没有明说。但不难猜测,很可能是帛书提到的仁气、义气、礼气。这些德气周流于身体,身体就可以表现出相应的有德者的特征。孟子曰:"君子所性,仁义礼智根于心。其生色也,睟然见于面,盎于背,施于四体,四体不言而喻。"(《孟子·尽心上》)所谓"睟然见于面,盎于背,施于四体",就有点"流体"的意思。[1]

机然,整理者读为欣然。常森认为:"经文说'不乐无德',乐意味着五种德行的超越性同一体若水流于大体和小体,迅疾而无塞滞。机然,迅疾貌。《淮南子·精神》篇:'名实不入,机发于踵。'高诱注:'机,喻疾也。'《淮南》此语源出《庄子·内篇·应帝王》,'机'字并非'疾喻',不过谓'机'有此义,应该没有问题。"[2]此说可从。还可参考《管子·七法》"存乎明于机数,而明于机数无敌"尹知章注:"机者,发内而动外,为近而成远,不疾而

---

1 杨儒宾说:"帛书说'与其体始与其体终',乃是指有得(德)于心,但尚未达到化境的'善人'境界,所以其道德实践(为善)仍旧落在个体的范围内。等到他到达化境时,其人格的层次已提升至最高的人格'君子',其意识已化五为———此时亦可称为'独',其身体已变为'流体,机然忘寒(塞)'——亦即此时的身体变成大道流通的场域,对心之所向没有任何抗拒性。简而言之,'道者、惠者、一者、天者、君子者'所说的都是同一种境界,都是一种超出躯体之外,全体都是精神流行之境,这就是'舍体独心'之意。"(《儒家身体观》,第308—309页)此说值得参考。

2 常森:《简帛〈诗论〉〈五行〉疏证》,第167页。

速，不行而至，见其为之不知其所以为。"[1] 忘寒，庞朴认为："忘即亡，中心之亡，心为形符。寒，疑为塞之误。乐也者流体，故亡塞。"[2] 解作无塞，是可以说得通的。不过，《庄子·齐物论》云："至人神矣：大泽焚而不能热，河、汉沍而不能寒。"《关尹子·六匕》云："心忿者犹忘寒……存神以滋其暖，孰能寒之？"可见，道家直接有"忘寒"之说。帛书会不会用了这个意思呢？似乎也无法直接否定这种可能。今暂从庞朴、常森说。

"乐也者，流体机然无塞"，帛书认为，德气周流于身体，迅疾而没有阻滞，这就是乐的本质状态。乐是有德者的本质表征，是有德者所必然伴随的状态。孔子说颜回"一箪食，一瓢饮，在陋巷，人不堪其忧，回也不改其乐"（《雍也》），又自道"饭疏食饮水，曲肱而枕之，乐亦在其中矣"（《述而》）。但孔子没有解释，有德者何以有如此的表现？严格来说，孔颜之乐是一种内在的体验，很难用语言说清楚。但帛书《说》却给出了一个解释，它认为，乐源于德气在身体之内没有阻滞地畅快周流。德气周流，是借用德气概念作了一种客观的描述；从内在体认说，即有德者身心的畅通与和乐。这种乐，不是一时情绪的感发（常人之乐），而是源于内在德气的饱满而充沛的运行。作为有德者的本质性的伴随状态，它不会因外在的条件而改变或消失。

---

1 宗福邦等：《故训汇纂》，第 2159 页。
2 庞朴：《竹帛〈五行〉篇校注及研究》，第 52 页。

前面，我们引用了孟子"睟然见于面，盎于背，施于四体"的说法来理解"流体"。其实，孟子还有一段话，可能与之相关。

> 可欲之谓善，有诸己之谓信，充实之谓美，充实而有光辉之谓大，大而化之之谓圣，圣而不可知之之谓神。(《孟子·尽心下》)

这段话很耐人玩味。善—信—美—大—圣—神，揭示了孟子心目中道德人格或德行境界的发展阶段。一般会认为，后面几个阶段比较难。实际上，后面几个阶段反而容易把握。它们接近于圣人的境界，只要参照另外一些文字和表述，就可以约略了解孟子的所指。朱子曰："和顺积中，而英华发外；美在其中，而畅于四支，发于事业，则德业至盛而不可加矣。大而能化，使其大者泯然无复可见之迹，则不思不勉、从容中道，而非人力之所能为矣。程子曰：'圣不可知，谓圣之至妙，人所不能测。非圣人之上，又有一等神人也。'"[1] 朱熹对"充实而有光辉"的解释，借助了《礼记·乐记》："德者性之端也，乐者德之华也。……和顺积中而英华发外，唯乐不可以为伪。"又借鉴了《系辞上》："显诸仁，藏诸用，鼓万物而不与圣人同忧，盛德大业至矣哉。"圣德与大业，正

1　朱熹：《四书章句集注》，第370页。

竹简《五行》章句讲疏

是圣人之大的两个方面。对"大而化之之谓圣"的解释，则参考了《中庸》："诚者，不勉而中，不思而得，从容中道，圣人也。"意为，大而至于泯然无迹之地步，便是圣人不思而得、不勉而中、从容中道的境界。到了这个境界，则神妙不测，故又谓之神。朱子的解释，基本上把这几个境界讲清楚了。

真正的困难，在于前面的"信"和"美"。什么东西"有诸己"而谓之信？什么东西"充实"而谓之美？朱熹曰："凡所谓善，皆实有之，如恶恶臭，如好好色，是则可谓信人矣。力行其善，至于充满而积实，则美在其中而无待于外矣。"[1] 他认为，信指实有其善，美是因为力行其善，故充满积实、美在其中。这个解释不能说错，但总觉得不很贴切。"充实之谓美"，本来有一种充沛饱满的意味。仅仅说"力行其善"，还不能直接表达这一生存感受。联系帛书《说》，此"有诸己"而"充实""光辉"的东西，很可能就是德气。孟子这句话虽然是对德行境界的阶段性表述，但未曾言明的基础是德气说。或者说，孟子是以德气说为基础，领会、识别和表述德行境界升进的各个阶段。"可欲之谓善"，源于内在的好善、欲善，谓之善；[2] 实有诸己，德之行有内在的发端，谓之信；德气充实、施于四体，谓之美；德气充实而又流体无塞、其光辉表现于外，谓之

---

1 朱熹：《四书章句集注》，第370页。

2 孟子称乐正克为"善人"（《尽心下》），又说他"其为人也好善"（《告子下》），是善人与好善关联之证。

大；大而至于泯然无迹，不勉而中、不思而得，谓之圣；圣而不可知、不可测，谓之神。在此，"信"之后的境界体认，若以德气说为背景，可以说得很清楚。

了解了这一点，我们便可以理解下面这句话："（公孙丑问）'敢问夫子恶乎长？'（孟子）曰：'我知言，我善养吾浩然之气。'"（《公孙丑上》）这句话相当于是孟子的"夫子自道"。孟子是从"知言"和"养气"两个方面来了解自己的。"知言"好理解，孟子自认为可以看到各家学说的问题，能够真正理解儒家圣人之道。在一个"圣王不作，诸侯放恣，处士横议，杨朱、墨翟之言盈天下"的时代，"闲先圣之道，距杨墨，放淫辞"，正是他自认为可以继承大禹、周公和孔子的伟大使命（《滕文公下》）。所以孟子自称"知言"是很正常的。而与"知言"并举的是"我善养吾浩然之气"，这一点颇值玩味。

儒家的自我理解，往往包含德行与功业两个方面。如果说"知言"关乎孟子的思想学说与政治功业，那么，"我善养吾浩然之气"应该代表了孟子在德行方面的成就。而在后一个方面，孟子实有非常系统的主张。孟子何以不说"我善扩充吾四端之心"呢？扩充四端，可以说是孟子最具特色的工夫主张了。但孟子没有这样说，而是说"我善养吾浩然之气"。这一说法凸显了"养气"在孟子自身德行体认中的重要性。事实上，"扩充四端"与"养吾浩然之气"，两者的叙述语脉上存在差异。"扩充四端"，是顺着"四端之心"的确证而提示进一步的发展方向，但它不是行为者个人的内在体认。四端之心的渐渐扩充，又是一种怎样的内在经验？此处没有涉及。与之不同的是，"我善养吾浩然之气"，指示出了一种内在经验。德行的生成，从德气的角度看或在德气论的坐标系中，表达为浩然之气的生成和流行。孟子指出，浩然之气是可以直养的，要用道与义来充实。并且，浩然之气有一种独立的生发机制和节奏，只可以"勿忘、勿助"，渐渐地生成，而不可以拔苗助长。不难看到，这样一个充实、直养，以至于"塞于天地之间"的过程，与《尽心下》"有诸己—充实—光辉—化—不可知"有一种隐秘的相关性。

或许可以说，孟子的德行学说虽然建立在四端说的基础之上，但他自身的德行体认，则隐秘地以德气说为基础。孟子是从气的角度，体认德行的内部生发过程，也从气的角度，理解德行境界和德行表现的可能性。《孟子》没有明确提到德气，但"形色"说、"生色"说（《尽心上》），"我善养吾浩然之气"（《公孙丑上》）的夫子自道，以及"夜气"说（《告子上》），都有所暗示。帛书《说》的"德气说"与"流体说"，与孟子的这一潜在背景是一致的。

帛书《说》出现了"流体"说，上一句是："安也者，言与其体偕安也。"而之前我们又看到："有与始者，言与其体始；无与终者，言舍其体而独其心也。"这些表述之间是什么关系呢？池田知久说："（流体）和第七章说的'舍体'、第八章说的'舍其体'是同样的意思，而与第八章说和本章说上文的'与其体'是相对的。"[1] 此说还不是很精确。要言之，"体"都指"耳目鼻口手足六者"之小体。"与其体"是说，体的独立性没有消失，行为还需要心与体之间的协调一致，此时的行为活动是出于有为的，这是为善的阶段，是人道。到了德的阶段，体的独立存在已然觉察不到，体与心德已是自然一致，行为活动是出于无为的。此时，小体被扬弃，唯有此心自由的活动与表现，故曰"舍其体而独其心"。同样，"安也者，言与其体偕安也"，"与其体"说明此时小体还有独立的存在，只是它的存在已然与心德达到了基本一致，故可以身心一致地安于天道。这个阶段之后，才有德气流行身体的"流体"阶段。"流体"是身心和合的一种表现。如果进一步达到流行无滞，则表明身与心的完全如一，便是德的实现。故帛书云："无塞，德之至也。"停留和阻滞，乃是事物之存在性的彰显。若无停留、无阻滞，则流行所及完全消融。故"流体"至于"无塞"，意味着小体之独立性的消解和泯灭；小体之消解、泯灭，即所谓"舍体"。所以，"流体"可以说就是"舍体"的内在的发生机制，而"流体"的极致便是"舍体"。人道之"善"必"与体"，德气生发而"流体"，至于"机然无塞"而"舍体"，乃为"德"：这是三者之

1　池田知久：《马王堆汉墓帛书五行研究》，第 259 页。

关系。

以上，我们详细探讨了帛书《说》的"流体说"。帛书的"与体""流体""舍体"等，都是在德气说的基础之上，对德行生发的内在体认作了非常有特色的重构。不过，它不是《五行》原文的思想，而是帛书《说》的发明。

12. 不变不悦，不悦不戚，不戚不亲，不亲不爱，不爱不仁。

上第十二章。言仁之形，详第十九章。以其始于智，故与第五章别。

本章及以下两章，由于原文第 19—21 章皆有对应的解说，此处不展开讨论。

13. 不直不肆，不肆不果，不果不简，不简不行，不行不义。

上第十三章。言义之形，详第二十章。

解说见第 20 章。

14. 不远不敬，不敬不严，不严不尊，不尊不恭，不恭无礼。

上第十四章。言礼之形，详第二十一章。

解说见第 21 章。

15. 未尝闻君子道，谓之不聪。闻君子道，非听闻之而已，能于众中辨识之也。聪者，聪辨也。未尝见贤人，谓之不明。见贤人，非目见之而已，能于众中辨识之也。闻君子道而不知其君子道也，谓之不圣。知君子道之为君子道之故，知其为天之道也，谓之圣。圣者，聪之体。聪者，圣之用，圣之藏于耳者也。见贤人而不知其有德也，谓之不智。知贤人之所以为贤人之故，即知其有德也，谓之智。智者，明之体。明者，智之用，智之在于目者也。

上第十五章。释不聪不明不圣不智之义。

本章直至第 18 章，是对第 11 章的解释。本章解释聪、明、圣、智等基本概念。

前两句："未尝闻君子道，谓之不聪。未尝见贤人，谓之不明。"字面似乎是说，"不曾听说君子道，叫做不聪。不曾见有才德之人，叫做不明"。[1] 问题是，在现实中能否听到君子道、能否见到有才德的贤人，这不是主观可决定的事情，而要取决于客观的条件。但聪、明是就主观的感知能力而言的。以客观条件之不具备，否认主观感知之能力，肯定不妥。事实上，《五行》所要强调的，显然不是有没有机会听闻君子道或见贤人的客观条件，而是一个人听闻君子道和见贤人的主观方面的条件。在此，帛书《说》给出了解释："'未尝闻君子道，谓之不聪。'同之闻也，独不色然于君子道，故谓之不聪。'未尝见贤人，谓之不明。'同之见也，独不色然于贤人，故谓之不明。""同之闻也""同之见也"的"之"字，即"此"。这个用法，还见于帛书《说》前面的"之一也，乃德已"，以及下面的"同之见也"。共同听闻君子道、共同见了贤人，而若不能色然，则谓之不聪、不明。于是，这里的问题，就不在于是否听闻或见到，而在于听闻和见到之后的反应：若不能"色然"，则说明是不聪、不明的。我想这是符合简文的用意的。

"色然"，整理者认为是"惊骇貌"，庞朴说："《公羊·哀公六年》'诸大夫见之，皆色然而骇'，《释文》曰：'色然，本又作垝，

1　常森：《简帛〈诗论〉〈五行〉疏证》，第183—184页。

居委反，惊骇貌；又或作危。'又，《吕氏春秋·谨听》有'见贤者而不耸，则不惕于心，则知之不深'句，耸者，色然，危然也。"[1]不过，魏启鹏认为："色，颜面之色。……色然于君子之道，谓闻道则面有齐庄温润之色也。"[2]常森也认为，色然是"改变脸色的样子"。[3]按，"色然"的字面意思，应当只是突然之间改变容色。至于"惊骇"或"危然"的意思，是在上下文语脉中的特殊表现。至于"齐庄温润"之色，形容的是有德者的颜色。但此处是初始的阶段，还没有达到这一程度。

故"色然"指"聪、明"的人听闻君子道或见到贤人的时候，在颜色上发生的改变。而这种改变，必是源于内心感触的。色然，是这种内心状态的外在表征。那么，闻君子道、见贤人，究竟会引发怎样的内心经验呢？联系前文来看，它很可能是内心孜孜以求的切望的满足。第 2 章说"君子无中心之忧，则无中心之智"，第 4 章说"不仁不智，未见君子，忧心不能惙惙，既见君子，心不能降"。唯有中心有所切望的人，见到了君子的那一刻，才会得到莫大的抚慰。虽然在内心已经无数次想象这一情景，但真实的发生所引起的刺激和冲击，会有所不同。所以，它还可能伴随着一种震撼。但当我们这样说的时候，其实已经回到了上一条成德道路的思

1　庞朴：《竹帛〈五行〉篇校注及研究》，第 62 页。

2　魏启鹏：《简帛〈五行〉笺释》，第 106 页。

3　常森：《简帛〈诗论〉〈五行〉疏证》，第 185 页。

路中，它是以"仁"或"思仁"为基础的。

若要区别于第二部分的论述，则此处的"色然"，我们不宜突出仁的前提，而应直接从聪、明来说。从聪、明本身而言，"色然"可以说是源于聪、明的对于善和美（君子道、贤人）的识别能力。同样听到的东西，唯有君子道被识别了出来，引起了内心的触动、容色的改变；同样看到的人，唯有贤人凸显了出来，引起了内心的触动、容色的改变。聪、明是一种在众多的思想学说和众多的人物之中，听出差别、看出差别，进而引起感触的能力。"聪明"的人，听闻君子道或者见到贤人，就能识别出它是君子道、他是贤人，从而引起心灵的震撼，并由衷生发一种爱慕、亲近和喜欢之情，在容貌颜色上有所表现。这种经验看上去很遥远，其实很切近。试想，当你突然听到一句自己深有感触的道理，或者在某个瞬间感到面前的人成了道德化身的时候，内心会有强烈的被震撼到的感觉，伴随的可能是眼前一亮、由衷的喜悦和爱慕的容色，这便是一种"色然"。

不过，仅仅理性的识别能力是不够的，要能识别且"色然"，还需要中心的好善与服善。可以设想的一种情形是，某人具有充分的理性，他可以按照确定的标准判定某种学说或某个人是否符合这一标准，从而识别出是否君子道或贤人。但这一识别可能是不带感情、不带价值判断的，它无法引起"色然"的表现。所以，要有"色然"的表现，识别之中是包含价值判断的，或者说，聪、明对于君子道和贤人的识别，除了明察、分辨之外，还要有价值感受的能力，有道德追求的诚意。这也是第 2 章、第 4 章突出仁的基础意义的原因。在此，我们可以引一段话为例子。孔子谓颜回曰："人莫不知此道之美，而莫之御也、莫之为也，何居为闻者？盍日思也夫！"（《孔子家语·颜回》）后半句"何居为闻者盍日思也夫"，今人断句常出现问题。其实，孔子的意思很明白，人人都自称知道之美，却没有人去实践它；既如此，何故居为"闻者"？为什么不每天想一想呢！[1] 所谓"闻者"，不仅是要在理智上识别，更要从价值上认可，从行为上追求和实践这个道。

聪是能"见君子道"，即在众多思想学说中识别出"君子道"；明是能"见贤人"，即从众多具体的人中识别出"贤人"。不过，这种识别偏向于一种直觉性的、感性的了解，尚未达到真正的理解。故接下来说："闻君子道而不知其君子道也，谓之不圣。见贤人而不知其有德也，谓之不智。""闻君子道而不知其君子道"，不是说听到了君子道而不知道它是君子道，而是说听了君子道却还不理解它何以是君子道。在聪的阶段，他已经能够识别出君子道了，缺的是对于君子道之为君子道的理解，故还没有达到圣。同样，"见贤人而不知其有德也"，不是说见贤人而不知道他是贤人，而是说

1　何居即何故，为齐鲁之间方言。《礼记·檀弓上》："檀弓曰：'何居？我未之前闻也。'"注："居读为姬姓之姬，齐鲁之间语助也。"（参见魏启鹏：《简帛〈五行〉笺释》，第108页）

见了贤人却还不知道贤人之所以为贤人的德。在明的阶段，他已经能够识别出贤人了，只是不理解贤人之所以为贤人，故还没有达到智。

帛书《说》的解释是："'闻君子道而不知其君子道也，谓之不圣。'闻君子道而不色然，而不知其天之道也，谓之不圣。'见贤人而不知其有德也，谓之不智。'见贤人而不色然，不知其所以为之，谓之不智。"在帛书作者看来，所谓"知其君子道"，不只是识别出君子道，而是要进一步确证：这个君子道就是天之道。将"君子道"确证为"天之道"，在内容上并没有增加。但经过这一确证，"君子道"由一个在人道中呈现的东西，成为了可以与天道相配的东西。"天之道"，意味着"君子道"的绝对性。故圣之为圣，是能够在人道中看到君子道，并且确证它的绝对性。当然，这种确证源于深刻的理解，所以叫做"知"。从这里也可以看到，儒家所谓的天道不是与人道相对的天之道，恰恰是在人道之中发现和确证的天之道。人道中的君子道，便是天之道的人间代表。

所谓"不知其有德"，帛书解释为："不知其所以为之。"与之相关，下文又说："智也者，由所见知所不见也。"庞朴认为："所见，现象；所不见，本质。如见贤人而知其所以为贤人。"[1] 此说还没有点出"其所以为贤人"的所指。魏启鹏引《吕氏春秋·察今》

1　庞朴：《竹帛〈五行〉篇校注及研究》，第62页。

"有道之士，贵以近知远，以今知古，以所见知所不见"，与此文意相同。[1] 这一说法，似乎脱离了简文的语脉。常森认为："所谓智，就是说由所见到的知晓所见不到的。所见者，殆为贤人君子之具体行为，所不见者，殆即贤人君子所持守之道。"[2] 也不是很确切。其实，《五行》下文说"见贤人而知其有德也"，贤与不贤是可以表现在具体现象上的，但其内在的基础却在于德与不德。故帛书"所见"指贤人的表现，"所不见"指贤人的德。贤人内在心德，正是贤人之所以贤、贤人之所以为贤人的原因。故帛书说"其所以为之"，之即贤。贤人所以为贤者，在于贤人之德。

从聪明到圣智，从"闻君子道"到"知其君子道"（"知其为天之道"），从"见贤人"到"知其有德"，看上去是一个很自然的过渡，现实中却意味着深刻的转进。识别固然包含了一定的领会和理解，但这种领会和理解，一开始还只是被吸引、被抓住，或者某种不能自觉的印契；类似于审美活动，不是出于完全的理解，而是源于直观的把握和当下的触动。它内部是有规范性的，但这种规范性还没有达到充分的自觉。

到了圣的阶段，则君子道之所以为君子道得到了理解，这种理解使当初吸引你、引起你触动和震撼的东西得到了澄清，并因这种

1　魏启鹏：《简帛〈五行〉笺释》，第 106 页。
2　常森：《简帛〈诗论〉〈五行〉疏证》，第 186 页。

澄清而得到了确证。于是，它不再是你个人主观上相信的东西，也被你确证为具有普遍真理性的绝对者的表现（天之道）。这种意义的确证，宋儒称之为从"知其然"到"知其所以然"的转变。一般认为，"然"是事物之规范，"所以然"是"然"的原因，是规范性的来源。但实际上，这种意义上的确证，还不能归结为认识到规范之原因或来源。当我们追问物理现象之原因的时候，追究到物理定律就停止了。因为从物理定律出发，就足以解释现实中的物理现象。物理规律作为事物存在的最后规则，就是现象之"所以然"。但是，对君子道的确证，并不是追究到类似意义上的最后的规则，或者逻辑意义上的最后的原因。它是一种更加复杂的发生机制，是在与个体的生存经验的不断互动中，确证其与绝对的相似性或关联。但确证的结果，却又不是可以直接用语言来传达的，它独属于这个独特的个体。此后，才会将之进一步指认为与天或天道相关，但这是衍生性的。于是，我们看到，《五行》的表达是"闻君子道"而"知其君子道也"，这是一种纯粹的理解和确认；帛书《说》则解释为"闻君子道"而"知其天之道也"，这是在理解和确认的基础之上，进一步指认它为天之道。[1]"知其天之道也"的知，不是落在语言或逻辑上的知，而是出于个体生存之体认与理解的确信与指认。

1　此处为了更好地说明问题，简文和帛书的引文，皆反用其意。

　　同样的，在智的阶段，贤人之为贤人得到了理解。一开始你借以在大众中识别贤人的，必是贤人的具体表现，他的容色、威仪、言语和行为。此时，这些引起你关切的表现，被归结为一个内在的原因，即贤人之德。正是那个不可见的内在的德，决定了他引人爱慕的外在表现，也决定了你与他接触时如沐春风的感受。但这个德，又不是一个脱离于具体表现的独立之物。对它的了解，还是要通过贤人的具体表现。这是一个"以其见者占其隐者"（《大戴礼记·曾子立事》）的过程。用孔子的话说，就是"知德"。关于这个问题，我们在第 6 章的解说中已经讨论过了。

　　值得注意的是，"闻君子道而知其君子道"或"见贤人而知其有德"，本质上是"知言"和"知人"的老问题。后者容易理解，知贤是知人的要义。前者还需要做些说明。在孔子的时代，知言主要相关于个体言论；到了战国，则成了一个关乎不同学派的思想学说的问题了。道可"闻"，说明这里的"道"是可以见于语言的思想学说。《五行》的"君子道"，即指儒家的思想学说。于是，"闻君子道"，意味着能够从诸子百家的思想学说中，独独识别、选择和倾慕儒家之道。"知其君子道"，意味着对儒家之道有深刻的理解，认识到它是真正的、周全的道，是人所当行之道。这是对儒家学说的绝对的确信，它同时意味着对于诸子学说的批判。两个方面合在一起，即是"知言"。如孟子所谓"诐辞知其所蔽，淫辞知其所陷，邪辞知其所离，遁辞知其所穷"（《公孙丑上》），这是他自信知诸子之言，并以"辟杨墨"为宗旨；所谓"圣人复起，必从吾言矣"（《滕文公下》），这是他自信充分理解了先圣之意。类似的，荀子认为孔子"一家得周道，举而用之，不蔽于成积"（《解蔽》），其他诸子则各有所蔽，一一作了批判。要言之，在战国诸子百家争鸣的时代，对于什么是真正的德行，什么是真正的大道的分辨、识别和理解，乃是士人所要面对的首要问题。

另外，《五行》的圣智观，似乎牵涉了政治维度的关切。陈来先生就此指出："先秦各家对聪明的理解很不一样。孔子讲视听要聪明，是说政治领导者一定要获得和掌握全面准确的经验与知识，否则不能了解各种事务真实的状况，也不能做准确的政治判断。"[1]他又说："在《五行》篇里，聪明、闻见、圣智都不是一般的能力，而是已经被'君子道'限定，已经被道德化、政治化，成为儒家推崇的政治实践的能力、政治认知的能力和道德认知的能力。这是早期儒家思想对古代圣智聪明说的改造。因此《五行》篇中聪明、闻见、圣智三者的连接，其主导的指向不是构成认识论的论述和认识论的哲学，而是被赋予了明确的道德、政治意义，三者连接的指向是构成一种政治哲学的论述，这种政治哲学是以'闻君子道'和'见贤人'为中心，亦即以'闻道'和'尊贤'为中心。"[2]《五行》篇的思想不仅一般地要求统治者应重视德行的内在化，以强化政治

1　陈来：《竹简〈五行〉篇讲稿》，第76页。
2　同上书，第80页。

德行，而且通过对聪明圣智的强调表达了尊贤的政治主张。"[1] 这一说法是值得重视的。

《五行》的"圣智"，绝不是一种没有价值内容的形式性的理智能力，它是对于君子道和贤人德的识别、理解和确证之能力。这种能力是包含了对于正确的政治之道的了解在内的。就此而言，"《五行》篇讲的闻君子之道，更多的是指王公的治道"，这一说法大体是可以接受的。不过，严格来说，儒家所说的"道"是各个维度的完满的生存之道，包括人的个体存在、人伦存在以及社会政治的存在，故其意义是可以超出于狭义的政治的。至于贤人之德，就更不用说了。贤人在政治运行中具有关键性的作用，但贤人之为贤人，或贤人之德的成就，对于个人而言亦具有独立的甚至更为根本的意义。《五行》之重视圣智，重视君子道和贤人之德的"知"，首先是为了圣智两种德之行的内在发展，是为了德行上的充分实现。贤人之为贤人，由此而来。至于王公举而用之，让贤人为政，实现更好的治理，这是后续之事。故《五行》下文云："君子知而举之，谓之尊贤。知而事之，谓之尊贤者也。后，士之尊贤者也。"若说前者"君子知而举之"，是指王公举用贤人为政，这是王公之"智"的政治意义；则后者士人之"知而事之"，显然不同于王公之用以为政，而是为了自身的为学与为德，这同样需要见贤人、闻君子

---

1 陈来：《竹简〈五行〉篇讲稿》，第 81 页。

道。所以说，《五行》圣智概念的德行意义是先于政治意义的，后者构成了前者的要素，但却不是全部。

16. 见而知之，智也。闻而知之，圣也。明明，智也。赫赫，圣也。"明明在下，赫赫在上"，此之谓也。诗出《大雅·大明》，言文王之明德与显命也。此处引之，以言智、圣之象。帛书《说》云："圣始天，智始人。圣为崇，智为广。"

上第十六章。再释圣、智。

本章是对圣智概念的第二轮解释。上一章是从反面说，若不能闻、见谓之不聪、明，闻、见而不能知之谓之不圣、智。本章则是从正面说。

"见而知之，智也"，见贤人而知其有德也，即帛书《说》"见之而遂知其所以为之"。"闻而知之，圣也"，闻君子道而知其为君子道，即帛书《说》"闻之而遂知其天之道也"。其含义我们在上一章已经讨论过了。唯要注意的是，此处圣智的顺序颠倒了过来。这倒没有特别的含义，很可能是为了配合后面"明明在下，赫赫在上"的引文。

"明明在下，赫赫在上"一句，出自《诗·大雅·大明》："明明在下，赫赫在上。天难忱斯，不易维王。天位殷适，使不挟四方。"毛传曰："明明，察也。文王之德，明明于下，故赫赫然著见于天。"郑笺："明明者，文王、武王施明德于天下，其征应焆晢见于天，谓三辰效验。"[1]孔颖达进一步解释说："'有效验'者，谓日月扬光，星辰顺轨，风雨以时，寒暑应节，乃知君德能动上天，民皆见其征应，所以言'赫赫在上'也。"[2]按这一说法，"赫赫在上"指文王明德对上天有所影响，表现出风调雨顺的效验。与之不同的是，朱熹说："明明，德之用也。赫赫，命之显也。……此亦周公戒成王之诗。将陈文武受命，故先言在下者有明明之德，则在上者有赫赫之命。达于上下，去就无常，此天之所以难忱，而为君之所以不易也。"[3]若从《大明》"天监在下，有命既集""有命自天，命此文王"的表述看，作者是有意凸显天监下、天命下的意义。就此而言，朱子的解释更为合适。故在《大明》原诗，"明明在下"是指明王之明德昭显施用于天下（《大学》所谓"明明德于天下"），"赫赫在上"是指天命赫赫然昭显于天。

诗的原意，不等于《五行》引诗的用意。在《五行》中，"明明在下，赫赫在上"是形容智与圣的："明明，智也。赫赫，圣

1　孔颖达：《毛诗注疏》，上海：上海古籍出版社，2013，第 1388 页。

2　同上书，第 1389 页。

3　朱熹：《诗集传》，南京：凤凰出版社，2007，第 207 页。

也。"帛书《说》残缺严重，但有一句："赫赫，圣貌也。"有人以为，貌字是衍文。其实，帛书之说恰好表明"明明""赫赫"是形容智、圣之状的。智者有明明之象，圣者有赫赫之象。在这里，明明不是德的光明，而是智的明察与明见，能够见贤人而知其有德；赫赫也不是指天命之显，而是圣的"轻思化易"，闻君子道而知其为君子道。赫，《说文》云："火赤兒。"显盛的样子。

智之所以有"明明在下"之象，圣之所以有"赫赫在上"之象，或许还与不同的认知对象有关。在下者为人道，在上者为天道。智者见贤人知其有德，是人道之知；圣者闻君子道而知其君子道、知其天之道，是天道之知。知人道在下，故曰"明明在下"；知天道在上，故曰"赫赫在上"。帛书《说》云："明明始在下，赫赫始在上。□□□□□谓圣智也。"阙文，常森补为"赫赫、明明者"，可从。"明明始在下，赫赫始在上"，相当于前面帛书《说》云："圣始天，智始人。圣为崇，智为广。"圣是知天的，故曰"始天""始在上""为崇"；智是知人的，故曰"始人""始在上""为广"。所以，智与圣的意象区分，既与两者的认知境界相关，也与两者的认知对象相关。

值得注意的是，"见而知之""闻而知之"的说法，也见于传世文献。[1]

---

1 如《文子·道德》记："文子问圣智。老子曰：闻而知之，圣也。见而知之，智也。"当然，这一对答很可能是附会。

孟子曰:"由尧舜至于汤,五百有余岁,若禹、皋陶,则见
而知之;若汤,则闻而知之。由汤至于文王,五百有余岁,若伊
尹、莱朱,则见而知之;若文王,则闻而知之。由文王至于孔
子,五百有余岁,若太公望、散宜生,则见而知之;若孔子,则
闻而知之。由孔子而来至于今,百有余岁,去圣人之世,若此其
未远也;近圣人之居,若此其甚也,然而无有乎尔,则亦无有乎
尔。"(《孟子·尽心下》)

本章位于《孟子》全书的最末,包含了后世"道统论"的最初表
达。其中"见而知之""闻而知之"的说法,显然与《五行》相似。
陈来先生指出:"在《五行》篇的对照下,我们很容易知道,这包
含着以尧舜、汤、文王、孔子为闻而知之的圣,以皋陶、伊尹、莱
朱、太公望、散宜生为见而知之的贤的意义,这与《五行》的问题
意识是相同的,表明孟子对《五行》的话语的熟悉。"[1] 这一说法大
体成立。

不过也要指出,孟子的这一段论述,未必是严格区分了"见
而知之"为贤、"闻而知之"为圣。比如,在孟子看来,周公也是
圣人。如:"(陈贾)见孟子,问曰:'周公何人也?'曰:'古圣人
也。'"(《孟子·公孙丑下》)且孟子以"周公兼夷狄驱猛兽而百姓

1 陈来:《竹简〈五行〉篇讲稿》,第172页。

宁"，与"禹抑洪水而天下平""孔子成《春秋》而乱臣贼子惧"并举，作为先圣代表性的贡献和自己想要继承的志业（《滕文公下》）。可见，孟子对周公的推崇是没有疑问的。《孟子》的这段论述，只提到了文王，而没有提到周公。但我们可以用同一逻辑来推，周公是圣人，与文王的关系却是"见而知之"。可见，用"见而知之"或"闻而知之"区分贤人和圣人，是不严格的。

这里需要区分作为能力的"见而知之"与作为条件的"见而知之"。在《五行》的论述中，是从本质能力的方面来使用"见而知之"的；而在孟子的话中，似乎存在着两种意义的杂糅。严格来说，孟子"见而知之"与"闻而知之"的说法，只有从客观的时代条件的角度理解才能成立；以之区分贤人与圣人，至少是不完满的。但孟子又似乎有意想要表现两者的规范性含义。或许正是由于这个原因，商周之际孟子除了文王之外，就只举了太公望、散宜生，而没有举比这两位显然更为重要的武王和周公。因为前者作为贤人的定位是很清楚的，而后者的出现将会破坏这一论述的内在规则。

17.1 闻君子道，聪也。闻而知之，圣也。闻而有辨，聪也。辨而有知，圣也。**圣人知天道也。**唯圣人能知天道也。"知天道也"者，非谓知星辰日月之行也。约有二义：若

文王之知天命，一也；闻君子道而知其为君子道，知其为天之道，二也。后者若《中庸》所言者是也。**知而行之，义也。**知天命、天道而行之，义也。**行之而时，德也。**行必时中，唯有德者能之。

本章第一次系统性地阐述由圣智开始和五行的成德道路。

"闻君子道，聪也。闻而知之，圣也。"第 15 章是反面说，此处是正面说，意思是一样的。从第 15 章看，"闻而知之"是指"闻君子道而知其君子道也"，"之"是指君子道，此处则直接说"圣人知天道也"。两者是什么关系？"知君子道"是确证君子道之为君子应然之道，用帛书《说》的说法，即"知其天之道"。所以，"知君子道"的本质，是将君子道识别和确证为天之道。那么，圣何以可能将君子道识别为天之道的呢？一种可能的解释是，逻辑上，唯有圣者了解了天道，然后才能确证君子道之为天之道。这是一种"规定性判断"的了解方式。但这样的话，圣之知天道似乎是独立于圣之知君子道之外的。于是，就会有进一步的问题：圣之知天又是从何而来？其知的内容，又当如何了解？

还有一种可能的理解方式，圣之"知天道"与"知君子道"是一件事情。不是说，圣者先知了天道，而从天道的规定性出发，看出了天道与君子道的相似性，从而判定君子道为天之道；而是说，圣者恰恰是在理解君子道、确证君子道、指认君子道的过程中，看出和理解了天之道。两者的认知和理解是同一个过程。孟子曾说："天不言，以行与事示之而已矣。"（《万章上》）他是从行与事的表现来体认天道、理解天意的。这一方式，用于此处的解释未尝不可。从简文看，接着"圣人知天道也"是"知而行之，义也"，君子所行是君子道，与天道应是一致的。同样，帛书《说》云："道者，所道也。……知君子之所道而怵然行之。"也是认为，这里的天之道，即是君子所道。所以，这里的"天道"或许不是直接指外于人道的天道，而是人道中的天道，即君子道。换言之，此处的君子道与天道是同一的。或许正是出于这个原因，前帛书《说》解"闻而知之"云："闻之而遂知其天之道也。"将两者直接关联了起来。

此处可以这样理解，但仍需注意的是，圣之于天道的理解，按其字面来讲，也应当包含了对天道本身的了解。其具体内容，应该是可以超出君子道的。天道与君子道之为天道，两者之间的关联可能是很复杂的，并不是线性的理解过程，但两者之间必有一种相似性、一致性、连贯性。正如竹简所说"德，天道也"，德之被指认为天之道，便源于德的状态与天的状态的相似性和一致性。至于这种相似性背后是否还要加以进一步的关联建构，则是后续的问题。

接着，"知而行之，义也"。既已识别、理解、确证了天道（君子道），据以行事便是义。所以，义就是对道的实行。帛书《说》

云:"知君子之所道而惊然行之,义气也。"惊字,庞朴训救,意思是"使自警惕,不敢废慢"。[1] 意思是说,知道了是君子所当行之道而行之不懈,这是义气。这里的"义气",是从德气的角度进一步追究一个人能有如此表现的原因。德气超出于意识的掌控之外,但与内心状况又有一种结构性的关联。这个"义气",是"惊然行之"的原因;反过来,若能真正做到"惊然行之",也说明义作为德之行已经内在成形了。在后者的意义上,"义气"就可以解释简文的"义"了。常森区分了义气的两种不同含义,一种是德行义的发端,如帛书《说》云:"直也者,直其中心也,义气也。"一种是德行义本身,如此处。[2] 可以参考。

下一句"行之而时,德也"。这句话很重要,但没有引起学者的注意。"行之而时"的意思,在前文已经出现。简文第 2 章:"五行皆形于内而时行之,谓之君子。"此前我们说,这一句表达了作者对于有德者之德行结构的一个基本了解。"五行皆形于内"是德成于中,"而时行之"是行见于外。由于德成于中,然后能不失时机地表现于外。本章的"行之而时",就相当于第 2 章的"而时行之"。关于这里的"时",帛书《说》有一个解释:"时者,和也。和也者,德也。"《中庸》也有相关的论述,其首章云:"喜怒哀乐之未发,谓之中;发而皆中节,谓之和。中也者,天下之大本也;

1　庞朴:《竹帛〈五行〉篇校注及研究》,第 66 页。
2　常森:《简帛〈诗论〉〈五行〉疏证》,第 192 页。

和也者，天下之达道也。"第 2 章又有"君子之中庸也，君子而时中"的说法。在《中庸》中，"喜怒哀乐之未发，谓之中"的"中"与《大学》"诚于中，形于外"的"中"是一样的，指的是心。且前者的"中"，包含了规范性的意义，故严格来说，应该是指心德，相当于郭店竹简《性自命出》"教，所以生德于中者也"的"中"。"发而皆中节，谓之和"，则是指由蕴于中心的德表达为切中道义的行，就叫做"和"。这个"和"与帛书的"时者，和也"是一个意思。严格来说，和不等于时，时时切中道义然后谓之和。所以，《中庸》的"中和"之说，本质上是"成德于中而时中道义"的意思。这与《五行》所说可谓完全一致。不过，简文第 2 章及《中庸》首章的说法，与此处又有所不同。前者是以"德"为内在基础，以"行"为被决定的表现，由德而行，由中而和。本章则是颠倒过来，以时行的表现，判定内在的成德。这一判定之所以可能，基于"德"与"时行"之间的唯一对应关系。

此处，还有一点值得注意。一般而言，德是五行和合的结果，故必先和五行，然后可以称德。但此处从圣到义、直接到德，似乎不需要经历和仁、义、礼的过程。这无疑是非常特殊的。这个问题应如何理解？其实，我们从这一表述方式，大约可以看出两点：其一，"德"是从"行之而时"来的。《五行》认为，"行之而时"是德的本质性的、专属性的表现方式。既然已经"行之而时"，便可以给出"德也"的判断。其二，"形之而时"一般以"五行皆形于内"为前提，唯有达到了五行之和，才能做到这一点。但此处还没有和五行，是如何做到的呢？只能出于"圣人知天道也"。当然，此处的"知天道"，不能只是"闻君子道而知其君子道"的规范性认知，它是可以切中于具体的行事处境的。从"知天道"到"知而行之"，有可能蕴含了一个从"天道之知"到"具体的行事判断"的发生过程；但更有可能的是，"天道"之知中已然蕴含了具体的指示，或者说，圣人之所知正是时机化为具体行为指令的天道。后者，如《大雅·文王》"文王陟降，在帝左右"郑笺："文王能观知天意，顺其所为，从而行之。"[1]有意思的是，本章下文举的例子正是周文王。根据《诗》《书》的记载，文王有一种直接听受上帝命令的能力。在《大雅·皇矣》的记载中，文王晚年的征伐战争，皆是源于上帝的命使，所谓"帝谓文王"是也。上帝之命必是时命，文王直接听受上帝之命而行之，便是应时而动，便是"行之而时"。文王的例子，或许正是《五行》此说的一个依据。

《五行》作者从"行之而时"的意义上判定"德也"，这个"德"更多的是基于与"天道"的直接的、神秘的印契乃至合一。但这种意义上的德，与五行和合而成的德，还是有所不同的。故本章下文又出现"和则乐，乐则有德"的说法，回归了常规的论述。所谓"德，天道也"，大体也是从境界而言的。

1　孔颖达：《毛诗注疏》，第 1370 页。

17.2 见而知之，智也。知而安之，仁也。安而敬之，礼也。

见贤人而知其有德，智也。知之明则心下而安，仁也。安之而又敬之，礼也。

这一句由"见贤人"重新起一个头。

"见贤人，明也。见而知之，智也。"据上一章，明是指能够于众人中识别贤人，而智是理解贤人之所以为贤。"知而安之，仁也。"识别和理解贤人之后，就要"知而安之"。此处的问题是，"之"指什么？安于贤人或贤人之德，还是安于使贤人有德的那个君子道？从《论语》"仁者安仁"，《大学》"知止而后有定，定而后能静，静而后能安"看，所安者当是指仁道、君子道、儒家之道而言。此君子道，也是贤人之所实践者，是贤人之德之所由来。从贤人的识别，到贤人之所以为贤人的理解，本应包含了贤人之道即君子道的理解。

帛书《说》云："'明则见贤人。'见贤人而知之，曰：何居？埶休炁此，而遂得之？是智也。"整理者指出，"何居"即何故，为齐鲁之间方言。《礼记·檀弓上》："檀弓曰：'何居？我未之前闻也。'"注："居读为姬姓之姬，齐鲁之间语助也。"埶休炁此，魏启鹏认为，埶当为见，炁读为征，指"在贤人处见美善之兆，是智也"。[1]常森说:"见到贤人而知道他有贤人德,说:'什么原因呢? 何德美于是, 汝终得之?'何居, 何故。休烝此, 殆指美善进于此。休, 善。烝, 进。"[2]按, 后说更为合适。帛书此处, 是见贤人之贤之后, 对贤人之所以能贤作进一步的追问和理解。其结果, 便是对贤人之德与贤人之道的理解。与下文"知而安之"一致。

帛书《说》云:"'知而安之, 仁也。'知君子所道而煗然安之者, 仁气也。"《说文》云:"煗, 温也。"意思是说, 知君子之所道而温然安处于此, 即是仁气。这里也是从德气的角度, 追究一个人能温然安处此道的原因, 同样具有两重含义:作为道德之发端, 知道之后还须由仁气的催动而后能"温然安处";作为成德的表现, 若能做到"温然安处", 则表明仁这种德之行已然成形了。此处"仁气也"的判断, 是在后一种意义上说的, 意义相当于仁。

简文"安而敬之, 礼也", 帛书《经》同,《说》作"行而敬之", 后者可能是受到了第18章"行而敬之"的影响。但彼处从义推礼, 故曰"行而敬之";此处从仁推礼, 故曰"安而敬之", 脉络本不相同。帛书《说》云:"'行而敬之, 礼也。'既安止矣, 而有秋秋然而敬之者, 礼气也。□□□□天道□。"止, 通之。有,

---

1 　魏启鹏:《简帛〈五行〉笺释》, 第108页。
2 　常森:《简帛〈诗论〉〈五行〉疏证》, 第193页。

通又。"秋秋然，即愀愀然，恭谨貌。"[1]阙文，池田知久据帛书
《说》下文"所安，所行，所敬，人道也"补为："所行，所安，天
道也。"行与安字，与帛书残存的笔迹相合，应该是正确的。进一
步，他认为，"这里看不到'所敬'，恐怕是因为在传写本篇的过
程中脱漏了"。[2]常森同意这个意见，直接补为："所行，所安，所
敬，天道也。"[3]这一补法可从。此处是对"知而行之，义也""知而
安之，仁也；安而敬之，礼也"的补充，指明这一系列的德之行相
关的都是天道。相应而言，下一章《说》"所安，所行，所敬，人
道也"，是顺着"知—仁—义—礼"的发展逻辑，指明与之相关的
为人道。故三者的排列顺序也有差别。

17.3 圣智，礼乐之所由生也，五 [行之所和]
也。和则乐，乐则有德，有德则邦家兴。文王之
示也如此。"文 [王在上，於昭] 于天"，此之谓
也。 诗出《大雅·文王》。此言文王之示也。文王之圣，则受天
大命，在帝左右；文王之智，则敬用贤人，敷行教化。文王由圣智

1　常森：《简帛〈诗论〉〈五行〉疏证》，第 193 页

2　池田知久：《马王堆汉墓帛书五行研究》，第 337 页。

3　常森：《简帛〈诗论〉〈五行〉疏证》，第 191 页。

而成德，以兴周邦。及武王、周公继述其文，制礼作乐而周文成，故曰"圣智，礼乐之所由生也"。○见于《中庸》，子曰："无忧者其惟文王乎！以王季为父，以武王为子，父作之，子述之。"又曰："武王、周公，其达孝矣乎！夫孝者：善继人之志，善述人之事者也。春秋修其祖庙，陈其宗器，设其裳衣，荐其时食。宗庙之礼，所以序昭穆也；序爵，所以辨贵贱也；序事，所以辨贤也；旅酬下为上，所以逮贱也；燕毛，所以序齿也。践其位，行其礼，奏其乐，敬其所尊，爱其所亲，事死如事生，事亡如事存，孝之至也。郊社之礼，所以事上帝也；宗庙之礼，所以祀乎其先也。明乎郊社之礼、禘尝之义，治国其如示诸掌乎！"此之谓也。

上第十七章。言始以圣智而至于五行之和、礼乐之生也，是文王所示者。

第一句统合了以上两层论述的语义。

简文"圣智，礼乐之所由生也，五行之所和也"，帛书《经》残缺，帛书《说》云："仁义，礼乐所由生也，言礼乐之生于仁义。"由此可以反推，帛书《经》可能作："仁义，礼乐所由生也。"

显然，两个本子在意思上有很大的差异。陈来先生支持简本："圣智是礼乐得以产生的根源，故说圣智是礼乐所由生也。"[1] 又指出，帛书本有意突出仁义的地位，"把竹简《五行》的'圣智，礼乐之所由生也'加以改动，在经文文本中加进仁义，而后予以解说，强调仁义对于礼乐的优先性首先是发生学意义上的，即礼乐生于仁义"。类似的做法，也见于下一章。[2] 但也有学者主张帛本。如常森认为："该句意思是，仁义是礼乐所由生的基底。……（简本）未若帛本切当。"理由是，按竹简的写法，此处总结只能挂一个礼，乐是没有着落的；按帛书的写法，则义、仁、礼都能挂上、都有安排。"《五行》论及'快乐'的'乐'者俯拾即是，往往预示着某种德行境界之生成，却很少论及'礼乐'之'乐'。此处'礼乐'之'乐'出现在总结语中，似非很经意的措置，不必过于纠结。"[3] 问题来了，《五行》为何在此谈到了"礼乐"，是不经意还是蕴含深意？对于礼乐而言，根源性的是圣智还是仁义？

我们认为，"礼乐之所由生也"在这样一个重要的总结性话语中出现，必然不会是徒然不经意的做法。事实上，"圣智，礼乐之所由生也"，不是从德行之循环产生的角度说的，而是从圣智与制礼作乐的关系而言的，此处的"生"是制作的意思。礼乐源于圣人

1　陈来：《竹帛〈五行〉与简帛研究》，第133页。
2　陈来：《竹简〈五行〉篇讲稿》，第158页。
3　常森：《简帛〈诗论〉〈五行〉疏证》，第188页。

的天道之知、人道之知。圣人承天道、顺人道，而制定礼乐制度，这是礼乐的最初缘起。当然，礼乐的内部精神可以概括为仁义，但仁义只是制礼作乐的原则，却不是制礼作乐之可能性的来源。后者是圣人之德。《中庸》云："虽有其位，苟无其德，不敢作礼乐焉；虽有其德，苟无其位，亦不敢作礼乐焉。"唯有德有位的圣王，然后可以制礼作乐。且就制礼作乐而言，最主要是"圣、智"之德。这一点，我们在分析"文王之示"的时候会看得更清楚。

"五行之所和也"，帛书此处阙。下章"四行之所和"帛书解为："言和仁义也。"此处很可能与之类似。帛书《经》既已改为"仁义，礼乐所由生也，五行之所和也"，则突出了仁义对于和五行的核心意义。考虑到在简文中，和合是五行之和合，故池田知久指出，此处的"仁义"不只是仁、义，而是代表"五行"的整体。[1] 常森有相同的看法。[2] 其实，这是不必要的。问题出在这个"所和"上。所和，相当于所由以和。换言之，在此脉络之中，五行之所以能和，是基于"圣智"（竹简）抑或基于"仁义"（帛书）而得以可能。这是在强调"圣智"（竹简）或"仁义"（帛书）在此过程中的基础性地位。而从简文本章来看，这一基础性的德行无疑是圣智。本章的结构，聪—圣—义—德是一层，明—智—仁—礼是一层，两层叙述分别以圣、智为基础，单独看都是不完整的，合在一起则使五行之和合成

池田知久：《马王堆汉墓帛书五行研究》，第 337 页。

常森：《简帛〈诗论〉〈五行〉疏证》，第 194 页。

为可能。就此结构而言，本章的本义就是以"圣""智"为两个开端，最终达到五行和合而成德。故"圣智……五行之所合也"，意思是说，圣智在此乃是五行和合的基础，或者说，正是由于圣智而后发生五行之和合。这与第 11 章"不聪不明、不圣不智"的开端意义是完全一贯的。当然，这是从第三部分的思路来说的。若从第二部分看，则仁更具有基础性的、开端性的意义。

下一句"和则乐，乐则有德"。前文第 2 章讲"不安则不乐，不乐则无德"，第 3、11 章讲"不安不乐，乐无德"，意思是相近的。差别只在于，是"和而乐"，还是"安而乐"。"安而乐"突出了仁的阶段；此处"和而乐"，则直接指向了五行之和合的状态。帛书《说》云："'和则乐'，和者有犹五声之和也。乐者，言其流体也，机然忘寒。忘寒，德之至也。"这是以五声之和比喻五行之和。五声相合，五声成为乐的构成性要素，最终的呈现只是完整的乐；同样，五行和合，五行也成为德的结构性要素，最终只是一个作为"一"的德而已。在此意义上，这个比喻是可以说明问题的。用"流体"解释"乐"，已见于前文，不再解释。

与他处的论述相比，此处多了一句："有德则邦家兴。"将德行与政治直接联系起来。"兴"字，原作"𦥑"，帛书作"与"。帛书、郭店简整理者认为是"兴"之讹，《集成》读"举"，意义相近。[1]

1　参见裘锡圭主编：《长沙马王堆汉墓简帛集成（四）》，北京：中华书局，2014，第66页。

其实，或可从原字读为"与"，义为亲睦。"邦家与"，犹《大学》
"在亲民"，或《尧典》"克明俊德，以亲九族；九族既睦，平章百
姓；百姓昭明，协和万邦"之义。此处，姑从常读。有德者治国，
可以使国家兴盛，这是儒家的基本主张。帛书作"有德则国家兴"，
应是避讳之故。帛书《说》云："国家兴者，言天下之与（兴）仁
义也，言其□□乐也。"帛书将"兴"解作"兴仁义"，显然是顺着
帛书《经》前文"仁义，礼乐所由生也"而言的。"兴仁义"，尤其
是"兴仁"之说，本身是存在的。如子曰："君子笃于亲，则民兴
于仁。"（《论语·泰伯》）《大学》云："一家仁，一国兴仁；一家让，
一国兴让；一人贪戾，一国作乱。"汉人《说苑》《韩诗外传》等更
直接有"兴仁义"的说法。且帛书《说》下文也提到"仁覆四海，
义襄天下"，意思都是相似的。不过，这只能说是帛书《说》的
意思，竹简《五行》本来并没有突出仁义的意思。陈来先生指出：
"经文中的'国家兴'，与仁义并没有任何关联，而说文则把国家兴
解释为天下兴仁义，这是说文作者仁义中心论的积极表现。"[1] 这一
说法是公允的。此处阙文，学者不知道怎么补。其实，联系前文，
或许可以补为"言其生礼乐也"。因为要在国家层面兴仁义，根本
的途径就是制作礼乐、推行礼乐。而帛书《说》又作"仁义，礼乐
所由生也"，仁义是礼乐之所由生，故兴仁义与生礼乐为一体。两

1　陈来：《竹简〈五行〉篇讲稿》，第 158 页。

者直接呼应。

从"圣智"到"有德则邦家兴"，是在本章前述两条德行发展线索的基础之上，统五行之和合而成德，并点明它的政治意义：一生礼乐，二兴邦家。当然，两者对于儒家而言是一体的。至此，本章义理结构的论述已经结束，接下来举了一个文王的例子。

"文王之示也如此。"整理者释"示"为"见"。常森从之，指出"见即显示，显明"，此句是说"文王之显明于天上地下就是这样"。[1] 李零认为："简文'见''视'相似，区别只在目下为跪人或立人，前者为'见'，后者为'视'。这里的写法显然是'视'字，今读为'示'。"[2] 按，视与示通。《诗·周颂·敬之》"示我显德行"王先谦《诗三家义集疏》："鲁示作视。"[3] 实际上，读见还是读示，还关乎所见、所示。若读为见，是说文王之德的显明，正如《大雅·皇矣》以"明明在下，赫赫在上"描述文王。此义与下文"文王在上，於昭于天"相接，但与上文的关联似乎不是很密切。若读为示，则可解为垂示，如《说文》云"示，天垂象，见吉凶，所以示人也"。据此，"文王之示也如此"，可能不仅仅是指文王之德的显明，而主要是指文王以其圣智为开端，和五行而成德，进而"生礼乐""兴国家"这一系列的过程。事实上，文王之德业进程，正

1　参见常森：《简帛〈诗论〉〈五行〉疏证》，第190—191页。

2　李零：《郭店楚简校读记》，第106页。

3　宗福邦等：《故训汇纂》，第2977页。

是本章所述道路的最佳典范。故这里的"示",也可以说是示人以
轨范的意思。后一种理解,无疑更为贴切。

　　所谓"文王之示也如此",文王乃是此条道路的典范性的例证。
一般认为,周公是真正的制礼作乐者,《礼记·明堂位》所谓:"周
公践天子之位以治天下;六年,朝诸侯于明堂,制礼作乐,颁度
量,而天下大服。"但要明白的是,礼乐之实际制作虽完成于周公,
其精神与事业则始于文王。这一点,同为子思作品的《中庸》有非
常明确的表述:

　　子曰:"无忧者其惟文王乎!以王季为父,以武王为子,父
作之,子述之。武王缵大王、王季、文王之绪,壹戎衣而有天
下,身不失天下之显名;尊为天子,富有四海之内。宗庙飨之,
子孙保之。武王末受命,周公成文、武之德,追王大王、王季,
上祀先公以天子之礼。⋯⋯"

　　子曰:"武王、周公,其达孝矣乎!夫孝者:善继人之志,
善述人之事者也。春、秋修其祖庙,陈其宗器,设其裳衣,荐其
时食。宗庙之礼,所以序昭穆也;序爵,所以辨贵贱也;序事,
所以辨贤也;旅酬下为上,所以逮贱也;燕毛,所以序齿也。践
其位,行其礼,奏其乐,敬其所尊,爱其所亲,事死如事生,事
亡如事存,孝之至也。郊社之礼,所以事上帝也;宗庙之礼,所
以祀乎其先也。明乎郊社之礼、禘尝之义,治国其如示诸掌乎!"

这两段论述,从"上祀先公以天子之礼"以下,都是在讲制礼作乐之事。从《中庸》的论述可以看出,子思视文王为周文的实际奠定者,以武王之成功、周公之制礼作乐为继承文王之志、绍述文王之事者。这与孔子感叹"文王既没,文不在兹乎"(《子罕》,孔子以文王为周文精神的代表)的旨意,是完全一致的。要之,周公虽是周代礼乐的实际制定者,但周礼精神的真正源头是在文王。周公制礼作乐,乃是文王之心志与事业的继述和展开。

至于文王,虽是仁者之形象,所谓"文王仁"(帛书《要》)"视民如伤"(《孟子·离娄下》),但根本性的德行,乃是与上帝之间的关系。《大雅·文王》所谓"文王在上,於昭于天""文王陟降,在帝左右"。在时人的心目中,文王生时就已能升登于天,接受上帝的命使了。[1]不但从上帝那里受了伐商之命,如《尚书·康诰》所谓"天乃大命文王,殪戎殷";且《大雅·皇矣》"帝谓文王"之说,更是表明文王一步一步的征伐,也都是得了上帝之命。可以说,文王在某种程度上已然成为了上帝在人间的代言人,此即文王之"圣"。另外,文王也善于养贤、用人。《史记·周本纪》云:"礼下贤者,日中不暇食以待士,士以此多归之。伯夷、叔齐在孤竹,闻西伯善养老,盍往归之。太颠、闳夭、散宜生、鬻子、辛甲

---

1 参见晁福林:《从上博简〈诗论〉看文王"受命"及孔子的天道观》,《北京师范大学学报》2006年第2期。

大夫之徒皆往归之。"而周之能兴，与这批贤人有绝大的干系。《尚书·君奭》云："惟文王尚克修和我有夏；亦惟有若虢叔，有若闳夭，有若散宜生，有若泰颠，有若南宫括。"将功绩同时归予虢叔、闳夭、散宜生、泰颠、南宫括等。明用贤人，这是文王之智。因此，我们可以说，文王之根本德行，在于圣、智。[1]

总之，文王之德，要在圣、智，它是周代礼乐精神的源头；文王之业，则经武王、周公的绍述而大成。这些要点与本章所论，以圣智为起点的和五行之道，以圣智为礼乐之所由生，以有德至于邦家兴，可谓若合符节。甚至让人不禁怀疑，《五行》此条成德途径，正是子思以文王为标本反思而得。在这个意义上说，"文王之示也如此"，文王不仅仅是这条道路的一个例证，更是这条道路的垂范者和昭示者。

最后，"'文王在上，於昭于天'，此之谓也"。其中，诗句出于《大雅·文王》。传曰："在上，在民上也。"[2] 朱熹曰："此章言文王既没，而其神在上，昭明于天。"[3] 后说更为可取，也更符合简文的用意。要注意的是，此处引《诗》与上一章引《诗》，用意有所不同。上章"明明在下，赫赫在上"，是突出"明明""赫赫"的圣智

---

1 文王之知上帝天命，是武王、周公所不能继承的，后人只能仪刑文王，遵照文王的仪范以保天命。文王之知人用人，在武王、周公身上得到了继承。

2 孔颖达：《毛诗注疏》，第1370页。

3 朱熹：《诗集传》，第204页。

之德。本章"文王在上，於昭于天"，则是为了表达"垂示"之义，是接着"文王之示"的"示"字而来的。意即，文王之典范灿然昭著于上天，故当"仪刑文王，万邦作孚"（《大雅·文王》）。

18. 见而知之，智也。知而安之，仁也。安而行之，义也。行而敬之，礼也。前之字，谓贤人。后三之字，谓贤人之德与道也。故可安之、行之、敬之。仁义礼所由生也，四行之所和也。先之以智，则仁义礼从而生，四行从而和也。智字从前而省。和则同，同则善。和同若一，一则善也。

上第十八章。言始以智而至于四行之和也。以上四章，皆明第十一章之旨。

上一章是说五行之和（德），本章接着说四行之和（善）。

前两句见于上章，意思也是一样的。"安而行之，义也。行而敬之，礼也。"相比于上一章，在"仁"与"礼"之间插入了"义"。"安而行之"的表述，见于《中庸》："或生而知之，或学而知之，或困而知之，及其知之，一也；或安而行之，或利而行之，或勉强而行之，及其成功，一也。"其中，"安而行之"是中心安仁而行，"利而行之"是为了好处而行，"勉强而行之"是勉强自己做（郑玄：耻不若人）。要"利"或"勉强"才能行，说明所行的道与本人有隔。"安而行之"，则不为利、不勉强，意向与行为是完全一致的。在解《论语·里仁》"仁者安仁"的时候，朱熹引谢氏曰："仁者心无内外远近精粗之间，非有所存而自不亡，非有所理而自不乱，如目视而耳听，手持而足行也。知者谓之有所见则可，谓之有所得则未可。有所存斯不亡，有所理斯不乱，未能无意也。安仁则一，利仁则二。安仁者非颜闵以上，去圣人为不远，不知此味也。诸子虽有卓越之才，谓之见道不惑则可，然未免于利之也。"[1]所谓"安仁则一，利仁则二"，安仁是心与道一，利仁则犹以仁为外。此说可以参考。接下来，"行而敬之，礼也"。仅仅行了还不够，要有敬肃之心，这是礼。

帛书《说》解"见而知之，智也"说："知者，言由所见知所不见也。"传世文献中有类似的说法，如"见人所不见谓之明"（《淮南子·兵略训》），"有道之士，贵以近知远，以今知古，以所见知所不见"（《吕氏春秋·察今》）等。此处，"所见"指贤人言行威仪方面的表现，"所不见"指"其所以为之者"，即贤人内在的心德。《中庸》末章："《诗》云：'潜虽伏矣，亦孔之昭！'故君子

1　朱熹：《四书章句集注》，第 69 页。

内省不疚，无恶于志。君子所不可及者，其唯人之所不见乎！"所不见"者，即君子内在的心志与心德，与本章的用法相同。帛书《说》对接下来三分句的解释，与上一章相似。

"仁义礼所由生也，四行之所和也"一句，争议很大。帛书《经》作："仁义礼知之所由生也。"《说》作："仁知礼之所由生也，言礼［之］生于仁义［也］。"帛书经、说有别，必有一误。庞朴认为："细勘诸文，知帛本《经》文'知'字误衍，《说》'知'乃'义'之误。原文当如帛本《说》文'言［礼］之生于仁义□'及竹本'仁义礼所由生也'所云，为：仁义，礼之所由生也。"[1] 文字判定从简本，是合理的。

不过，断句还有问题。整理本作："仁，义礼之所由生也。"李零、陈来等从之。但仁字下断，于上下文是没有着落的，也会带来理解上的困难。如陈来先生说："第18章则更有甚者，离开圣而单独论智，认为智不仅像上面说的可以延伸出仁和礼，也可以延伸出义。从而，智自身便成为仁义礼的根源。但其最后一句不说'智，仁义礼所由生也'，却说'仁，义礼所由生也'，所以这一章是有点奇怪的。而且这一段不提'圣'，应是讲'四行'的，但却不说'仁，义礼智所由生也'，结尾的结论中把'智'丢掉了，这也是不合理的。"[2] 要言之，本章在说从智生出仁义礼，以智为根源性的要

1　庞朴：《竹帛〈五行〉篇校注及研究》，第68页。

2　陈来：《竹帛〈五行〉与简帛研究》，第133页。

素，结尾却以仁为义礼之所由生，且把"智"丢掉了，两者未免矛盾。

　　另一种读法："仁义，礼之所由生也。"魏启鹏指出，此说可以与《中庸》"仁者人也，亲亲为大；义者宜也，尊贤为大。亲亲之杀，尊贤之等，礼所生也"互证，"今本《中庸》所论，不啻是对'礼生于仁义'之阐释发挥"。[1] 按，礼生于仁义，这是从内容上说的，仁义是礼的价值原则。但《五行》是从德行之生成的角度说的，两者的义理脉络与言说宗旨完全不同。

　　为了解决本章的矛盾，常森改帛书《经》为："仁义知，礼之所由生也。"改《说》为："'仁义知，礼之所由生也'：言礼之生于仁义知也。"[2] 这一改动无疑是巨大的。他没有依从任何一个本子，完全出于义理的判断。他说："该句上文以'知（智）'为基源，论德之行'仁''义''礼'之生成，礼是最后的生成物，亦即'礼'的生成基于'知（智）''仁''义'三者，此句作为总结，也应当有义字。该句之后论'四行'之和，脱漏了'义'字则仅有'三行'，上下文不能吻合。今补。"[3] 要之，改本的依据有二：其一，本章以智为基源，生成仁、义，最后生礼，故礼生于前三者（为何不按顺序写作"知、仁、义，礼之所由生也"？）；其二，既然是"四

1　魏启鹏：《简帛〈五行〉笺释》，第 35—36 页。

2　常森：《简帛〈诗论〉〈五行〉疏证》，第 196—197 页。

3　同上书，第 197 页。

行之和"，总结应当包含四者，不能没有智。

我们认为，这一句应该连读。王博先生认为："作者这里不是想说明仁为义和礼的根源，而是要说明智和仁义礼的关系，即后面三者都可以从智中发生，即智为'仁义礼之所由生'。"[1] 得之。实际上，这句话完整说来应该是："智，仁义礼之所由生也。"但由于本章语脉始于"智"，后续都是顺着这一线索而来。故此句没有出现"智"字，应该是从前文省略了主语。这种做法看上去过于隐晦，但完全是有可能的。我们可以举一个例子。《大学》"正心"章云："所谓修身在正其心者：身有所忿懥，则不得其正；有所恐惧，则不得其正；有所好乐，则不得其正；有所忧患，则不得其正。"这句话不好理解，因为主语不定。朱熹引程子曰："身有之身当作心。"[2] 就是为了解决这个问题。其实，"此段是说，'其心'若有所'忿懥''恐惧''好乐''忧患'，则'其身'必不得其正。故原文相当于：（心）有所忿懥，则身不得其正；（心）有所恐惧，则身不得其正；（心）有所好乐，则身不得其正；（心）有所忧患，则身不得其正"。[3] 这样一来，"身正"在于"心正"，其义理结构就可以与"修身在正其心"的论证目的对应起来了。《大学》隐藏了所有分句的主语，而将"身"字提前作全句的主语。但若能结合本章主旨来

1　王博：《中国儒学史·先秦卷》，第 251—252 页。

2　朱熹：《四书章句集注》，第 8 页。

3　何益鑫：《论〈大学〉古义》，《中国哲学史》2019 年第 4 期，第 35 页。

看，却也不难理解。同样，《五行》本章虽然省去了"智"字，但若能结合全章的义理脉络，也是明白无误的。

在此，"（智），仁义礼之所由生也，四行之所和也"，对应于上一章"圣智，礼乐之所由生也，五行之所和也"。上一章是由"圣""智"两端出发以至于"五行之和"，并以"礼乐之所由生也"一句，指明圣智之于制礼作乐的根源意义；本章则只以"智"为源头达到"四行之和"，并以"仁义礼之所由生也"一句，指明智之于仁义礼三种德行的基源意义。"四行之所和也"，也与上一章的表述相似，是说四行之所以能和，在于基源性的智。换言之，智是四行之和的关键，凸显了智的意义。

至于帛书当以《说》文"言礼之生于仁义也"为准，表现了帛书改编者突出仁义的一贯特征。下文"'四行之所和'：言和仁义也"，也是如此。故而，帛书《说》的叠《经》部分当作："仁义，礼之所由生也。""仁义"写为"仁知"，当为抄写之误。至于帛书《经》作"仁义礼智之所由生也"，可能是因为抄写者熟识仁义礼智的并列而误植的。

"和则同，同则善。"这里的"同"，意味着四种德之行达到了和合同一的状态，也意味着身与心的同一，便是"善"。四行虽然和合同一，但还没有达到圣的境界，也没有圣的参与。所以，一方面"善"是出于有心的、有为的，不能做到"不勉而中，不思而得"；另一方面，也不能直接契会"天道"之知。故曰"和则同，同则善"，而区别于上章的"和则乐，乐则有德"。用帛书《说》的概念，乐是"流体"阶段的境界感受。人道之善，可以安，但还不能乐。不能乐，故不是"德"。

帛书《说》云："和者，有犹□声之和也。同者，□约也，与心若一也，言舍夫四也，而四者同于善心也。"前一阙文，整理者补为"五"。[1] 可从。"和者犹五声之和也"，与上一章"和则乐"的《说》一样，是为了解释"和"字，可能与"五行""四行"的具体数量没有直接关联。后一阙文，魏启鹏补为"守"，引"孟施舍之守气又不如曾子之守约也"（《孟子·公孙丑上》）为证。[2] 陈来补为"犹"，"约是化多为少的意思"。[3] 其实，这句话意思还是明白的。"同"不只是四行之和同，更是四行"与心若一"。所谓"与心若一"，即"舍夫四也，而四者同于善心也"。陈来说："同就是舍夫四而达到'同'于善，就是说，在'同'的境界上，四行不再分别，不再分别就是舍去分别，而不再分别也就是一（与心若一），亦即达到浑然之同的善心，亦即一浑然整体不分化的心。在说文这里，'四行和'的四行是指形于内的仁义礼智，仁义礼智如皆形于内，便不是彼此分离的个别德性，而内在地共同构成了善

1　魏启鹏先是补"四"，谓："四声之和虽逊于五声之和，然古乐当有之。近年在殷代妣辛墓出土有五枚一组编钟，经测定可构成四声音阶序列。"（《简帛〈五行〉笺释》，第112页）后来放弃该说，从整理者作"五"（《简帛〈五行〉笺释》，第36页）。

2　魏启鹏：《简帛〈五行〉笺释》，第112页。

3　陈来：《竹简〈五行〉篇讲稿》，第154页。

心。这个善心是一体化的道德意志。"[1] 大体是不错的。按照我们之前的说法，四行之和合不是一个物理性的叠加，而是相互构成的结构性要素，故当四行之和达成的时候，同时也就意味着四行之独立性的消失，内在凝结为一个可以随时表现的心，谓之善心（与德心相对）。这一过程包含了四行的扬弃，故曰"舍夫四"；同时又指出了这一和合历程的最终归处，故曰"同于善心"。当然，这最后凝成的善心，乃是包含了仁、义、礼、智之各种德行要素的结晶，故也是可以合乎君子道应对时境的现实的实践能力。此处的"善心"，可以视为"心德"的降一等的阶段，或者未能完全实现的局部意义上的"德"，但与一般意义上的"道德意志"肯定是不同的。

值得注意的是，帛书《说》解"慎其独"的时候说："慎其独也者，言舍夫五而慎其心之谓也。""舍夫五"的说法，与本章"舍夫四"的说法是对应的。从后往前推，则"舍夫五"也必是舍五行，而不可能是舍五官。[2] 由于"舍夫五"的说法，已经在前文出现过了，故上一章帛书《说》解"和则乐"的时候，便没有重复。但意思是相通的。此外，本章所谓的"善"，决不仅仅是外在的行为，而是形于内的真实的德行，只是由于还没有"圣"，故不能实

1　陈来：《竹简〈五行〉篇讲稿》，第 154 页。

2　陈来先生一面主张"舍夫五"是舍小体，一面又认为"舍夫四"是舍四行，明显是不协调的。

现为完全的"德"而已。这一用法，证明了我们对首章"四行"和"善"的理解。

19. 颜色容貌温，变也。温者，知之而后改于颜色也。〇帛书《说》云："变也者，勉勉也，逊逊也，能行变者也。"勉勉，劝乐之貌。逊逊，温恭之貌。**以其中心与人交，悦也。中心悦旃，迁于兄弟，戚也。**旃，语助，犹之也。迁，犹及也。《大雅·思齐》"至于兄弟"，同之。**戚而信之，亲[也]。**信之者，诚以兄弟为手足也。**亲而笃之，爱也。**笃，厚也。**爱父，其继爱人，仁也。**继，次也。爱父最隆。爱杀推于人，则仁也。

上第十九章。释第十二章。

本章结构上是为了解释第12章。从"悦也"以下的逻辑环节与第5章相同，前面已经解释过了，这里不再重复。

本章理解的关键是第一句："颜色容貌温，变也。"变字，有学者释为恋。与第5章比较，陈来指出："变应该代表悦之前整个精察阶段。但是在'说'的部分（引者按：陈来先生的本子分经、解，"三不"之前为经，以后为解。此处是指解的部分，不是指帛书《说》）用颜色容貌解释变，而颜色容貌温在三思三形中属于最后形于外者，而不是内在最初的发端，这种解释和经不太相合。所以我们说'仁之思'的温不是讲颜色容貌，而是一种思之发动。"[1]这里，如果"颜色容貌温变也"是外在的，则与"变代表了悦之前整个精察阶段"是矛盾的。为了解决这个矛盾，只有把"颜色容貌温，变也"理解为内在的。故陈来先生说："这里所谓'颜色容貌温变也'，应当是说颜色容貌温出于内心之变。"[2]事实上，陈先生也承认"变"字不好解："变字和仁搭不上关系，悦、戚、亲、爱、仁的关系很明白，现代文字学家虽然把字认成'变'，但这个'变'是从哪个字假借的，或者根本认得不对，还是一个开放问题。"[3]

此处的"变"，到底是什么意思呢？我们先结合帛书《说》来看。第12章"不变不悦"《说》云："变也者，勉也，仁气也。变而后能悦。"本章帛书《经》《说》都有阙文，又有重文符号，故有不同的补法。庞朴作："颜色容貌［变变］也。变变者，勉勉也，逊逊也，能行变者也。"[4]池田知久、常森作："颜色容貌［温，

1　陈来：《竹简〈五行〉篇讲稿》，第68页。

2　陈来：《竹帛〈五行〉与简帛研究》，第136页。

3　陈来：《竹简〈五行〉篇讲稿》，第33页。

4　庞朴：《竹帛〈五行〉篇校注及研究》，第53页。

变〕也，变者，勉也，勉，孙也，孙，能行变者也。"[1] 两者相较，前说似乎更有可能。古人勉勉、逊逊常叠用。魏启鹏说："勉勉，同'亹亹'。《礼记·礼器》：'君子达亹亹焉。'郑注：'亹亹，勉勉也。'孔疏：'勉勉，劝乐之貌。'逊逊，同'恂恂'。《论语·乡党》：'孔子于乡党，恂恂如也。'《释文》：'恂恂，温恭之貌。'《隶释·汉慎节令刘修碑》引作'其于乡党，逊逊如也'。"[2] 此说颇为详尽。

不过，帛书《说》用"勉勉、逊逊"解释"变"，不是文字上的训诂，而是义理上的判定，是以"勉勉、逊逊"来解释"变"的原因，故下文云"能行变者也"。"能行变者也"，即能行"变"的原因。这个"变"的直接意思，就是"颜色容貌温"，即在颜色容貌上表现出温。这个温与第5章的温，基本是一个意思。与后者不同的是，第5章的温是由仁之思，经过了精、察、安而达到的；此处的温，则似乎没有明确交代其来源。这里是以温变为前提，还没有说明为何有这种改变。

但从逻辑上讲，第12章及本章是在描述仁的形成过程。且在《五行》第三部分，仁是出于智的，所谓"知而安之，仁也"。故一定意义上，我们可以说，第12章及本章，正是对"知而安之"的

1　池田知久：《马王堆汉墓帛书五行研究》，第268页；常森：《简帛〈诗论〉〈五行〉疏证》，第170页。

2　魏启鹏：《简帛〈五行〉笺释》，第37页。

展开论述。此处，"颜色容貌温，变也"，就仁德之形成而言，它并不是最初的开端，而是"见而知之"的下一个阶段。"见而知之"以后，若能表现出颜色容貌之温和，则谓之"变"。这个"温，变也"，即相当于帛书《说》他处所说的"色然于君子道"的"色然"。这种变化，源于一个人内在行道的意愿、乐道的心情（"劝乐之貌"），故帛书《说》解释为"勉勉也，逊逊也"。如果说"勉勉、逊逊"，还是指向了一种内心状态；那么，"变也者，勉也，仁气也"，则是进一步指向了其能如此的原因。正是"仁气"的调动，使人在见到贤人、理解贤人德和君子道之后，能有"勉勉、逊逊"的用心，从而表现为外在颜色容貌的温和。这个"温变"，基于"仁气"而受"见而知之"的激发，再经过"悦、戚、亲、爱"的发生过程，最终可以凝成仁德。

至此，我们就可以看出第 5 章与第 12、19 章的不同了。前者是从"仁之思"开始生成仁德，后两章则是在"智"的基础之上生成仁德。前者是源于内在的；后者也有内部的条件（仁气），但还要受到外界条件的刺激（见而知之），故可以说是由外而内的。这两种不同的论述，代表了生成仁德的两条不同的道路。

值得一提的是，《中庸》曰："力行近乎仁。"这句话以往没有很好的解释。孔颖达曰："以其勉力行善，故'近乎仁'也。"[1] 停留

1　孔颖达：《礼记正义》，第 2016 页。

于字面。朱熹引吕氏曰："力行非仁，然足以忘私。"[1] 从忘私讲更不贴切。这句话若从本章义理看，很好理解。所谓的"力行"，是指力行仁道。它是由内心行道的意志所表现出来的行为特征，相当于此处的"勉勉、逊逊"。在某种意义上，它甚至可以说是仁德生成的一个现实的开端（不是逻辑上的），故曰"近仁"。若从德气说讲，它是仁气所推动的，更可以说是"近仁"。

20. 中心辩然而正行之，直也。辩然，分明貌。正行，正义而行。**直而遂之，肆也**。遂，成也。**肆而不畏强御，果也**。强御，谓强暴也。**不以小道害大道，简也**。简者，大而不烦之谓。**有大罪而大诛之，行也**。罪大不赦，乃能令行禁止。**贵贵其等尊贤，义也**。等，犹同也。言贵贵与尊贤，皆为义之大者。

上第二十章。释第十三章。

本章论述义的形成，结构上是对第13章的解释。

"中心辩然而正行之，直也。"义的形成过程，始于中心之辩。

---

1 朱熹：《四书章句集注》，第29页。

辩通辨，辨别、明辨。《墨子·修身》："慧者心辩而不繁说。"《贾子·道术》："论物明辩谓之辩。"不过，这里的明辨，不只是形式上的区分，而更出于道义的分明。顺着第18章看，它以"见而知之""知而安之"为前提条件。"中心辩然"，是"知之""安之"之后明于道理的内心状态。这一内心状态，乃是义德之行的发端。"正行之"的正不是指"正身"，而是指"正义而行"，即内心明辨的道义直接推行出来，谓之"直"。这个"直"，在《论语》中有其渊源。叶公语孔子曰："吾党有直躬者，其父攘羊，而子证之。"孔子曰："吾党之直者异于是。父为子隐，子为父隐，直在其中矣。"（《论语·子路》）近二十年来，学者讨论亲亲相隐的问题都会涉及本章的解释。在我看来，这里的关键是"直"的理解。叶公所谓的"直"是从律法上说的，能行律法谓之直。若从这个角度看，则"父为子隐，子为父隐"是相互的包庇和隐匿，当然不可谓直。但孔子却说是"直者"，原因在于，孔子所说的"直"，不是服从于律法，而是从人的内在情感与外在行为的一致性来说的，直其中心之亲情，使之得以直接而无遮蔽地表达，谓之"直"。冯友兰所谓"如我中心之情而出之"是也。[1] 本章"中心辩然而正行之，直也"，也是就内外而言的。内心明辨的道义，若能直接而无委曲、遮蔽地加以表达，即谓之"直"。这个意义，也类似于《大学》所谓"如恶恶臭，如

1　冯友兰：《中国哲学史》，北京：中华书局，2014，第86页。

竹简《五行》章句讲疏

好好色"的"诚"。值得注意的是，德字有一种写法"悳"。《说文》云："悳，外得于人，内得于己也。从直、从心。"从直从心的德，就包含一种内在心德无遮蔽地呈现的意味。后世佛学也有"直心办道""直心即是道场"之说。其中"直"的用法也是类似的。

此句帛书《说》的解释值得玩味："有天下美饮食于此，吁嗟而予之，中心弗迷也。恶吁嗟而不受吁嗟，正行之，直也。"意思是说，美好的饮食放在面前，呼喝着给你，心中不会迷惑。因厌恶被呼喝而不受，便是直。不受嗟来之食的故事，我们很熟悉，见于《礼记·檀弓下》："齐大饥，黔敖为食于路，以待饿者而食之。有饿者蒙袂辑屦，贸贸然来。黔敖左奉食，右执饮，曰：'嗟！来食。'扬其目而视之，曰：'予唯不食嗟来之食，以至于斯也。'从而谢焉。终不食而死。"这一记载，可能是故事的原型。另外，孟子也举了这个例子："一箪食，一豆羹，得之则生，弗得则死。呼尔而与之，行道之人弗受；蹴尔而与之，乞人不屑也。"（《孟子·告子上》）这个例子说明人是有尊严和底线的，或者说人皆有"羞恶之心"。帛书《说》"恶吁嗟而不受吁嗟"的"恶"，正是羞恶的恶。"中心辩然而正行之，直也"，在《五行》文本中是义的发端；帛书《说》以"羞恶之心"解之，正合于孟子义之端的思路。这当然不是《五行》原本的意思，而是帛书的发挥。在此，我们可以清楚地看到帛书《说》与孟子思想的深刻关联。

"直而遂之，肆也。"竹简作述，多读为遂。遂，成也。肆字，帛书《说》作"迣"，庞朴认为："疑读为肆。《老子·德经》'直而不肆'，帛书甲本作'直而不绁'。《礼记·乐记》：'肆直而慈爱。'"[1] 可从。一说："迣，同'泄'，终了。"[2] 简文的意思是，直而成之谓之肆。第 13 章"不直不肆"帛书《说》云："直也者，直其中心也，义气也。直而后能迣。迣也者，终之者也；弗受于众人，受之孟贲，未迣也。"帛书进一步把"直其中心"的原因归结为义气。这是帛书以"德气说"解说的又一表现。"迣也者，终之者也"，"终之"即成之，最终的达成。以直心为发端，到最终的达成，需要排除各种干扰、阻挠的因素。这里举了一个例子。若普通人强加给自己不接受，孟贲强加给自己就接受，则不是"迣"。孟贲是秦武王时期齐国的力士。《史记·袁盎列传》《索隐》引《尸子》："孟贲水行不避蛟龙，陆行不避兕虎。"《吕氏春秋·必己》载："使船人知其孟贲，弗敢直视。"可见，孟贲在当时的名声很大。帛书举他的例子是说，若因外在强力而改变自己的内在行事原则，即不是"迣"。《说》云："迣者，遂直也。"迣是直的完成。

"肆而不畏强御，果也。"按照《五行》的意思，"肆"是指一般意义上的直心的完成。若在过程中，即便面临强力也不改变，则谓之"果"。故果与肆，大体是程度上的差异。第 13 章"不肆不果"帛书《说》云："果也者，言其弗畏也，无介于心。"又本章

1　庞朴：《竹帛〈五行〉篇校注及研究》，第 47 页。
2　常森：《简帛〈诗论〉〈五行〉疏证》，第 173 页。

《说》云："强御，勇力也。"其实，孟贲的例子，更适合放在这里。"不畏强御"，出自《大雅·烝民》。魏启鹏认为："一指强壮多力者，一指横暴抗善之权门豪强，简文乃后一义。"并引《国语·晋语六》"其身果而辞顺，顺无不行，果无不彻"韦昭注："果，谓敢行其志。果者志不疑，故无不彻。彻，达也。"及《晋语七》"若是道也果"韦昭注："果，必行也。"[1] 可以参考。

"不以小道害大道，简也。"意思是说，不以小的道义损害大的道义，就是简。所以，"简"是对大原则的把握和执行能力。《大戴礼记·小辨》云："夫小辨破言，小言破义，小义破道，道小不通，通道必简。……夫道不简则不行，不行则不乐。"庞朴据此认为："简，大而当者也。"[2] 从理论上说，原则不是唯一的，原则与原则之间也不一定完全一致。相互之间既是相互补充的，有时也会构成彼此的限制，甚至发生直接的矛盾。此时，小大之分就显得非常重要了。在一个具体的事情上，若从小的原则出发，一味坚持而没有具体的权衡和取舍，很可能会破坏大的原则。这种意义上的小大之分，乃是实践判断力的核心。故《墨子·尚贤中》"明小物而不明大物"，《鲁问》"世俗之君子，皆知小物而不知大物"，就是对不知小大的批判；《管子·任法》"任大道而不任小物"，则是对小大之别的强调。帛书《说》用了一个贴切的例子："见其生也，不食

1　魏启鹏：《简帛〈五行〉笺释》，第39—40页。
2　庞朴：《竹帛〈五行〉篇校注及研究》，第57页。

其死；然亲执诛，简也。"前半句可以参考孟子的一段话："君子之于禽兽也，见其生，不忍见其死；闻其声，不忍食其肉。是以君子远庖厨也。"（《孟子·梁惠王上》）在孟子这里，君子远庖厨是一种"仁术"。帛书说"不食其死"，"不忍"变成了"不"，程度上有所加强，但大意是一致的。

"然"或读为"祭"。若作"然"，意思是说，君子虽然见家畜之生而不忍食其肉，但若执政则亲自执法以诛除罪恶。因见禽兽之生而不食之，这是不忍之心，对待动物尚且如此，对待同类的人更是不容已。但遇到有罪之人，则仍按照义的原则，亲自诛罚，这是大义。不能因为自己的仁爱之心，便不讲是非、不行道义。这便是"不以小道害大道"。下文"有大罪而大诛之，行也"及第22章"有大罪而大诛之，简也"，皆从诛杀而言，与此处呼应。若作"祭"，意思是说，"了解家畜之生而不忍食其肉，属于小爱、小义；祭祀时亲自杀死它献给神灵祖先，属于大爱、大义"。[1]孟庆楠认为，此处可以对比于齐宣王以羊易牛的故事。

> 齐宣王虽然见牛觳觫而舍之，但也仍然清楚地知道衅钟不可废。《周礼》规定的天府职司就包括"上春，衅宝镇及宝器"，郑玄注："衅，谓杀牲以血血之。"……如果用《五行》篇的表述来

1　常森：《简帛〈诗论〉〈五行〉疏证》，第 176 页。

竹简《五行》章句讲疏

说，见牛觳觫而舍之是"小义"，行衅钟之礼乃是"大义"；对杀生的不忍之心是"小爱"，对神灵的敬畏、敬爱乃是"大爱"。齐宣王对杀生与祭礼所做出的取舍，也即表现了《五行》篇所特别强调的"不以小道害大道的辩然之心"。[1]

这一说法似乎也说得通。考虑到文本的前后呼应，以下暂从前说。

能够果决地把握大道，不因小道而迷惑于轻重之间，才有真正的执行力。故"有大罪而大诛之，行也"。这一句作为"行"的解释，可以视为一个具体的例子。当然，这个例子有它的重要性和代表性。诛，重责、严惩、杀戮。若有不赦的大罪则必予以重罚乃至诛杀，谓之行。魏启鹏说："'行'，谓据义而行。参看《荀子·正名》：'正义而为谓之行。'《大戴礼记·盛德》：'能行德法者为有行。'"[2]帛书《说》云："无罪而杀人，有死弗为之矣。然而大诛之者，知所以诛人之道而行焉，故谓之行。"若其人无罪，宁可自己赴死也不枉杀无辜。君子有这般仁心，但遇不赦之罪、当诛之人则必大诛，这是因为"知所以诛人之道"，亦即知道背后必诛之原因与根据。"大诛之"的问题，常森举了孔子诛少正卯的例子。[3]据《荀

1　孟庆楠：《匿简之际——以简帛〈五行〉篇为中心》，《中国哲学史》2013 年第 2 期，第 10 页。

2　魏启鹏：《简帛〈五行〉笺释》，第 40 页。

3　常森：《简帛〈诗论〉〈五行〉疏证》，第 177 页。

240

子·宥坐》记载，孔子在鲁摄行相事，七日而诛少正卯。孔子给出的理由是，少正卯兼具"一曰心达而险；二曰行辟而坚；三曰言伪而辩；四曰记丑而博；五曰顺非而泽"五恶，荧惑众人，为"小人之奸雄"，不可不诛。并且，还列举了历史上文王、周公、管仲、子产等的"大诛"之事。彼处，孔子给出的五个理由，实即"所以诛人之道"。当然，孔子诛少正卯是否确有其事，学者尚有争议；若果有其事，该如何具体了解也是一个问题。

最后一句："贵贵，其等尊贤，义也。"应当注意的是，上一句"大诛"的例子，与这一句没有直接的关系。此句是单独提出了两条大的原则。帛书《说》云："'贵贵'者，贵众贵也。贤贤，长长，亲亲，爵爵，选贵者无私焉。'其等尊贤，义也。''尊贤'者，言等贤者也，言选贤者也，言属诸上位。此非以其贵也，此其义也。贵贵而不尊贤，未可谓义也。"关于帛书对"贵贵"的理解，庞朴认为："贵有多种，贤、长、亲、爵，皆为贵者，斯谓之'众贵'。"[1] 常森则认为："以众人之所贵为贵。"[2] 即以众人的意愿为标准。从简文来看，当以前说为是。意思是说，有许多种不同的贵，获得相应的对待便是"贵贵"。孟子曰："天下有达尊三：爵一，齿一，德一。"(《孟子·公孙丑下》) 尊、贵意义相近，只是《孟子》

___

1　庞朴：《竹帛〈五行〉篇校注及研究》，第 57 页。
2　常森：《简帛〈诗论〉〈五行〉疏证》，第 177 页。

竹简《五行》章句讲疏

缺了一个"亲亲"。[1]

　　据帛书《说》文，"其等尊贤"是说为贤者划分等第。《礼记·燕义》所谓"别其等，正其位"，《周礼·夏官·司兵》所谓"明辨其物与其等"，《中庸》所谓"亲亲之杀，尊贤之等，礼所生也"，等字有类似的含义。对贤者作出等第的区分，是为了授予相应的爵位官职，故曰"言选贤者也，言属诸上位"。选贤之事，唯以贤不贤为唯一的标准，与本来的身份地位无关，故曰"此非以其贵也"。帛书《说》的解释从义理上诚然是没问题的，只不过"其等尊贤"的表述有点奇怪。魏启鹏指出了这一问题："如'等'作分等、区别解，则可言'等贤'，同'简贤''选贤'，与儒家'尊贤有等'义合，若言'等尊贤'则文理费解矣。《孟子·万章下》：'用下敬上，谓之贵贵；用上敬下，谓之尊贤。'"[2]此说还是有道理的。从《五行》原意来说，"其等"可能不是指"别其等"，而是指"贵贵"与"尊贤"两个原则同等重要。至于所引孟子的话，将两者分别限定，恐也不是简文的意思。在上者有在上者的尊贤方式，在下者有在下者的尊贤方式（详第24章）。同样，在下者可以贵贵，在上者亦可以贵贵。

1　类似的表述，还有《礼记·丧服小记》："亲亲尊尊长长，男女之有别，人道之大者也。"《祭义》："先王之所以治天下者五：贵有德，贵贵，贵老，敬长，慈幼。"《荀子·大略》："贵贵、尊尊、贤贤、老老、长长，义之伦也。"

2　魏启鹏：《简帛〈五行〉笺释》，第41页。

故最后一句是讲，"贵贵"与"尊贤"是两大原则，是大义。此间，"贵贵"是周代礼乐文明老的价值，大体以血亲关系为基础，而尊贤是春秋战国之后渐渐形成的新价值。[1]《五行》把"尊贤"拔高到与"贵贵"同等重要的地位，无疑是对"尊贤"的强调。《中庸》云："凡为天下国家有九经，曰：修身也，尊贤也，亲亲也，敬大臣也，体群臣也，子庶民也，来百工也，柔远人也，怀诸侯也。"大体而言，亲亲、敬大臣，可谓"贵贵"。尊贤的价值，甚至超过它们，排在了两者之前，成为统治者一切行事原则之首。其突出"尊贤"的用意，与《五行》是一致的。

21. 以其外心与人交，远也。人我有间，故外之。远，疏也。远而庄之，敬也。持之以庄重，则敬也。敬而不懈，严也。谓在己严肃也。严而畏之，尊也。人畏忌之，则己尊也。尊而不骄，恭也。己尊而不骄慢，则恭也。恭而博交，礼也。博交，谓所交接者广也。

上第二十一章。释第十四章。

本章论礼（德之行）的形成过程，结构上对应于第 14 章。

---

1 若从"贵贵"与"尊贤"的对举来看，帛书以"贤贤"为"贵贵"之一种是不合适的。

"以其外心与人交，远也。"礼这种德之行的形成，也是源于内在心理。"外心"一词，见于《礼记·礼器》："礼之以多为贵者，以其外心者也。"郑玄注："外心，用心于外，其德在表也。"孔颖达疏："用心于外，谓起自朝廷，广及九州四海也。"[1] 据此，魏启鹏认为："《五行》篇之'中心'即内心，主旨乃与心为一，慎其独也；外心主旨在以心交于天下四方，亦即《中庸》九经之'柔远人，怀诸侯'，'柔远人则四方归之，怀诸侯则天下畏之'。"[2] 按，《五行》的"外心"，最终也要落实于博交天下，在此意义上，"主旨在以心交于天下四方"是说得通的。但从简文此处看，"外心"应是一种内在的持心状态。

帛书《说》云："外心者，非有它心也。同之心也，而有谓外心，而有谓中心。中心者，謰然者也。外心者，其㘷廓然者也，言之心交远者也。"之即此。同是一个心，其用不同，或谓之外心，或谓之中心。"謰"，庞朴等读为"嫟"，[3]《说文》云："嫟，好皃。"段注："此谓柔㚄之好也。"池田知久读为"煗"，同暖字。两说相通。"中心"指柔善、温暖爱人之心，这是一种与人亲近之心。与之相对，"外心"是所谓"其㘷廓然者也"，整理者读为愿，指心思。"廓然"，开阔、疏阔貌。中心主要针对亲近之人，外心则可以

孔颖达：《礼记正义》，第977页。
魏启鹏：《简帛〈五行〉笺释》，第42页。
庞朴：《竹帛〈五行〉篇校注及研究》，第59页。

及于广远之众，故曰"言之心交远者也"。在此，"交远"是外心之用，但外心不是只在交远。类似的，"中心"不是不能及远，中心以至于仁，则可以仁覆四海。故"中心"与"外心"，说到底不是从远近范围上讲的，而是区分了"亲近"与"疏远"两种用心方式或倾向。如果说"中心"是温暖爱人之心，乃至有泯灭彼我之分的倾向；那么"外心"则是与人拉开距离，承认人与之人之间的边界，将他者视为他者来尊重和对待。

第 14 章"不远不敬"帛书《说》云："远心也者，礼气也。质近者〔则〕弗能〔敬也〕，〔远则〕敬之。远者，动敬心，作敬心者也。左雠而右饭之，未得敬心者也。"阙文据文义补。远心作为礼（德之行）的开端，根本上是"礼气"作用之故。而它又是敬心的发动者。过于亲近则不能产生敬心，保持一定的距离才能生起敬心。左手招来，右手给饭（如前举嗟来之食的故事），便是没有敬心。因为没有把人当作人来看，没有视他者为他者来尊重。

"远而庄之，敬也。"亲狎必不庄重，保持距离则既能自重，也能敬人。在此，庄是指庄重之心，敬是指敬谨、敬慎之心。学者多引《论语·为政》"临之以庄则敬"来说明庄与敬的关系。类似的表述，还有"不庄以莅之，则民不敬"（《卫灵公》）。但要注意的是，这些说法与此处有所不同。《论语》的逻辑是自己庄重故能得人之敬，而《五行》的"庄之，敬也"，则是描述礼这种德之行的形成过程，庄、敬都是行者本人的内心状态。从道德经验看，若与人有距离之感，则自己也会审视自己而能庄重，也会更加注意自己的言行，保持审慎的心态。敬，说到底是对于内心的关切和戒慎。

"敬而不懈，严也。"若是内心敬慎而不懈怠，便会产生严肃的气质。帛书《说》云："严者，敬之不懈者，敬之积也。"不懈，是说时时保有敬心而不间断。此前的庄、敬主要是自己的内心状态，到了严，则表露为可以为他人所感的气质了。

"严而畏之，尊也。"帛书作："严而威之，尊也。"古威、畏通。[1]《礼记·祭义》"严威俨恪"孔疏："严谓严肃，威谓威重。"[2]此处，作"威"更为合适。威，指自身威重、为人所畏，乃是严的积累之效。帛书《说》解"不严不尊"云："严而后己尊。"常森认为："忌尊，不能理解为自己变得有尊严。……'远心''敬''严''恭'等都指主体对于对象，'尊'亦当如此，'忌尊'应该是指自己尊对方。"[3]这一解释，从道理上是说不通的。且下文云"尊而不骄"，若尊是尊人，则已包含了"不骄"，后者没有了独立的实践意义。实际上，自己严肃而威重，则别人可以感受到一定的畏忌。先秦常有"不怒而威""不厉而威"的说法，也都是讲威重的在上位者有令人畏惧的震慑效果。常森认为，这句话是说，"保持这种严而又畏忌他，就是尊。威（wèi），通

1　如《老子》今本"大威至"，帛书乙本作畏。

2　孔颖达：《礼记正义》，第1819页。

3　常森：《简帛〈诗论〉〈五行〉疏证》，第163页。

'畏'"。[1] 其实，有威严的是自己（修德的主体），畏忌是说他人对自己有畏忌，这是自己的威严所致。帛书《说》云："……之又从而畏忌之，则夫间何由至乎哉？"前有阙文。其中，"间"是干犯的意思。王引之《经义述闻》引《左传》鲁昭公二十六年"单、刘赞私立少，以间先王"曰："间之言干也。谓干犯先王之命也。"[2] 帛书《说》的意思是，自己严肃而有威，他人又从而畏忌之，故不再有被人干犯之事，谓之尊。与"严威"一样，"尊"主要也是就自己方面来说的。

"尊而不骄，恭也。"子贡曰："贫而无谄，富而无骄。"（《论语·学而》）子曰："如有周公之才之美，使骄且吝，其余不足观也已。"（《泰伯》）朱熹曰："骄，矜肆也。"[3] 这是从自身状态来说的。如果从对人的态度说，则可以解释为"骄慢于人"。"尊"容易自我膨胀，结果可能是自负且骄慢。尊而不自负、不矜夸、不骄慢，谓之恭。恭是出于自知和自我约束。此处，"尊而不骄"也是指自己的用心，所谓"尊别人且不骄肆"之类的说法是说不通的。由此，也可以推论，前一句的"尊"也不是尊他人。[4] 帛书《说》云："'尊

---

1 常森：《简帛〈诗论〉〈五行〉疏证》，第179页。

2 王引之：《经义述闻》，上海：上海古籍出版社，2016，第1137—1138页。

3 朱熹：《四书章句集注》，第52页。

4 常森认为是："尊重对方而没有骄傲自负之心。"（《简帛〈诗论〉〈五行〉疏证》，第182页）按，在这一解释中，尊重对方与不骄傲是并别关系，不能表达进一层的意思。又魏启鹏解前一句"畏之"为"以畏忌事人"（《简帛〈五行〉笺释》，第103页），则尊也是尊人，问题也与常说同。

而不骄，恭也。'言尊而不有□□己事君与师长者，弗谓恭矣。故斯役人之道，□□恭焉。恭生于尊者也。"此句虽然残缺，但大意还是明白的。说的是，侍奉君主和师长能如此，还不是恭（因为君主和师长本来就比你尊）；对待干杂役的人能如此，方是恭。恭是在地位相对优势的情况下的持心状态，它是以尊为前提的。简文"不尊不恭"帛书《说》云："恭也者，用上敬下也。"就是这个意思。

"恭而博交，礼也。"有人读为"薄交"，解为恭敬行事、薄于情意，是不合适的。[1]博交，谓广泛的交际。有此恭心，自然能广泛交往而受人敬重。魏启鹏说："博，溥博。《礼记·中庸》：'溥博如天。'孔疏：'溥，谓无不周遍；博，谓所及广远。'博交，言以外心与人交，周遍而广远也。"[2]又曰："《周易·系辞下》：'君子上交不谄，下交不渎，其知几乎！'可以发明'博交'之旨。"[3]是也。帛书《说》云："博者遍也，言其能博，然后礼也。"交而能广博、周遍，然后礼德乃成。

第14章帛书《说》解云："'恭而后礼'也，有以礼气也。"可见，"礼气"既是开端，又是结果。它是"远心"发动的原因，又

1 武汉大学简帛研究中心、荆门市博物馆编著：《楚地出土战国简册合集（一）：郭店楚墓竹书》，第57页。

2 魏启鹏：《简帛〈五行〉笺释》，第43页。

3 同上书，第104页。

是礼德成形之后真实流行的东西。

22. 不简不行。不匿，不辩于道。匿，隐也。辩，犹明也。道者，君子所行道也，此尤指仁道。刑狱之事，曰简与匿。不简则义不能行，不匿则仁道不明。**有大罪而大诛之，简也。有小罪而赦之，匿也。有大罪而弗大诛也，不[行]也。有小罪而弗赦也，不辩于道也。**罪有大小而简匿各适其用，则仁义兼得。直躬之类，可谓简而不辩于道矣。

上第二十二章。

本章讨论"简""匿"两个刑狱原则。

简是对于大义原则的把握。第 20 章说："不以小道害大道，简也。"不因小的考虑（小道）影响了大的原则（大道）的执行，谓之简。这一观念可以追溯到《论语》。

> 仲弓问子桑伯子，子曰："可也简。"仲弓曰："居敬而行简，以临其民，不亦可乎？居简而行简，无乃大简乎？"子曰："雍之

言然。"(《论语·雍也》)

仲弓问，子桑伯子这个人怎么样？孔子给的评价是简。这里的简，一般理解为简略、疏简，如皇侃云："简，谓疏大无细行也。孔子答曰：'伯子之身，所行可谓疏简也。'"[1] 这样一来，"简"似乎不是很正面的评价。但从"可也"的表述，及仲弓的商榷来看，"简"还是应从正面来了解。"简"大概是把握得了原则、区别得了轻重，行事简明、要约的意思。在仲弓看来，理想的"简"基于内在的"敬"，内心恭敬而后行事简明，才是好的。而伯子所为，"居简而行简，无乃大简乎？"在此，"居敬"或是"居简"，不仅关乎内心的状态，也会最终影响到行为（所以仲弓不同意孔子的评价）。也就是说，真正的行事之简，必源于内心的慎重和敬肃，其中包含了丰富的价值感受、体认、权衡、判断和取舍；而"居简而行简"，只是为简而简，对于原则没有内部的体认，对于境遇没有具体的判断，一种原则贯彻一切，落于行事便是"太简"。

其实，人的实践处境是具体而复杂的，不是一个原则可以涵盖和解决的。如鲁定公问孔子："一言而可以兴邦，有诸？"(《论语·子路》)他希望得孔子一句话来治理国家，无疑是把事情想简单了。故孔子感叹："言不可以若是其几也！"意思是说，"一言之

1　高尚榘：《论语歧解辑录》，北京：中华书局，2011，第258页。

间，未可以如此而必期其效"。[1] 又孟子曰："子莫执中，执中为近之，执中无权，犹执一也。所恶执一者，为其贼道也，举一而废百也。"（《孟子·尽心上》）孟子认为，若"执中"而"无权"，本质上就是"执一"。朱子说："为我害仁，兼爱害义，执中者害于时中，皆举一而废百者也。"[2] 这里举了杨朱、墨子和子莫的例子。杨朱为我是无仁，墨子兼爱是太仁。子莫执中，看上去好一些，但实际上只是机械地选取一个中点作为一个新的原则，他并不是从具体情境出发，在诸善的对立与冲突之间，兼顾诸价值与原则（如仁与义）的考量而达到诸善之和（如仁义之和）。而事实上，人类的实践处境，往往涉及诸种价值与原则的冲突和权衡。权衡之后，判定小大轻重缓急，然后才有切中于事物之宜的行事方法。倘若只是固执一个原则，对具体事务作模式化的处理，看上去有原则、很一贯，实际上不一定是周全妥当的处理。

本章"简""匿"问题的讨论，限定于政治的领域，尤其是刑狱的方面。刑狱之事以执行法度为要义，故"简"肯定是刑狱的基本原则。但儒家认为，光有"简"是不行的，它还要受到另一个原则的限制。"不简，不行；不匿，不辩于道"，意思是说，不能把握大的原则，则不能推行；不能宽宥小的过错，则不能辩于仁道。在这里，"行"指政令律法的推行。匿，隐匿、藏匿。据下文，是指

1　朱熹：《四书章句集注》，第 145 页。
2　同上书，第 357 页。

隐匿小罪。道，学者不作解释，此处当指仁道。宽宥小罪，乃是仁心、仁道的表现。故简文说，若是不能赦免小的过错，一味严惩，说明不清楚仁道。接下来几句是对首句的解释。意思是说，"简"是对不可饶恕的大罪坚决予以严惩，"匿"是对小的罪过予以宽宥和赦免。诛，指严惩重处。若有大罪而不加严惩，则刑政不能施行（百姓没有畏惧之心）；若是小罪而不能赦免，则不能明辨于仁道。[1]

两个原则之中，"有大罪而大诛之"不会有异议，成问题的是"有小罪而赦之"。而后者正是儒家的特色。孔子曰"赦小过"（《论语·子路》），《易传》曰"君子以赦过宥罪"（《解卦·大象传》）。赦免小罪，根本上源于儒家的仁道精神，也与孔子"德礼为主、政刑为辅"的德治思想是内在一致的。[2] 与之形成鲜明对比的，是法家对于严刑峻法的强调。如《管子·法法》："民毋重罪，过不大也；民毋大过，上毋赦也；上赦小过，则民多重罪，积之所生也。故曰：'赦出则民不敬，惠行则过日益。'惠赦加于民，而囹圄虽实，杀戮虽繁，奸不胜矣。故曰：'邪莫如蚤禁之。'赦过遗善，则民不励。有过不赦，有善不遗，励民之道，于此乎用之矣。"意思是说，小罪大罪皆不可赦，因为后者都是从前者积累而来的。不赦小罪，可

1　陈来认为，"不辩于道"是说"对政刑的原则没有分辨，辨也包含区分对待的意思"（《竹简〈五行〉篇讲稿》，第43页）。

2　子曰："道之以政，齐之以刑，民免而无耻；道之以德，齐之以礼，有耻且格。"（《论语·为政》）

以防微杜渐，斩除隐患。故："凡赦者，小利而大害者也，故久而不胜其祸。毋赦者，小害而大利者也，故久而不胜其福。"在赦与不赦的利害之间，法家选了后者，认为不赦小罪固然有小害，但长远来看还是利大于弊的。这一主张明显有针对儒家的意思。

当然，两种主张孰是孰非，不是那么容易论断的。但从各自思想或价值出发，两种主张皆有其必然性。法家以高效的治理为目标，以法为自足的系统、唯一的手段；儒家以礼乐道德的教化为目标，以政令刑罚为辅助的治理手段。对于儒家来说，"赦小过"只是刑政层面上的处理，问题的最终解决还要依赖于人伦道德的教化过程。常森说："儒家主张赦免小而多见之罪，殆非视之而不见，听之而不闻，放任自流，而是倾向于将它们放在道德层面上来处理。其实就政教伦理而言，没有任何一种小恶是可以被无视或忽视的。"[1] 此说可以参考。在执行的层面，法家确实可以有更加直接而显著的效果；但所用的手段，却有违于儒家的仁爱精神，没有以最好的方式对待每一个具体的个人。在《五行》看来，法家的做法正是"不匿，不辩于道"，他们对于（仁）道的价值本怀是毫无了解的。

在战国中期法家崛起的时代，《五行》关于"简""匿"的阐述，特别是对于"匿"的强调，补充、限制了"简"的原则，可以

1　常森：《简帛〈诗论〉〈五行〉疏证》，第201页。

视为一个来自儒家传统的回应。当然，也不能因为仁爱之心，就没有明正是非的道德勇气。该诛杀的还要诛杀，"不以小道害大道"的"简"的原则，仍不可废。

23. 简之为言，犹练也，大而晏者也。练读为谏。谏，正也，诛杀之谓。晏，帛书作罕。大罪为罕见也。匿之为言也，犹匿匿也，小而轸者也。前匿，隐也。后匿，读昵，近也。《左传》襄公二十五年"匿其昵"杜预注"匿亲也"。轸，多也。小罪为繁多也。简，义之方也。匿，仁之方也。方，犹术也。强，义之方也。柔，仁之方也。"不强不絿，不刚不柔"，此之谓也。诗出《商颂·长发》，原作"不竞不絿，不刚不柔"，言汤之德也。

上第二十三章。以上两章借言刑狱简匿之道，申论仁义之和也。

本章接着上章说。

练，竹简作"練"，庞朴认为："'練'当系'谏'之手误。"[1] 魏

---

[1] 庞朴：《竹帛〈五行〉篇校注及研究》，第71页。

启鹏指出，谏犹正也，正有诛杀之义。[1] 帛书《经》作"贺"，《说》的叠《经》部分作"衡"。前者当为后者之假借。帛书《说》没有解释。常森认为："（衡）即衡量抉择而予以严惩，针对的是大而罕见的罪过。"[2] 衡解作衡量恐怕不妥。简可以说是衡量之后的行事原则，但它本身不是衡量。且这样一来，竹简与帛书两个字的意义相差太远。此处，帛书的衡，或可以作"公平"来了解。"简"是执行大原则，不打折扣、没有偏袒、平正无私，故竹简曰"犹谏也"、帛书曰"犹衡也"。"大而晏"，帛书作"大而罕"。魏启鹏指出，"晏借为罕"，音近通假。[3] 意思是说，简这一原则针对的是大而罕见的罪过。

接下来，"匿之为言也，犹匿匿也，小而轸者也"一句。庞朴认为："后匿字通慝（tè），邪恶也。"[4] 魏启鹏认为："前一'匿'，隐也，藏也，谓隐其小罪而赦之。后一'匿'，读为昵，近也，亲也，故为'仁之方也'。"[5] 常森认为："匿匿，读为'昵昵'，亲近貌。"[6]

1　魏启鹏说："練，疑读为谏。《广雅·释诂一》：'谏，正也。'《周礼·地官·序官》注：'谏，犹正也，以道正人行。'正有诛杀之义。《周礼·夏官·大司马》：'贼杀其亲则正之。'郑玄注：'正者，执而治之罪。'《大司马》引《王霸记》：'正，杀之也。'"（《简帛〈五行〉笺释》，第44—45页）

2　常森：《简帛〈诗论〉〈五行〉疏证》，第200页。

3　魏启鹏：《简帛〈五行〉笺释》，第45页。

4　庞朴：《竹帛〈五行〉篇校注及研究》，第71页。

5　魏启鹏：《简帛〈五行〉笺释》，第78页。

6　常森：《简帛〈诗论〉〈五行〉疏证》，第200页。

亲近与匿的意义关联，比较曲折。且后两种说法，似乎将这一原则限定在了亲人领域，但从《五行》看，匿或赦小过是刑狱方面的普遍原则，不只是针对亲人的。相比之下，庞朴说可从。"小而轸"，帛书《说》云："轸者多矣。"这个字，庞朴疑为"缜""纷"之误，魏启鹏则认为："轸借为赈，有富集、多之义，正与世子之说相合。又佚书屡以'大而炭（罕）'与'小而轸'对举，大与小反义词，罕与轸亦当为反义词，罕者稀少也，由此亦证轸（赈）者多也。"[1] 又常森说："轸，盛多凑集貌。《淮南子·兵略》篇有云：'畜积给足，士卒殷轸。'"[2] 要之，这句话意思是说，匿这一原则针对的是小而众多的过错。

帛书《说》云：

> □□□□□□□人行之大，大者，人行之□然者也。世子曰：'人有恒道，达□□□。'□□□简也，简则行矣。'不匿，不辩于道'：匿者，言人行小而轸者也。小而实大，大之□□者也。世子曰："知轸之谓轸，斯公然得矣。"轸者，多矣。公然者，心道也。……不周于匿者，不辩于道也。

第一个世子说及之前的一句，学者多处理为帛书上一章之结

1 魏启鹏：《简帛〈五行〉笺释》，第113—114页。
2 常森：《简帛〈诗论〉〈五行〉疏证》，第200页。

尾。常森调整为此处开头，补为："'不简，不行'：简，言人行之
大。大者，人行之□然者也。"[1] 可从。余字不知如何补。大意是说，
大罪是人行之罕见者，小过是人行之小而多者。"小而实大"，似乎
是说事虽小而关涉甚大。这里的"大"当然不是积小成大的意思，
否则将导致法家的"不赦小过"的主张。

世子即世硕，七十子之弟子，所著《养（性）书》提出了一
种人性论的主张："人性有善有恶，举人之善性，养而致之则善长；
恶性，养而致之则恶长。"在当时有很大的影响。关于帛书所引的
这句话，常森认为：

> 世子说知道轸之所以为轸，那么普遍认为对的就得到了。轸
> 就是多，普遍认为对的体现了心之道。孟子曰："口之于味也，
> 有同耆焉；耳之于声也，有同听焉；目之于色也，有同美焉。至
> 于心，独无所同然乎？心之所同然者何也？谓理也，义也。圣人
> 先得我心之所同然耳。故理义之悦我心，犹刍豢之悦我口。"公
> 然，犹言"同然"。心道，犹言"心之所同然"。[2]

此说值得参考。轸，说明很多、很常见，是人很容易犯的过错。世
子认为，轸之为轸里面，亦即这种过错的普遍性中，就蕴含了"公

1　常森：《简帛〈诗论〉〈五行〉疏证》，第 201 页。
2　同上书，第 203—204 页。

然"。这个逻辑怎么理解？是不是说，人很容易犯的错，就不再是错？换言之，错误的普遍性决定了错误不再是错误，而变成了大家所公共认同的东西？当然不能这样说。是非自是非，普遍性绝不是是非的标准。世子的话也不是这个意思。在此，我们要根据语境补充从"轸"到"公然"的推理中未曾明言的逻辑环节。正是由于这些小错如此之普遍，很多人都有可能遇到，那么，如何处理，便是一件关系重大的事情（小而实大）。或许有几种可能：一来，由于小过众多，牵涉相当多的犯事者及其家人，他们都会寻求宽宥，形成一种公共的要求。二来，由于小过易犯，人们会很自然地设身处地，设想自己或身边的人犯了类似的事，肯定也希望获得宽宥，得到改过自新的机会。于是，"赦小过"就会被人们普遍认可，成为"公然""同然"的东西。人们之所以会认可"赦小过"，正是因为"小过"的多发和易发。

"简，义之方也。匿，仁之方也。"简与匿不是两个孤立的原则，说到底，它们是义的原则与仁的原则在刑狱领域的代表。"有大罪而大诛之"，是出于道义的原则，故曰"义之方也"；"有小罪而赦之"，是出于仁爱的原则，故曰"仁之方也"。方，术也、道也。子曰："夫仁者，己欲立而立人，己欲达而达人。能近取譬，可谓仁之方也已。"（《论语·雍也》）孔子所谓"仁之方"，就是为仁的方法。但在《五行》，简可以说是义的方法（由奉行简的原则而行义），也可以说是义的表现。同样的，匿可以说是仁的方

258

法（由赦小过而为仁），也可以说是仁的表现。故《五行》讨论
简、匿，实际上是以刑狱原则为例，说明仁义之和的问题。故帛书
《说》云："言仁义之用心之所以异也。义之尽，简也。仁之尽，匿
也。大义加大者，大仁加小者。故义取简，而仁取匿。"

　　"强，义之方也。柔，仁之方也。"以刚柔与仁义对举，与《说
卦》"立天之道曰阴与阳，立地之道曰柔与刚，立人之道曰仁与义"
相似。此句的"方"，应理解为表现。[1] 即，强是义的表现，柔是仁
的表现。所引诗句出自《商颂·长发》，今本作："不竞不絿，不刚
不柔。"孔颖达疏："汤之性行，不争竞，不急躁，不大刚猛，不大
柔弱，举事皆得其中。"[2] 孟庆楠指出："争竞多骄，求人多谄，或过
于刚，或偏于柔，是皆有所失。因此，'不竞不絿，不刚不柔'二
句正是强调不可过度或偏狭地使用匿或简的'举事'方式。"[3] 不能
举用一偏，也正是为了达到仁义之和。故帛书《说》云："非强之
也，非急之也，非刚之也，非柔之也，言无所称焉。此之谓者，言
仁义之和也。"君子之行，不落于或刚或柔、或仁或义的一偏，故
"无所称焉"。王博说："不是单纯的刚和柔，而是刚柔仁义的和谐
与互补，这才是儒家追求的理想境界。"[4] 其说是也。

1　"方"字的这种用法，多见于竹简《性自命出》。

2　孔颖达：《毛诗注疏》，第 2145 页。

3　孟庆楠：《匿简之际——以简帛〈五行〉篇为中心》，《中国哲学史》2013 年第 2 期，第
　　6 页。

4　王博：《中国儒学史·先秦卷》，第 287 页。

以上两章引申阐述仁义之和。仁义关系问题，在战国中期已然凸显，不限于儒家。对此，儒家的基本立场是在情理之分的基础上，强调两者的相辅相成。《五行》以简匿两种刑狱原则为例，阐述仁义二者的和合一致，就是这一意识的表现。[1]

24. 君子集大成。《箫韶》九成，为大成。集大成，喻君子所造之大也。**能进之，为君子。不能进也，各止于其里。**进，谓进德。里，所居止，此言资禀之所有也。**大而晏者，能有取焉。小而轸者，能有取焉。**承上章，言简匿皆取然后仁义两全也。〇《中庸》曰："万物并育而不相害，道并行而不相悖，小德川流，大德敦化，此天地之所以为大也。"**胥儵儵达诸君子道，谓之贤。**胥儵儵，盛大显明貌。**君子知而举之，谓之尊贤。知而事之，谓之尊贤者也。后，士之尊贤者也。**知之而举用之，是王公之尊贤也。知之而师事之，是士人之尊贤也。帛书多"前，王公之尊贤者也"，当为衍文。

1　参见王博《中国儒学史·先秦卷》之"早期儒家的仁义说"。

上第二十四章。言君子当进德修业以达诸君子道，尤当师事贤者。以下两章述"进之"之旨。

本章顺着仁义之和的线索，进一步谈君子之成德。

"集大成"是源于乐的术语。魏启鹏认为："大成，乃以舜之《韶》为代表的古乐。《尚书·益稷》：'《箫韶》九成。'孔颖达疏引郑玄曰：'成，犹终也。每一曲终，必变更奏。故《经》言九成，《传》言九奏，《周礼》谓之九变，其实一也。'古人以九为数之极。……所以九成又可称为大成，舜乐《九韶》，《周礼·春官·大司乐》作《大磬》，或作《大韶》，是其证也。……故《五行》以大成象征君子道亦即天道。"[1] 简单来说，"大成"本来是指乐的终始大成。那么，引申一下，就可以指事物的完全状态，如《老子》"大成若缺"，《礼运》"礼之大成"等。《学记》云："七年视论学取友，谓之小成。九年知类通达，强立而不反，谓之大成。"从小成到大成，是从学业来说的。

简文"君子集大成"，指君子所达到的德行境界。帛书《说》云：

> "君子集大成。"成也者，犹造之也，犹具之也。大成也者，金声而玉振之也。唯金声而玉振之者，然后己仁而以人仁，己义

1　魏启鹏：《简帛〈五行〉笺释》，第48页。

　　而以人义。大成至矣，神耳矣！

这段解说很有意思。"金声玉振"的比喻，在第9、10两章已经出现过了，说的是有德者。此处则以"金声玉振"解释"集大成"。显然，在《说》的作者看来，两者具有相同的意义。前面讨论"金声玉振"的时候，我们引了孟子的说法："集大成也者，金声而玉振之也。"（《万章下》）与此处几乎相同。这是帛书《说》为孟子或孟子后学所作的又一佐证。

　　陈来先生认为，帛书此处有两点发挥："经文只说君子集大成，既没有用金声玉振来说明集大成，更没有涉及仁义，而说文一方面用金声玉振来说明集大成的有始有终的系统意义，另一方面用仁义说赋予其道德意义。"[1]其实，仁义是顺着上两章而来的，帛书把它点出来没什么问题。但"君子集大成"与"金声而玉振之"两种表述，确实有一定的差异。相较而言，"集大成"指示了一种完满的状态，但没有包含具体的实现途径；"金声而玉振之"也指示一种完满的状态，同时对路径或过程有所提示。如第9章的"金声玉振"，是始于为善，而终于为德（圣）。而《孟子》中的"金声玉振"，也是从智、圣两者的先后来说的。本章的下一句，所谓"进"与"不进"，其实也有过程性的含义。因此帛书《说》的解释也不

---

[1]　陈来：《竹简〈五行〉篇讲稿》，第161页。

是毫无根据。只是这一过程，不是出于成德进程的全体视角，这或许是《五行》没有将两者勾连起来的一个原因。

"己仁而以人仁，己义而以人义"，这是对大成境界的进一步描述。自己达到仁并使人仁，自己达到义并使人义，大成有一种大兴仁义的作用。这与第 17 章帛书《说》"国家兴者，言天下之兴仁义也"相近，是帛书凸显仁义的又一表现。

"能进之，为君子。不能进也，各止于其里。"进，推进。里，原指闾、坊。常森说："里，指聚落，与说文中的'天下''四海'相对，为狭小逼仄之境界，指基本的起始阶段。"[1] 这句话意思是说，若能有所推进和深造，则可以成为君子；若不能推进和深造，则只能停留于一开始的地方。从成德的角度说，也就是停留于最初的德行阶段。《五行》没有明确这个"里"确切指什么，帛书《说》作了发挥。

　　人以为弗可为也，无由至焉耳，而不然。能进端，能终端，则为君子耳矣。弗能进，各止于其里。不藏尤害人者，仁之理也；不受吁嗟者，义之理也。弗能进也，则各止于其里耳矣。终其不藏尤（欲）害人之心，而仁覆四海；终其不受吁嗟之心，而义襄天下。而成（诚）由其中心行之，亦君子已！

1　常森：《简帛〈诗论〉〈五行〉疏证》，第 205 页。

在这一解释中，"里"与"端"有一种对应关系。"各止于其里"，就是停留于"端"的阶段。这个端，即仁义之端："不藏尤害人者，仁之理也；不受吁嗟者，义之理也。"故"进之"即"进端"，终其仁义之端。此一解释，与《孟子》非常相像。如云："人能充无欲害人之心，而仁不可胜用也。……人能充无受尔汝之实，无所往而不为义也。"(《尽心下》)"无受尔汝"同"不受吁嗟"。又如："凡有四端于我者，知皆扩而充之矣，若火之始然，泉之始达。苟能充之，足以保四海；苟不充之，不足以事父母。"(《公孙丑上》)帛书《说》的"终"，相当于《孟子》的"充"，都是通过扩充仁义之端以成德，最终可以达到"仁覆四海""义襄天下"的境界。又引文最后一句，"成（诚）由其中心行之"，与孟子"由仁义行，非行仁义"(《离娄下》)意义相通。于是，常森认为："孟子此类论说，深受《五行》进端、终端说之影响。"[1] 其实，竹简《五行》只说"进之"，没有说"进端""终端"，后者乃是帛书《说》的思想。这是帛书以孟子思路诠释《五行》的一个例子。（若孟子作帛书《说》在中年时期，则这一诠释要早于《孟子》一书的创作。）

这里有几个字值得注意。襄，一说犹"囊"，一说读"扬"。若读扬，指义之声名扬于天下，与此处意旨不合。又，帛书"仁之

---

1 常森：《简帛〈诗论〉〈五行〉疏证》，第208页。

理""义之理"，从上下文看是对应于"端"的。故常森认为，"理"通"里"。[1]但这是不恰当的。设若理、里同，前后皆作"里"，此处不必假借。既然有所区分，说明两者很可能是不同的。此处的"理"，或是伦类的意思。[2]而"某之类"的说法，也是对事物本质的揭示。这种表述多见于《孟子》。如"王之不王，非挟太山以超北海之类也；王之不王，是折枝之类也"（《梁惠王上》），"不由其道而往者，与钻穴隙之类也"（《滕文公下》），"士未可以言而言，是以言餂之也；可以言而不言，是以不言餂之也，是皆穿窬之类也"（《尽心下》），都是类似的用法。在帛书《说》，"仁之理"是对"不藏尤害人之心"的本质的判定；"义之理"是对"不受吁嗟之心"的本质的判定。当然，两者虽然是仁义之类，但作为基础性的道德经验，对于成德来讲还处于初级的阶段。在此意义上，它可以为"端"或"里"所指涉。

竹简下一句："大而晏者，能有取焉。小而轸者，能有取焉。"帛书《说》云："大而炭（罕）者，言义也。能有取焉者，能行之也。……小而轸者，言仁也。能有取焉者，能行之也。"这句话是说仁义皆有所行而不偏。当然，仁与义本身无所谓小或大，此处只是顺着前两章来说的。

接下来："胥儇儇达诸君子道，谓之贤。""胥"，帛书《经》作

1　常森：《简帛〈诗论〉〈五行〉疏证》，第208页。
2　宗福邦等：《故训汇纂》"理"第56条，第2713页。

"索",《说》引作"衡"。整理者、李零作"僮僮",整理者说"不勉强之貌",李零说"不费力"。[1] 魏启鹏认为:"佚书之'衡卢卢',犹中古汉语之'赫曛曛'也,言贤者臻于'集大成'之境界,故有显盛而光明之貌也。"[2] 今暂从魏说。这一句是说,"有志者笃而行之,达于大成之境界,盛德至矣哉,故有显盛昭明之貌",[3] 则谓之贤。本章至此都是在讲君子的自修成德,后面几句转而讲尊贤的问题。

"君子知而举之,谓之尊贤。知而事之,谓之尊贤者也。后,士之尊贤者也。"意思是说:君子,你知道他、举而用之,这是尊贤;知道他而师事之,也是尊贤。后者是士人的尊贤方式。常森指出:"君子,这里是'知''举''事'的对象,而不是这些行为的发出者。"[4] 这是确切的。如"士之尊贤",施与者是士,对象是贤君子。帛书"后,士之尊贤者也"前多了一句:"前,王公之尊贤者也。"一般认为,是竹简本脱误,其实未必。前两句的表述已经很明确,按理来说不用多作解释。竹简本多加一句"后,士之尊贤者也",或是考虑到,尊贤一般是从在上位者选贤用贤的角度说的。此处,"知而事之"作为士人的尊贤方式,也作为士人自修成德的

1　李零:《郭店楚简校读记》,第105页。
2　魏启鹏:《简帛〈五行〉笺释》,第80页。
3　同上书,第49页。
4　常森:《简帛〈诗论〉〈五行〉疏证》,第206页。

一种途径，故《五行》专门强调了一下。至于"知而举之"作为尊贤，则没有解释的必要。帛书本补足"前，王公之尊贤者也"，固然可以使结构上更为完整，但其实并非必须。类似的情况，在前面引《诗》的部分我们也已经看到了。

帛书《说》云：

> "君子知而举之，谓之尊贤。"君子知而举之者，犹尧之举舜［也，汤］之举伊尹也。举之者，诚举之也。知而弗举，未可谓尊贤。君子知而事之者，犹颜子、子路之事孔子也。事之者，诚事之也。知而弗事，未可谓尊贤者也。

这里分别举了两种尊贤方式的例子。为了说明王公之尊贤，用了尧举舜、汤举伊尹的例子。有意思的是，这两个也是孟子最喜欢说的故事。如"尧之于舜也，使其子九男事之，二女女焉，百官牛羊仓廪备，以养舜于畎亩之中，后举而加诸上位。故曰：王公之尊贤者也"（《万章下》）。尧先以子女事之，而后加诸上位，这是完全的信任。"伊尹耕于有莘之野……汤三使往聘之。……其自任以天下之重如此，故就汤而说之以伐夏救民。"（《万章上》）商汤三次聘请是诚意，给予极高的权力是信任。两者都是王公尊贤的典范，故曰"诚举之也"。"知而弗举"，在《孟子》中也有相应的例子："晋平公之于亥唐也，入云则入，坐云则坐，食云则食。虽疏食菜羹，未尝不饱，盖不敢不饱也。然终于此而已矣。弗与共天位也，弗与治天职也，弗与食天禄也，士之尊贤者也，非王公之尊贤也。"(《万章下》) 晋平公对于亥唐确实是恭敬，然而却不能举而用之，那就不是"王公之尊贤"了。为了说明士人之尊贤，用了颜回、子路师事孔子的例子。这同样是孟子喜用的例子："以力服人者，非心服也，力不赡也；以德服人者，中心悦而诚服也，如七十子之服孔子也。"(《公孙丑上》) 颜回、子路之于孔子，是源于中心的敬服，故曰"诚事之也"。帛书《说》与《孟子》所用例子都极为相似。这也是帛书《说》或为孟子所作的一个证据。

本章突出了"尊贤"，而"尊贤"有很浓的政治意味。陈来先生指出，政治意义的尊贤乃是子思《五行》的系统主张。

> 尊贤是尊敬有德的大夫、士。甚至所谓闻君子道，很多也是从贤人那里闻君子道。所以可以看出闻道、尊贤是这篇文献背后很重要的观念。篇中两次用《诗经》解释圣、智："既见君子，心不能悦"，"既见君子，心不能降"，都是喻指见贤人的情况，反复强调"明则见贤人""见贤人则玉色""贵贵其等尊贤，义也"。后面对此有更进一步的解释："达诸君子道，谓之贤。君子知而举之，谓之尊贤；知而事之，谓之尊贤者也；前，王公之尊贤者也；后，士之尊贤者也。""知而举之"，是王公的尊贤；"知而事之"，指你知道他是贤人，即去侍奉他。这些表现出子思

圣智说的主要实际意义就是在政治上要求国君知贤、尊贤、敬贤。《五行》篇的思想不仅一般地要求统治者应重视德行的内在化，以强化政治德行，而且通过对聪明圣智的强调表达了尊贤的政治主张。这与史料记载的子思自己的政治活动和政治实践是一致的。相传为子思的著作里有很多举贤、知贤、尊贤、乐贤的思想，如《中庸》讲"尊贤则不惑"，这跟战国时代的思想氛围有关。战国时代，选贤、举贤、得贤、知贤、尊贤、任贤、用贤是普遍存在和流行的课题，竹简《五行》篇在理论上为尊贤、知贤的主张做了哲学论证，这在当时是少见的。同时，子思这种尊贤的要求，放在战国初期的背景下看，有一种"士的自觉"，表达了当时的士阶层要求在政治领域发挥作用的强烈意愿。[1]

陈先生详尽阐明了《五行》篇中与尊贤相关的论说。据此，我们很清楚地看到文本背后的政治指向。不过要注意的是，《五行》虽然突出"贤""君子"的意义，但从全篇的宗旨看，基本要义还是通过贤人或君子道的中介，达到五行之和而成德。而这一成德的进程，绝不仅限于王公，是面向一般士人的。士人之尊贤，"知而事之"，主要关乎自己的为学与成德；王公之尊贤，"知而举之"，则具有直接的政治意义。这是两者的不同之处。

1　陈来：《竹简〈五行〉篇讲稿》，第80—81页。

25. 耳目鼻口手足六者，心之役也。心曰唯，莫敢不唯。诺，莫敢不诺。唯恭于诺。进，莫敢不进。后，莫敢不后。深，莫敢不深。浅，莫敢不浅。唯深诺浅之类也。和则同，同则善。

上第二十五章。心役六体，可以为善。有与也，故未及德。

本章讨论身心关系。身心关系也是为善的题中之义。

"耳目鼻口手足六者，心之役也。"感官身体为心所役，突出的是心对于感官身体的主宰地位。类似的说法，如《管子·心术上》："心之在体，君之位也。九窍之有职，官之分也。"《荀子·天论》："心居中虚，以治五官，夫是之谓天君。"可以说，心之于身的主宰意义，是那个时代共通的体认。对此，帛书《说》有详细的解释：

　　耳目者，悦声色者也；鼻口者，悦臭味者也；手足者，悦佚愉者也；心者，悦仁义者也。之数体者皆有悦也，而六者为心役，何〔居〕？曰：心贵也。有天下之美声色于此，不义则不听弗视也。有天下之美臭味于〔此〕，不义则弗求弗食也。居而不间尊长者，不义则弗为之矣。何居？曰：几不〔臣不胜君〕，〔小〕不胜大，贱不胜贵也哉？故曰"心之役"也。耳目鼻口手

> 足六者，人［所贱］，［人］体之小者也。心，人［所贵］，人体
> 之大者也，故曰君也。

阙文皆据上下文补。《五行》经文只是说到六者为心所役的事实，
而帛书《说》则给予了一个建构性的阐释。"耳目者，悦声色者也；
鼻口者，悦臭味者也；手足者，悦佚愉者也"一句，直接对应于
《孟子·尽心下》"口之于味也，目之于色也，耳之于声也，鼻之于
臭也，四肢之于安佚也"。最值得关注的是"心者，悦仁义者也"
的说法，这一说法判定人心对于仁义有一种内在的喜悦，是一个
很强的思想主张。孔子说过"好仁""好义"，但他是具体的说，有
"好仁"的人和"好义"的人，没有普遍地指认人心皆好仁义。在
《孟子》中，则有两处论述与此一说法相近：一处是引《大雅·烝
民》"民之秉夷，好是懿德"解释人性（《告子上》）；另一处是在论
证人心之所同然的时候说："心之所同然者何也？谓理也，义也。
圣人先得我心之所同然耳。故理义之悦我心，犹刍豢之悦我口。"
（《告子上》）《孟子》说"心悦理义"，帛书云"心悦仁义"，都是肯
定人心具有一种悦道德的本质能力。这种说法具有浓厚的性善论色
彩，除了孟子，暂时没有看到其他先秦文献有类似的说法。

六者为心所役的原因是心贵，何以见得？作者举了一些例子。
天下有美声、美色，若是不义（心不认可），就不会去听、去看。
天下有香味、美食，若是不义（心不认可），就不会去追求、去吃。

"居而不间尊长者，不义则弗为之矣。"这一句理解有歧义。庞朴认为："居处应与尊长者有间；唯特殊情况时可以无间。如果没有特殊情况作理由（'不义'），则不得无间。"[1] 常森则认为："平居不干犯辈分高的人，是因为心认为那不符合义就不去做啊。间，干犯。"[2] 根据上两句可以推断，"居而不间尊长者"应该是一种想要达到的状态，只是在"不义"（心不认可）的情况下则不为。并且，这一句应当是对应于"手足"的，干犯的问题与手足无关。故我们取庞朴说。这几个例子都是说，无论六者欲求多么强烈，若是心不认可，都是不会去做的。这就可以看出心具有裁断、主宰的意义。

"何居曰几"一句，魏启鹏曰："几者微也，其反文当为'彰'。此句可补为'何居？曰：几不胜彰，小不胜大，贱不胜贵也哉'。"[3] 不过，"几不胜彰"在文中没有着落。引文最后一句是"故曰君也"，据此或可以补为"几不臣不胜君"。几不，即岂不。作者用小大、贵贱等来解释心之于六者的主宰、决定关系。最后两句补"所贱""所贵"，参考了《孟子·告子上》："欲贵者，人之同心也。人人有贵于己者，弗思耳。人之所贵者，非良贵也。赵孟之所贵，赵孟能贱之。"按照这一补法，"体之小者""体之大者"可以与"小不胜大"呼应，"人所贱""人所贵"可以与"贱不胜贵"呼应，

1　庞朴：《竹帛〈五行〉篇校注及研究》，第78页。

2　常森：《简帛〈诗论〉〈五行〉疏证》，第212页。

3　魏启鹏：《简帛〈五行〉笺释》，第121页。

"故曰君也"又可以与"臣不胜君"呼应。其中的"小""大",同于孟子所谓"从其大体为大人,从其小体为小人"的小体、大体。这又是帛书《说》为孟子所作的一个证据。

从"心曰唯"开始,《五行》铺陈了心的主宰意义。"唯""诺"都是应答声。简文意思是说,心想要唯,身体不敢不唯;心想要诺,身体不敢不诺;心想要进,身体不敢不进;心想要后,身体不敢不后;心想要深,身体不敢不深;心想要浅,身体不敢不浅。要之,身体的活动完全取决于心的指令。帛书《说》云:

> 心曰唯,耳目鼻口手足音声貌色皆唯,是"莫敢不唯"也。诺亦然,进亦然,退亦然。"心曰深,莫敢不深;心曰浅,莫敢不浅。"深者,甚也。浅者,不甚也。深浅有道矣。故父呼,口〔有〕食则吐之,手执业则投之,唯而不诺,走而不趋,是"莫敢不深"也。于兄则不如是其甚也,是"莫敢不浅"也。

这段话解释了"莫敢不"及"深浅"的意思。所谓"莫敢不",是说当心唯了之后,耳目鼻口手足六者,乃至于声音容貌颜色都会有相应的表现,以配合心的唯。心曰诺、心曰进、心曰退,也是如此,都是心发出之后,全部跟着有所表现。这里有一个问题,"诺"与"唯"意义相近,为何要重复说?其实,由于"唯"恭于"诺",故心唯后的表现,与心诺后的表现还是不同的,这正是下面所要说的

"深浅"问题。"父呼"一句，类似的还见于《礼记·玉藻》："父命呼，唯而不诺，手执业则投之，食在口则吐之，走而不趋。"父亲叫你，若正在吃东西也要先把嘴里的东西吐出来，若拿着书册在读诵也要先把书册放下，用"唯"而不用"诺"回应，要跑过去而不仅仅是快走，这是"莫敢不深"。若是兄长叫你，程度可以浅一点、节奏可以缓一点。在这个例子中，深与浅说的是恭敬程度的差别。

从帛书《说》的解释看，此处的心之于身的主宰关系乃是一个事实。但其实，心的主宰既可以说是本质能力，也应当了解为一种理想状态。在现实生活中，多的是身心关系倒转的情况，身体的感官欲求成了内心活动的决定者。唯有通过有意识的修为，才能摆正这种关系，发挥心的本质能力。

"和则同，同则善"一句，我们在第18章中已经见过了，在那里是说四行之和。这里是说身心关系，但这个心显然不仅仅是原始的心，而应该指四行和合之心，否则便称不上"同则善"。故本章的意思，实际上是在四行和合于心的前提之下，专门强调小体与心的一致性，身心一致然后为"善"。帛书《说》云：

> "和则同。"和也者，小体便便然不患于心也，和于仁义，仁义心（也）。同者，与心若一也，□约也。同于仁义，仁（义）心也，"同则善"耳。

"也""义"二字，据文义补。便便，原作变变。常森说："变变然，安顺流畅貌；变变，读为便便。"[1]患，或释为困。大意是说，和是指小体（六者）安然而不再与心相违（成为心患），小体和于仁义（安于仁义），则人心乃成仁义之心。如此，进一步达到"与心若一"的程度，则谓之同。

"□约"，魏启鹏补为"守约"。[2]守约是工夫，与前后文不合。此句在第18章的帛书《说》中已经出现了："同者，□约也，与心若一也。"我们认为，阙文或可以补"犹"："同者，与心若一也，犹约也。同于仁义，仁义心也。"这里的约，相当于"结"。《荀子·非十二子》"闭约而无解"杨倞注："约，结也。"[3]《释名·释形体》："要，约也。在体之中，约结而小也。"再者，《荀子·劝学》《大戴礼记·劝学》引《诗》"其仪一兮，心如结兮"皆谓："故君子结于一也。"而帛书《说》也有"圣之结于心"的说法。如果说"和于仁义"是不与"仁义心"冲突，那么，"同于仁义"意味着小体与仁义心的完全一致，凝成仁义之心，如此便是"善"的境界。

善的境界，一如我们之前所说，乃是"有心"的境界。

---

1 常森：《简帛〈诗论〉〈五行〉疏证》，第213页。

2 魏启鹏：《简帛〈五行〉笺释》，第122页。

3 参见宗福邦等：《故训汇纂》"约"第31条，第3199页。

26. 目而知之，谓之进之。喻而知之，谓之进之。譬而知之，谓之进之。几而知之，天也。"上帝临汝，无贰尔心"，此之谓也。 目，比较。喻，晓谕。譬，比方。几，微也。"上天之载，无声无臭"，必几而后可知也。《系辞》云："知几其神乎？"诗出《大雅·大明》。举牧誓之言，言武王之知几也。

上第二十六章。致其知而后可以进乎德也。

这是接着第24章的"能进之"讲"进之"的方式。只是本章由"知之"论"进之"，明确指向了认知和理解方面的进步。这与全篇第三部分的成德进路是一致的。

"目而知之，谓之进之。"目假为"侔"，比较的意思。帛书《说》对本章皆有详尽的举例说明。

"目而知之，谓之进之。"弗目也，目则知之矣，知之则进耳。目之也者，比之也。"天监在下，有命既集"者也，天之监下也，集命焉耳。循草木之性，则有生焉，而无好恶。循禽兽之性，则有好恶焉，而无礼义焉。循人之性，则巍然知其好仁

义也。不循其所以受命也，循之则得之矣，是目之已。故目万
物之性而□□（知人）独有仁义也，进耳。"文王在上，於昭于
天"，此之谓也。文王源耳目之性而知其好声色也，源鼻口之性
而知其好臭味也，源手足之性而知其好佚愉也，源心之性则巍然
知其好仁义也。故执之而弗失，亲之而弗离，故卓然见于天，箸
（著）于天下，无他焉，目也。故目人体而知其莫贵于仁义也，
进耳。

"目之也者，比之也"，即比较。此处举了比较物性的例子。"循"，
推循、探求。推循万物之性，草木有生命，而没有好恶之情；禽兽
有好恶之情，而没有礼义；人性则确然可知是好礼义的。所以说，
只要推循比较万物所受之性，就可以明白人性的特殊之处。此处，
"好仁义"与前文"悦仁义"是一个意思。这种比较的方式，让我
们想到了荀子的推理。荀子说："水火有气而无生，草木有生而无
知，禽兽有知而无义，人有气、有生、有知，亦且有义，故最为天
下贵也。"（《荀子·王制》）他逐级建立水火、草木、禽兽、人的区
分，具体内容有所不同，但逻辑形式是一样的。以上是物类之间的
比较。接下来引《大雅·文王》"文王在上，於昭于天"，以文王为
例子，说明文王之所以能昭著于天下，正是源于"目之"。"源"，
也是探求、推原的意思。文王推原耳目之性而知道它们是喜欢美好
的声音和颜色的，推原鼻口之性而知道它们是喜欢美好的香味和口

味的，推原手足身体之性而知道它们是喜欢快感和豫乐的，推原心之性而确然知道它是好仁义的。文王知道了心之性是好仁义的，故持守而不失，亲近而不离，以至于"於昭于天"。比较人体的官能，而知人体之中以好仁义之心为贵，故曰"进之"。大体而言，"目而知之"，是在相互的比较当中，明确各自差异的特征，并由此区分高下贵贱。

"喻而知之，谓之进之。"帛书"喻而知之""譬而知之"顺序颠倒，此处我们从竹简本。喻，晓喻、说明的意思。《说文》云："喻，告也。"段注："凡晓谕人者，皆举其所易明也。"用容易明白的说明不容易明白的。帛书《说》云：

> "喻而知之，谓之进之。"弗喻也，喻则知之矣，知之则进耳。喻之也者，自所小好喻乎所大好。"窈窕淑女，寤寐求之"，思色也。"求之弗得，寤寐思服"，言其急也。"优哉游哉，辗转反侧"，言其甚□□（急也）。□如此其甚也，交诸父母之侧，为诸？则有死弗为之矣。交诸兄弟之侧，亦弗为也。交诸邦人之侧，亦弗为也。畏父兄，其杀长人，礼也。由色喻于礼，进耳。

这里举了《关雎》的例子。所谓"自所小好喻乎所大好"，小好是指男女，大好是指礼。《关雎》描绘了一个男子从思窈窕淑女，到思之急切，到思之非常急切的变化过程。接着问，若是让他在父母

面前（非礼地）交往，¹ 会做吗？宁死不为。在兄弟面前呢？也不会
做。在国人面前呢？也不会做。为什么呢？因为有敬畏。敬畏大
于思色。敬畏父兄，其次敬畏国人，这是礼。于是，就可以明白，
色之好是小，礼之好是大，故曰"进耳"。上博简《孔子诗论》有
"《关雎》以色喻于礼"的说法，与这里是相通的。

　　"譬而知之，谓之进之。"譬，譬喻、比喻的意思。比喻而知，
也是进之的一种方式。帛书《说》云：

> 　　"譬而知之，谓之进之。"弗譬也，譬则知之矣，知之则进
> 耳。譬丘之与山也，丘之所以不□（如）名山者，不积也。舜有
> 仁，我亦有仁，而不如舜之仁，不积也。舜有义，我亦有义，而
> 不如舜之义，不积也。譬比之而知吾所以不如舜，进耳。

作者把我与舜之间的差异，比喻为土丘与大山的差别。土丘与大山
的差别在于积与不积：大山积累而成，而土丘不积。同样的道理，
我不如舜仁，是因为不积仁；我不如舜义，是因为不积义。我之不
如舜，在于不积。知道了这一点，便是"进之"。值得注意的是，孟
子曾引有若"太山之于丘垤"（《公孙丑上》），比喻圣人与百姓的差
别。且以"不如舜"自我警策，见于《孟子》："颜渊曰：舜何人

1　此处的"交"不是交合，而是交往、交际。古代男女有别，"男女无媒不交，无币不相见"
　　（《礼记·坊记》），"男女非有行媒，不相知名；非受币，不交、不亲"（《礼记·曲礼上》）。

也？予何人也？有为者亦若是。"(《滕文公上》)又孟子曰："人之所以异于禽兽者几希，庶民去之，君子存之。舜明于庶物，察于人伦，由仁义行，非行仁义也。"(《离娄下》)人人皆有仁义之心，舜之为舜在于能存之。这当然又是帛书《说》为孟子所作的又一佐证。

"几而知之，天也。""几"字有多种不同读法。[1]魏启鹏认为："几，细微之迹，萌兆之始。《说文》：'几，微也。'"[2]可从。

> 子曰："知几其神乎？君子上交不谄，下交不渎，其知几乎，几者动之微，吉之先见者也，君子见几而作，不俟终日。《易》曰：'介于石，不终日，贞吉。'介如石焉，宁用终日，断可识矣。君子知微知彰，知柔知刚，万夫之望。"(《周易·系辞下》)

孔颖达疏："几，微也。是已动之微，动谓心动、事动。初动之时，其理未著，唯纤微而已。……几是离无入有，在有无之际，故云'动之微'也。"[3]"几"是尚未明显表现出来的变动或征兆。见纤微之迹而抉择行动，是"见几而作"，故君子"知微知彰"。孔颖达疏："初见是几，是知其微；既见其几，逆知事之祸福，是知其彰

1 武汉大学简帛研究中心、荆门市博物馆编著：《楚地出土战国简册合集（一）：郭店楚墓竹书》，第59页。
2 魏启鹏：《简帛〈五行〉笺释》，第53页。
3 孔颖达：《周易正义》，第363页。

著也。"[1] "几而知之",是这种见几而知的能力。

在儒家看来,这是圣人至神之能力。《中庸》云:"至诚之道,可以前知。国家将兴,必有祯祥;国家将亡,必有妖孽。见乎蓍龟,动乎四体。祸福将至:善,必先知之;不善,必先知之。故至诚如神。"朱熹注:"祯祥者,福之兆。妖孽者,祸之萌。蓍,所以筮。龟,所以卜。四体,谓动作威仪之间,如执玉高卑,其容俯仰之类。凡此皆理之先见者也。"[2] 唯至诚者,能于祯祥、妖孽、蓍龟、四体之间见出端倪,准确推断将来之事,故曰"至诚如神"。在《中庸》,"至诚"指圣人。在《五行》,"知几"也是圣人、有德者的能力,故曰:"几而知之,天也。"

为了阐明"几而知之",《五行》专门举了一个例子。诗句出自《大雅·大明》。牧野之会,武王为了提振士气,发表了重要的演说,告诫众人"上帝临汝,毋贰尔心"。[3] 在此,武王意识到"上帝临汝",是对天命的确认,是知几;"毋贰尔心",告诫众人一心一意执行上天的戎商之命,是知几之后的行动。帛书《说》云:

---

1 孔颖达:《周易正义》,第364页。
2 朱熹:《四书章句集注》,第33页。
3 武王曰:"今予发惟恭行天之罚。今日之事,不愆于六步、七步,乃止齐焉。夫子勖哉!不愆于四伐、五伐、六伐、七伐,乃止齐焉。勖哉夫子!尚桓桓如虎、如貔、如熊、如罴,于商郊弗迓克奔,以役西土。勖哉夫子!尔所弗勖,其于尔躬有戮!"(《尚书·牧誓》)

　　"几而知之，天也。"几也者，齎数也。唯有天德者，然后几
　而知之。"上帝临汝，无贰尔心。"上帝临汝，[独] 几之也；毋
　贰尔心，俱几之也。

　　齎，《周礼》注："予人以物曰齎。"或训持。《左传》僖公十五
年："龟，象也；筮，数也。"《易传》认为，数是《周易》的本质，
圣人通变、"研几"基于数。[1] 故这里的"齎数"，很可能与《周
易》或占筮有关。阙文多补为"言"。常森认为："经文引'上帝
临汝'为证，是说上帝之事是几微难知者。……经文引'无贰尔
心'为证，贰尔心也是几微难知者，跟'上帝临汝'一样。"[2] 可能
不对。"几之"是"几而知之"之省。此处意思是说，"上帝临汝"
是武王的"几而知之"，"毋贰尔心"是众人共同的"几而知之"。
"俱"是共同、一起的意思。当然，众人不是自己能"几而知之"，
而是武王将"几而知之"的上帝天命传达给众人，使众人相信而
知之。

　　本章阐述了四种"知之"的方式，"目而知之"是比较而知，
"喻而知之"是说明而知，"譬而知之"是比喻而知，"几而知之"
是见几而知，大体上有一种逐步升进的内在次序。最终的落脚点都

---

1 《系辞上》："夫《易》，圣人之所以极深而研几也。唯深也，故能通天下之志。唯几也，
　故能成天下之务。唯神也，故不疾而速，不行而至。"
2 　常森：《简帛〈诗论〉〈五行〉疏证》，第222页。

是"知"。"知"又是圣、智之用。故本章对"知之"问题的论述，
又回到了《五行》第三部分的开端之处，与第11章的"聪敏圣智"
说遥相呼应。所以，本章也是第三部分的结尾。

四、余论

27. 天施诸其人，天也。言天生圣人以德，不假人

为。**其人施诸人，狎也。**言圣人设教于人也。狎，习也。

○孟子曰："尧舜，性之也；汤武，身之也。"又曰："尧舜，性者

也；汤武，反之也。"义同。

上第二十七章。或生而德，或习而德，及其有德则一也。

本章是某种意义上的天人之别。帛书本后还有"其人施诸人，

不得其人不为法"一句。有可能是简本所脱，但更有可能是帛本增

补。狎，与习音义相近。[1] 这一章文辞简单，但意义不好理解，大

概是讲"天施"和"其人施"两种"施"的方式。且"其人"既是

天施的结果，又是人施的主语，那么，他肯定不是一般人。

陈来先生认为："这个说法，如果就人性论来解释，是比较容

1　李零：《郭店楚简校读记》，第 105 页。

易讲得通的。天施与人，如同《中庸》所说'天命之谓性'，这是天性……如果照荀子一派的说法，人性来自社会习俗，那就是人施与人了，性本善不是来自天赋，而是来自人群、社会。……看来作者对这两种人性主张都承认，认为既有来自天命的一面，又有来自社会习俗的一面。"[1] 此解同时肯定了人性的两个来源，但问题是没有体现"其人"的中介意义。按照这一说法，原文或可作：天施诸人，天也；人施诸人，犰也。

我们认为，"其人"很可能指天生的圣人，圣人生而知之，其德行乃是天所生就；生就之后，则成为道在人间的代表，教化与秩序的根源。子曰："生而知之者，上也；学而知之者，次也；困而学之，又其次也；困而不学，民斯为下矣。"（《论语·季氏》）孔子认为，人的资质分四等，最高是"生而知之"。子曰："我非生而知之者，好古，敏以求之者也。"（《论语·述而》）虽有生而知之的人，但自己不是。此后，尤其是汉人将"生而知之"视为圣人的一项基本规定。不仅如此，"天施"也可以了解为天生的德性。子曰："天生德于予，桓魋其如予何？"（《论语·述而》）一般认为，这句话是孔子自道其德行为天所生。顺此，在《五行》的成德语境中，"天施诸其人"应是说天生圣人以德；"其人施诸人"应是说圣人教化他人、影响他人，使人习得。

1　陈来：《竹简〈五行〉篇讲稿》，第46—47页。

我们看一下帛书《说》的解释：

> "天生诸其人，天也。""天生诸其人"也者，如文王者也。
> "其人施诸人"也者，如文王之施诸闳夭、散宜生也。"其人施诸
> 人，不得其人不为法。"言所施之者，不得如散宜生、闳夭者也，
> 则弗为法矣。

"天施"，帛书作"天生"。"天施诸其人"，举了文王的例子。
常森认为："所谓天施诸其人，就好比文王受命于天。案：上博
《诗论》第9章云：'……"帝谓文王，予怀明德"，何？诚谓之也。
"有命自天，命此文王"，何？诚命之也。信矣！孔子曰：此命也
乎！文王虽欲已，得乎？此命也。'"[1] 所引上博简《孔子诗论》的
说法在这里是有说服力的。作者以文王为例说明"天施诸其人"，
正是因为文王是可以听受上帝之命使的。此处的"天施"，指帝对
文王的命使。

"其人施诸人"，举了文王与闳夭、散宜生的例子。二人为文
王身边的贤臣，辅佐文王，居功至伟，如《君奭》所谓："惟文王
尚克修和我有夏；亦惟有若虢叔，有若闳夭，有若散宜生，有若泰
颠，有若南宫括。……亦惟纯佑秉德，迪知天威，乃惟时昭文王迪

1　常森：《简帛〈诗论〉〈五行〉疏证》，第224页。

见冒，闻于上帝，惟时受有殷命哉。"在帛书《说》中，"其人施诸人"，是如"文王之施诸闳夭、散宜生"，也就专指文王对闳夭、散宜生施予的影响。需要注意的是，最后一句的"其人"与前文的"其人"，所指可能并不一致。前文的"其人"，特指"天施"的受者与"人施"的施者，在帛书《说》的例子中，即"文王"。但"不得其人不为法"的"其人"，明显是指"如闳夭、散宜生者"。文王是天与贤人之间的中介，而贤人又是文王与法度之间的中介。文王若不是得了闳夭、散宜生之徒，亦不足以为法。这也就同时强调了受得其人的重要性。不过，考虑到本章的主旨，后一句大概率是帛书所加的。

其实，我们可以结合第 17 章来理解本章。第 17 章云："圣智，礼乐之所由生也，五行之所和也，和则乐，乐则有德，有德则邦家兴。文王之示也如此。"举的也是文王的例子。文王受天之命、行天之道，便是"天施诸其人"。文王成德、作礼乐、兴教化，便是"其人施诸人"。文王之后，礼乐由以生，这是君子道的由来。故后人由君子道而成德，归根结底也是"其人施诸人"。

故本章的用意，在于区分"天生"与"后天习得"。孟子曰："尧舜，性之也；汤武，身之也。"(《孟子·尽心上》)又曰："尧舜，性者也；汤武，反之也。"(《尽心下》)尧舜是天生的圣人，汤武是习得的圣人。与此处的区分是呼应的。

28. 闻道而悦者，好仁者也。若闻道而悦，则是中心好仁者也。下同。**闻道而畏者，好义者也。闻道而恭者，好礼者也。闻道而乐者，好德者也。**

上第二十八章。好恶者，人之性也。学者有中心之好，乃为德之始也。成德之途，亦由是分。好仁，以仁始；好义礼，以智始；好德，共也。故末二章言人资质之异，结全文。

帛书作："闻君子道而悦，好仁者也。闻道而威，好义者也。闻道而恭，好礼者也。闻道而乐，有德者也。"道补充为君子道，句式也作了调整。这句话的字面意思不难了解，但其真实用意却不简单。帛书《说》有很详细的解释。

"闻君子道而悦者，好仁者也。"道也者，天道也。言好仁者之闻君子道而以之其仁也，故能悦也。悦者，形也。"闻君子道而威（畏），好义者也。"好义［者］之闻君子道而以之其义也，故能威（畏）也。威（畏）者，形也。"闻道而恭，好礼者也。"言好礼者之闻君子道而以之其礼也，故能恭也。恭者，形也。"闻道而乐，有德者也。"道也者，天道也。言好德者之闻君子道而以夫五也为一也，故能乐也。乐者和也，和者德也。

"之"是动词，去往或达到的意思。意思是说，好仁者闻君子道，就会将之引导到他内在的仁，故能悦。若能悦，反过来又可以说明仁之行内在已经成形，故曰"悦者，形也"。其余三者也是一样。竹简"好德者也"，帛书改为"有德者也"，应该也有这样的考虑。按照《五行》，乐是成德的表征，不仅仅是"好德"的问题。

但问题是，"悦""畏""恭"三者，并不是德之行成形之后的最终表现。故"悦者，形也"之类的判定是可疑的。更重要的是，按照帛书《说》的说法，闻道是初始阶段，悦、畏、恭、乐则以仁、义、礼、德之"形"为条件，两者之间隔着一个"之其×"的过程。这应该不是《五行》的意思。"闻道而×"是在说闻道之后的即时表现，而不是"修道"之后的最终结果。

《五行》认为，一个人闻道之后会有悦、畏、恭、乐等不同表现，这些表现源于人内在性向之所好。故从这些表现，就可以看到其人内在或"好仁"、或"好义"、或"好礼"、或"好德"。"好×"的说法，为孔子所常道。子曰："好仁不好学，其蔽也愚；好知不好学，其蔽也荡；好信不好学，其蔽也贼；好直不好学，其蔽也绞；好勇不好学，其蔽也乱；好刚不好学，其蔽也狂。"（《论语·阳货》）在孔子的话中，好仁、好智、好信、好直、好勇、好刚与学相对，学是后天有意识的行为，而好则指代人的内在倾向或天生资性。孔子认为，以这些性向为基础，加之以好学的工夫，才可以把相应的德行实现出来。这是孔子关于成德的基本理解。当然，这种性向不仅仅是一种偏好，在内在机制之中也包含了相应的品质。比如，我们会说颜子好仁，也会说颜子仁。颜子的好仁与仁之间，就有内在的关联。正是通过颜子的仁的特质，我们识别出了他本质上的好仁。在此意义上，好仁的人实际上又是一定程度上拥有了仁的人，故必有相应的表现。如《五行》这里所说，好仁之人闻道之后会悦。根据前文的论述，"悦"是"温"之后（第5章）或"变"之后（第19章）的一个阶段。"好义""好礼"二者也是类似的。至于"闻道而乐者，好德者也"，乐虽然是有德者的终极特征，但也不排除拥有一定的德行基础的人，可以享有或表现出一定程度上的乐。如颜子之乐与孔子之乐，境界上不免仍有差别，但本质上都已享有了德之乐。

要之，内心不同的所是与所好，决定了一个人在听闻君子道之后的不同反应。由于这些反应是特征性的，故可以窥见此人内心的所是与所好。故本章是说，如果一个人闻道之后有喜悦，表明是内心好仁的人；闻道之后有所畏惧，说明是内心好义的人；闻道之后变得恭敬，说明是内心好礼的人；闻道之后很快乐，说明是内心好德的人。当然，这里的乐是内心好德之人的当下反应，不是完全成德之后的本质表征，与"乐则德"是不同的。本章所论，是识别和了解学者的不同性向与资质的一种方法。儒家强调因材施教，学者性向与资质的识别和了解，乃是选取相应的修学与成德路径的基本前提。

上一章的"天施"与"人施",是圣人与凡人之别;这一章的"好仁"或"好义"或"好礼"或"好德",则是凡人之间的资质之异。此《五行》篇论五行和合以成德的途径,最终回归到具体的人身上,以此收束全文。

海上十方寓

2020 年 3 月 23 日初稿

2021 年 4 月 1 日修改

引用文献

（一）著作

常森：《简帛〈诗论〉〈五行〉疏证》，北京：北京大学出版社，2019

陈来：《竹帛〈五行〉与简帛研究》，北京：三联书店，2009

陈来：《竹简〈五行〉篇讲稿》，北京：三联书店，2012

陈丽桂：《近四十年出土简帛文献思想研究》，北京：中华书局，2015

程颢、程颐：《二程集》，北京：中华书局，2004

池田知久：《马王堆汉墓帛书五行研究》，北京：中国社会科学出版社，2005

戴震：《孟子字义疏证》，北京：中华书局，1982

丁四新：《郭店楚墓竹简思想研究》，上海：东方出版社，2000

冯友兰：《中国哲学史》，北京：中华书局，2014

高尚榘：《论语歧解辑录》，北京：中华书局，2011

顾颉刚编:《古史辨》第五册，上海：上海古籍出版社，1982

郭沫若:《郭沫若全集·历史编》第一卷《青铜时代》，北京：人民出版社，1982

郭沫若:《十批判书》，北京：人民出版社，2012

国家文物局古文献研究室编:《马王堆汉墓帛书（一）》，北京：文物出版社，1980

皇侃:《论语义疏》，北京：中华书局，2013

孔颖达:《礼记正义》，上海：上海古籍出版社，2008

孔颖达:《毛诗注疏》，上海：上海古籍出版社，2013

孔颖达:《尚书正义》，上海：上海古籍出版社，2008

李零:《郭店楚简校读记》，北京：中国人民大学出版社，2007

梁启超:《饮冰室文集》，北京：中华书局，2015

梁涛:《郭店竹简与思孟学派》，北京：中国人民大学出版社，2008

梁涛:《儒家道统说新探》，上海：华东师范大学出版社，2013

刘信芳:《简帛〈五行〉解诂》，台北：艺文印书馆，2000

刘信芳:《简帛〈五行〉研究》，北京：高等教育出版社，2016

刘钊:《郭店楚简校释》，福州：福建人民出版社，2005

庞朴:《竹帛〈五行〉篇校注及研究》，台北：万卷楼图书有限公司，2000

裘锡圭:《中国出土古文献十讲》，上海：复旦大学出版社，

2008

　　裘锡圭主编：《长沙马王堆汉墓简帛集成（四）》，北京：中华书局，2014

　　王博：《中国儒学史·先秦卷》，北京：北京大学出版社，2011

　　王先谦：《荀子集解》，北京：中华书局，1988

　　王引之：《经义述闻》，上海：上海古籍出版社，2016

　　魏启鹏：《简帛〈五行〉笺释》，台北：万卷楼图书有限公司，2000

　　武汉大学简帛研究中心、荆门市博物馆编著：《楚地出土战国简册合集（一）：郭店楚墓竹书》，北京：文物出版社，2011

　　杨儒宾：《儒家身体观》，上海：上海古籍出版社，2019

　　朱熹：《诗集传》，南京：凤凰出版社，2007

　　朱熹：《四书章句集注》，北京：中华书局，1983

　　宗福邦等：《故训汇纂》，北京：商务印书馆，2007

（二）论文

　　晁福林：《从上博简〈诗论〉看文王"受命"及孔子的天道观》，《北京师范大学学报》2006 年第 2 期

　　邓志峰：《思孟五行说新论》，《学术研究》2018 年第 8 期

　　范文澜：《与颉刚论五行说的起原》，《燕京大学史学年报》1931 年第 3 期

高亨：《〈庄子·天下篇〉笺证》，载张丰乾编：《〈庄子·天下篇〉注疏四种》，北京：华夏出版社，2016

郭齐勇：《再论"五行"与"圣智"》，《中国哲学史》2001 年第 3 期

何益鑫：《"一以贯之"：孔子仁道的开显与言说》，《云南大学学报》2016 年第 5 期

何益鑫：《论〈大学〉古义——以"格物致知"与"诚意"为核心》，《中国哲学史》2019 年第 7 期

何益鑫：《儒家心性之学的转出——论子游的思想创造及其道统地位》，《复旦学报》2020 年第 4 期

李存山：《从简本〈五行〉到帛书〈五行〉》，载郭齐勇编：《郭店楚简国际学术研讨会论文集》，武汉：湖北人民出版社，2000

廖名春：《郭店楚简〈五行〉篇校释札记》，《中国哲学史》2001 年第 3 期

孟庆楠：《匿简之际——以简帛〈五行〉篇为中心》，《中国哲学史》2013 年第 2 期

庞朴：《〈五行〉补注》，载郭店楚简研究（国际）中心编：《古墓新知：纪念郭店楚简出土十周年论文专辑》，香港：国际炎黄文化出版社，2003

庞朴：《马王堆帛书解开了思孟五行说之谜》，《文物》1977 年第 10 期

沈培:《读郭店楚简札记四则》,载《简帛语言文字研究》第一辑,成都:巴蜀书社,2002

邢文:《〈孟子·万章〉与楚简〈五行〉》,载《中国哲学》第二十辑,沈阳:辽宁教育出版社,1999

徐少华:《楚简与帛书〈五行〉篇章结构及其相关问题》,《中国哲学史》2001年第3期

后　记

2015 年 11 月底，我从上海来到北京，开启了两年的博士后经历。稍加安顿之后，从 12 月初开始，我投入了孔孟之间儒学思想文献，尤其是郭店竹简相关研究的系统研读。经过一个多月的阅读和思考，自认为对《五行》有了一些感受和把握，于是在 2016 年 1 月下旬随手写下了《〈五行〉章句》，以便日后随时批注，记录理解上的点滴进步。当时的简注有很多不成熟的地方，后续作了大幅的修改，但题解关于《五行》宗旨的判断一直保留下来，基本未作改动。这是我研习郭店竹简的一个开端。

与《竹简〈性自命出〉章句讲疏》一样，本书最初也是为研究生研讨课准备的讲稿。2020 年 1 月到 3 月下旬，我撰写了《讲疏》部分的初稿；2021 年春作了部分修改，于 4 月初定稿。随后，在 4 月中旬撰写了本书的导论。其实，关于《五行》的主要思想，我在博后出站报告（即去年出版的《成性存存：孔门成德之学的演进》）中，已经作了比较系统的阐述。本书的目的是紧扣《五行》文本作逐字逐句的疏解，并对前人的研究作出必要的梳理、消化和评判，以便把相关的思想解读建立在更加稳靠的基础之上。现在看来，这一工作是很有必要的。在撰写过程中，我原本关于《五行》的一些解读得到了更正，另一些想法则得到了更为精细的阐明。

《五行》的专题研究，让我真切地意识到子思的重要性。在这一点上，时贤已有颇多的论述，但我还是不厌其烦，想要再加申说。在我看来，子思实是孔子之后又一位具有总体思想格局的哲学家，他对儒学思想的展开和传统价值的塑造，产生了巨大的影响。在这里，有两点值得专门指出。其一，由子思所提出的仁、义、礼、智、圣"五行"之说，经过孟子的仁、义、礼、智"四端"之说，发展到汉代、定型为仁、义、礼、智、信"五常"之说，确立了后世两千年中国传统文化的价值核心。其二，子思继承了孔子仁智并举的为学之道，在《五行》中创发性地阐述了始于仁、始于圣智两条德行生成的道路。对仁的体认，深入到心术的底层发生；对圣、智的发明，又紧扣天道、君子之道的领会和理解。以仁为内在的根基，以圣智去认知、去开拓，此正是《中庸》所谓"成己成物"，"合外内之道也"。智的开拓，以及由此而来的儒家之道在礼乐制度层面的创设、继承、损益与圆成，在《中庸》中得到了更为集中的探讨（可惜，这一点在以往《中庸》研究中尚未得到清晰阐明）。要之，仁、智作为孔子的根本德行，在子思处得到了结构性的诠释；仁、礼作为孔子的思想要义，在子思处得到了创造性的发挥。与孟、荀相比，子思对孔子思想的继承与发明，似要更为完备。当然，这一观点的论证，需要得到更多具体研究的支持。

本书的出版，得到了教育部后期资助项目（21JHQ032）的支持。结项评审专家给出了一些修改建议，可惜由于种种原因，未能一一落实。导论部分《德的生成——子思〈五行〉篇的德行生成论及其思想史意义》，已先行发表于《哲学研究》2022年第8期。今年3月，我受邀以《郭店〈五行〉"三思三形"部分对德行生成的意识现象描述》为题，在中山大学作过一次讲座。友人杨立军为本书的编校费力颇多。在此，一并致以真诚的感谢！本书的讨论大多基于前辈学者的重要研究，借此机会，致以特别的感谢！另外，书中可能提出了一些大胆的猜想和争议性的解释，也请学界同仁宽谅，并期待方家指正。

生命的神奇，总有不期的相遇。就如读者与作者之间，总有超出文本的神会。我与程晖相识、相知、相伴的一年间，已然深深嵌入了彼此的生命之中，发生了生命诠释学意义上的"视域融合"。或许，这是生存的基本意义。

2023年11月9日，于创智坊